湖北省社会科学界联合会
"中国调查"丛书

龙霓山村调查

LONGNI SHANCUN DIAOCHA

杨炎轩 刘宏兰 / 著

长江出版传媒
湖北人民出版社

图书在版编目(CIP)数据

龙霓山村调查/杨炎轩,刘宏兰著.
武汉:湖北人民出版社,2016.1
ISBN 978-7-216-08752-0
Ⅰ.龙… Ⅱ.①杨… ②刘… Ⅲ.乡村—社会调查—武汉市 Ⅳ.D668
中国版本图书馆 CIP 数据核字(2015)第 252531 号

出 品 人:姚德海
责任部门:时政经济分社
责任编辑:邓 涛
封面设计:武汉尚上创意工作室
责任校对:范承勇
责任印制:王铁兵

出版发行: 湖北人民出版社
地址:武汉市雄楚大道 268 号
印刷:武汉市福成启铭彩色印刷包装有限公司
邮编:430070
开本:710 毫米×1010 毫米 1/16
印张:17.75
字数:275 千字
插页:3
版次:2016 年 1 月第 1 版
印次:2016 年 1 月第 1 次印刷
书号:ISBN 978-7-216-08752-0
定价:38.00 元

本社网址:http://www.hbpp.com.cn
本社旗舰店:http://hbrmcbs.tmall.com
读者服务部电话:027-87679656
投诉举报电话:027-87679757
(图书如出现印装质量问题,由本社负责调换)

“中国调查”丛书编委会

吾辈使命

——写在前面的话

癸巳年秋，珞珈山下。著名历史学家、荆楚社科名家冯天瑜先生送我一套《东亚同文书院中国调查资料选译》。此书是冯先生等学者从浩如烟海的东亚同文书院中国旅行调查材料中，选择代表性的篇目翻译汇集而成。冯先生在扉页上题写赠言："日本为侵略中国，自明治以来，对中国作翔实调查，此书所载，可一斑窥豹。向强敌学习，对国情做深入的调研，是我辈的使命。"这年夏天，湖北省社会科学界第八次代表大会紧张筹备，我们也曾邀冯先生等专家学者为湖北社科事业的繁荣发展出计献策。先生建议，重视基础理论研究，重视国情省情调查。《东亚同文书院中国调查资料选译》一书的价值，体现着冯先生忧患意识和爱国情怀的寄语，以及冯先生对湖北社科事业的关切支持，直接促成了"中国调查"项目的产生。

尧舜孔孟，唐宋明清，分封割据，天下一统，农工兵商，京韵吴语，上下五千年，社会生活何等丰富多彩；江河湖海，崇山峻岭，楼台亭阁，村舍酒肆，秦砖汉瓦，藤角根穗，纵横九万里，中华大地如此物华天宝。新中国成立六十多年的时代印记，改革开放三十多年的文明进步，更是激荡起伏，日新月异。热爱并建设这个国家，当了解认识这个国家，而客观调查、认真分析这个国家，则是了解认识的有效途径。"向强敌学习"，要从具体事情做起，以至比强敌更强。吾辈的使命在认识，更在担当。于此时此地开始，坚持数年并由楚地推及全国的省情国情调查或将对社会有微薄贡献。基于此认知，湖北省社科联正式确定将“中国调查”作为重点项目予以立项。

社会调查，古往今来皆为执政者所重视，更有立志于此的文人学者，跋山涉水，实地考察，经年不倦。卷帙浩繁的古今文库中，有许多经典不朽之作可为楷模。“中国调查”丛书立项论证会上，专家皆推崇以费孝通先生的《江村经济》为范本。专家以为，“中国调查”各分篇，无论是全景展现，还是微型研究，无论是实地考察，还是问卷访谈，皆应如《江村经济》，尊重社会发展之客观规律，彰显实事求是之人文精神，追求科学严谨之学术标准，戒浮光掠影，戒空谈杜撰，戒阿谀奉承。《江村经济》是“人类社会学实地调查和理论工作发展中的一个里程碑”（英国社会人类学家布·马林洛夫斯基语），对于刚刚起步的“中国调查”项目而言，如果能有些许“一斑窥豹”的作用，我们将无比欣慰。

“中国调查”任重而道远，我们将脚踏实地，努力前行，不辱使命。

湖北省社会科学界联合会　曾婕

写于乙未年樱花盛开时节

总　序

湖北省社会科学界联合会组织湖北省社会科学工作者切入各相关领域，从事社会调查，已历岁时，初成一批各具特色的调查报告，辑为“中国调查”丛书，这是令人欣慰的一项成果。之所以说“令人欣慰”，因为在这里没有新老八股式的空话、套话、大话，而所见皆质朴、真实的基层情事，我们从中可以嗅到泥土的芬芳，听到民众的呼唤，触摸到社会生活的脉动。

社会调查是认识社会的基本方法。无论是实际社会工作者还是社会科学研究者，离开社会调查将一事无成。“没有调查就没有发言权”，上至最高领导人，下至普通百姓，概莫能外。

广义的社会调查，古已有之，如周代重视“采风”，专设“行人”“輶轩之使”到各地搜集民歌以了解民间疾苦，《诗经》中的《国风》就是采风的精选集结。汉代派员巡行，皇帝微服私访，设立乐府，采集乐府诗以认识百姓情志、社会实况，如此等等，皆初备“社会调查”之义。

系统的、有计划的社会调查始于近代工业文明时代，欧美、日本运用实证方法、文化人类学方法、经济统计学方法、抽样方法、定性研究和定量研究相结合方法、横剖研究与纵贯研究相结合方法等，对本国和他国作详尽的、巨细无遗的社会调查，并以科学手段加以整理，做出描述的、解释的和提出对策的研究成果。日本为实现其侵略中国的“大陆政策”，对中国的自然、社会、人文等作了广泛、细致的调查研究，仅以两个较庞大的中国调查机构——南满铁道株式会社调查部、东亚同文书院（前身汉口乐善堂）为例，其调查规模便足可惊人：它们分别对中国进行了长达四十年和六十年的调查，留下卷帙浩繁的调查报告和研究著作。满铁的中国调查报告有数十万件，出版书刊数千种，是各国研究近代东北、华北、华东社会的材料渊薮（当代西方汉学家黄宗智、杜赞奇的近代中国社会史名作多取材于此）。东亚同文书院的中国调查，地域达除西藏外所有省区之各市县镇（还远抵俄罗斯西伯利亚、远东，中南半岛、南洋群岛），涉及地理、历史、政治、经济、军事、民俗各领域，大至各时段政情演变（如辛亥革命、五四运动、北伐战争等），小至一条河川有几处渡口、冬夏各能摆渡多大船只。无怪乎抗战期间日本的军用地图比国民党军队的军用地图详尽、准确。在东亚同文书院对中国长期调查的基础上，日本东亚同文会1917—1920年编纂了《支那省别全志》，1941—1946年编纂了《新修支那省别全志》，2015年5月中国国家图书馆出版社影印出版了两志全50册。我在为两志影印版所作序言中说："它让我们具体了解近代日本从事中国踏查的广度与深度，认识其用心之深、用力之切，从而激发国人警醒；同时，通过展示日本的中国调查材料及其加工成品，也为晚清、民国研究敞开一个鲜为人知的资料库，并从方法论上提供若干研究国情、地情的启发。"[1]

毛泽东1941年在《〈农村调查〉的序言和跋》中，强调社会调查的重要性，并指出："中国幼稚的资产阶级还没有来得及也永远不可能替我们预备关于社会情况的较完备的甚至起码的材料，如同欧美日本的资产阶级那样，所以我们自己非做搜集材料的工作不可。"这里对"中国幼稚的资产阶级"来不及作较完备的社会调查的估量，大体符合历史实情。但需要补充的是，自晚清以降，中国一些有识之士已开始重视并躬亲社会调查，如清末的湖北留日学生鉴于"各国人之于其国也，无一事不有调查会，或政府提创之，或人民自组织之"，在1903年成立"湖北调查部"，对在本国、本省开展社会调查有所规划，列举了"政法上之调查""教育上之调查""经济上之调查""实业上之调查""军事上之调查""历史上之调查""地理上之调查""民族上之调查""出产上之调查""交通上之调查""外人势力上之调查"诸方面的调查细目。[2] 然而限于条件，这一计划无法在晚清实现。

民国时期，国民政府的某些部门，如地震局，曾组织力量作专题社会调查，

---

[1] ［日］东亚同文会编：《中国省别全志》第1册，国家图书馆出版社2015年版，第8页。

[2] 张枬、王忍之编：《辛亥革命前十年间时论选集》第一卷上册，生活·读书·新知三联书店1977年版，第443～452页。

留下一批宝贵材料。某些从西方学习社会学、民族学回归的中国学者，作过高水平的社会调查研究，如陈达的《南洋华侨与闽粤社会》、费孝通的《江村经济》，至今仍闪耀光辉，被视作社会学范本。20 世纪 30 年代出版的“社会调查”丛书（中华平民教育促进会出版）也不乏佳作，如李景汉的《定县社会概况调查》便颇有价值。此后，各类调查研究报告续有面世，如费孝通的《乡土中国》、许烺光的《祖荫下》、杨懋春的《一个中国村庄：山东台头》、林耀华的《金翼：中国家族制度的社会学研究》等。

这批在艰困的条件下完成的社会调查论著，达到令国际学术界肃然起敬的水平，足证中国人完全有能力在社会调查研究领域攀登高峰。当然，就整体而言，清末、民国积贫积弱，战乱频仍，国家与民间无力作大规模、长时段、成系统的社会调查。

今天我们所拥有的条件，不可同日而语。以我省而论，有省社会科学界联合会的统筹组织，有各方面社会科学工作者的积极投入，未来可望涌现一批理论明晰、调查细致深入、记述真实可靠、建策独到的成果，为社会科学研究提供基础资料和精准数据。现在，“中国调查”首批项目已经付梓，又闻省社科联已筹谋接下来五年的项目计划，拟定调查研究重点，制定严谨的学术要求和规范，并将陆续推出“中国调查”丛书，以展现湖北省社科界调查研究原创力和高水平。我们乐观其成！

冯天瑜

2015 年 8 月 4 日于武昌珞珈山

前　言

改革开放以来，我国乡村发生了巨大的变迁。1978 年至 2008 年，是中国乡村改革的 30 年，为了纪念中国乡村改革 30 年，社会各界系统回顾和展示了过去 30 年中国乡村在政治、经济、文化、社会等方方面面发生的变迁，并取得了丰硕的成果。从这些成果所选取的研究对象来看，大体上可以分为两类：一类是以全国或地区范围内的乡村为研究对象，一类是以某个具体村庄为研究对象。第一类研究便于广度概览我国乡村变迁的共性，第二类研究利于深度揭示我国村庄变迁的个性。为了丰富我国村庄变迁研究的个性化成果，我们选取了湖北省武汉市蔡甸区索河镇龙霓山村这个近郊村为研究对象，旨在深度展示改革开放以来我国村庄的巨大变迁。村庄居民是村庄生活的主体，村庄居民思想观念和行为的变化深刻反映着村庄生活的变迁，村庄生活的变迁又是中国乡村变迁的缩影；所以，记录村庄居民思想观念和行为的变化情况，描述村庄生活的变迁状况，能够反映改革开放以来我国乡村的变迁状况。

村庄居民首先是村庄家庭的成员，村庄家庭是村庄居民生活的最基本组织形式，所以，我们的调研从村庄家庭开始。村庄家庭不是孤立的，村庄家庭之间的互动构成了村庄乡邻关系，比村庄乡邻关系稍大的家户关系是宗族关系，宗族关系深刻地影响着村庄乡邻关系。村民不仅是村庄某个小组内家庭里的人，村庄某个小组内乡邻关系中的人，村庄某个小组内或某几个小组间某个宗族中的人，而且是村庄组织中的人。作为村庄组织中的人，他们的行为不仅受家庭的影响，受乡邻关系的制约，受宗族的限制，而且受更大范围的村庄组织以及村庄以外的各种类型组织的影响或制约。村庄人口的变迁，计划生育的变迁，养老的变迁，显然既受到了家庭、乡邻、宗族变迁的制约，又受到了村庄及以外各种组织及其活动的影响。了解村庄人口的变迁、计划生育的变迁和养老的变迁，显然能够更全面地了解村庄的变迁。

在一个村庄内，家庭—乡邻关系—宗族关系—村庄人口、计生、养老的演化链条构成了我们调研的第一条线索。我们将这条线索称之为人的线索。

人总是具体社会历史条件下的人，具体社会历史条件为人的生存和发展提供了多种可能性。村庄居民的生活保障条件是村庄居民生存和发展的前提条件，村庄教育保障村民心智的成长，村庄医疗卫生事业保障村民身体的健康，村庄水、电、路等基础设施保障村民日常生活正常的运转。村庄居民生活保障条件的变迁深刻地影响着村民心智的成长、身体的健康和日常生活正常的运转。

在一个村庄内，村庄教育—村庄医疗卫生事业—水、电、路等基础设施等村庄保障条件构成了我们调研的第二条线索。我们将这条线索称之为条件的线索。

改革开放初期[1]，村庄基本上就是一个封闭的自给自足的地域性社会，村庄居民与外部世界是相对隔绝的，村落就是他们的整个“世界”。随着家庭联产承包责任制的实施，也随着打工经济方式的兴起，村庄越来越开放，村庄居民也越来越广泛和深入地进入或者卷入到一个高度开放、流动、分化的社会里，他们的生产方式、生活方式、经营方式、组织方式日益社会化，不再局限于村落世界。村庄生产方式、生活方式、经营方式、组织方式深刻地影响着村庄居民的生产和生活质量。

在一个村庄内，村庄生产方式—村庄生活方式—村庄经营方式—村庄组织方式等村庄活动方式构成了我们调研的第三条线索。我们将这条线索称之为方式的线索。

村庄风俗是村庄所在的特定社会文化区域内历代人们共同遵守的行为模式或规范。村庄风俗不仅是一个村庄居民的习惯，而且更是一个地域比如说

[1] 20世纪90年代，仍然假如5人左右的家庭只有两名主劳力，农田种植基本也是常住农户的主业，如果加上租种其他农户农田的收入，将原来的80年代初的农田收入加倍，除了农田种植以外，男女主劳力可以打工，打工一般按每天3元计算，一年的总收入可计算如下：$360 \times 3 \times 2+388.8 \times 2$（或 608×2）$=2937.6$ 或 3376 元。

村庄绝大多数甚至是所有居民的习惯。村庄风俗往往伴随着仪式，村庄风俗虽然是以单个村民为办事主体的，但是通过仪式就能将办事的效应扩展到整个村庄，甚至是村庄生活之外。村庄风俗是村庄文化生活的重要组成部分，它是实现村庄社会团结和社会整合的重要仪式性习惯。村庄风俗一般都是以人生中的大事为切入点的，比如婚嫁、诞生、丧葬等。

在一个村庄内，村庄婚嫁礼仪—村庄诞生礼仪—村庄丧葬礼仪等村庄风俗构成了我们调研的第四条线索。我们将这条线索称之为风俗的线索。

人（家庭的人、乡邻关系的人、宗族的人、村庄的人）的线索、条件（教育条件、医疗条件、水电路等设施条件）的线索、方式（生产方式、生活方式、经营方式、组织方式）的线索和风俗（婚嫁礼仪、诞生礼仪、丧葬礼仪）的线索这四条线索，既是我们观察村庄全貌的视角，也是我们调研村庄变迁的维度。

为了得到更丰富的调研资料，我们采用了村庄资料查阅、村庄个案访谈、村庄问卷调查等调研方法。

目 录

第一章　调查区域

一、自然与人文地理

龙霓山村位于湖北省武汉市蔡甸区索河镇，索河镇因地处索河而得名，历史上一直属于汉阳县（今蔡甸区）所辖。索河镇位于蔡甸区西北部，距蔡甸城区 17 公里，距武汉市中心 42 公里，地跨东经 113° 49′ ～ 113° 55′，北纬 30° 29′ ～ 30° 35′。全境南北长 9.8 公里，东西宽 7.3 公里，总面积 57.551 平方公里。

索河镇地处垄岗滨湖地带，境内依山傍水。东起龚家渡，西至石山堡，由六神山、鹦鹉山、小岭、北兆山、嵩阳山、白虎山、龙霓山、大锅顶山、小锅顶山等中、小山丘构成一脉，纵贯全境，成为天然的分水岭。整个地势西北高，东南低。制高点嵩阳山，海拔 233 米；最低点龙潭咀，海拔 20.8 米。山丘东南，地形横向起伏，由高到低，延伸至索子河畔，属西湖（位于武汉市蔡甸区）水系。山丘西北，地形与丘东南基本相似，与汉川县犬牙相交，偏北部分，属许家寨水系，近西部分，属白石湖水系。全境山区占 17%，丘陵占 50%，平原占 19.3%，水域占 13.7%，形成湖山相映、垄岗起伏的地貌格局。凭借境内独特的山川水域和人文资源，2014 年初，索河镇被湖北省政府命名为旅游名镇。

索河镇历史悠久，胜迹密布，为汉阳县（今蔡甸区）素负盛名的山镇。早在商、周时代，这里就有人类繁衍、生息。考古采集到的石斧、石铲、石锛、鼎足、陶片等，经鉴定为商、周古文化遗物。明成化年间以来，索河隶属湖广布政司汉阳府湖阴一里、湖阴二里。民国年间，索河改属嵩阳乡。建国初期，官桥、索河两个管理区属汉阳县第三区，石山管理区属汉阳县第四区。1958年，官桥、索河属红旗人民公社，后改名为柏林人民公社；石山属幸福人民公社，后改名为侏儒人民公社。1960年，柏林人民公社分成柏林、李集两个人民公社，官桥、索河属李集人民公社；石山仍属侏儒人民公社。1961年，人民公社改为区，官桥、索河属李集区所辖的两个人民公社，石山属侏儒区所辖的一个人民公社。1975年撤区并社，官桥、石山、索河3个人民公社分别从李集区和侏儒区分出并合为索河人民公社。1983年，改为索河乡。1985年又划索河乡为索河镇。

目前，索河镇共有180个自然村，全镇湾村分布，石山、索河地区较密，官桥地区较疏。自然村的形成多以族聚，其命名多以族姓、地形、风物、行业、名产、人物而定。居河沿岸的称“咀”，居岗岭下的称“岭”，居山包上的一般称“湾”。

龙霓山村位于索河镇西段，下辖8个村民小组，由7个自然湾组成，分别是严湾、肖家集、杨湾、姚岭、肖湾、陈家岭、西樊湾。村内姓氏众多，八个村民小组基本上按照姓氏划分，各小组均有一到两个主姓。

龙霓山村位于龙霓山南麓。关于龙霓山，民间流传着这样的传说：

汉阳县（今蔡甸区）西北有一座山，名叫“龙霓山”。

相传很久以前，龙霓山为洞庭湖坡，有一家姓钱的财主霸占了这块土地。

在湖坡上，住着一个叫霓仙的孤独书生，弱冠之年，乐于济人之患。一天，他出游湖滩散心，忽见一颗宝珠在湖滩上闪光，便捡起藏于袖中。朝前走了一程，又见几个顽童正争夺一条小白蛇。霓仙顿起恻隐之心，花了几文钱将半死的小白蛇买了过来，小心地带回家中，放在竹篓里精心护养。到了第七天，小白蛇伤已痊愈，霓仙提着竹篓出门，准备放生，岂知打开竹篓看时，小白蛇却不见了踪影。

霓仙怏怏回家，刚一跨进门，忽见里间走出来一位笑盈盈的妙龄女郎，他茫然不知所措地施礼问道：“请问小姐，到寒舍有何要事？”姑娘也不羞怯，走近霓仙扑通便拜，慷慨道：“我乃龙女，名叫‘小白龙’，因独自出宫游览，不慎丢落护身宝珠，落于湖滩，几乎丧生，多蒙先生搭救。此恩此德，非与先生结为永好不能报答。”霓仙闻言，不知所措，遂将宝珠拿出，递与龙女：“你乃玉体龙身，岂能受此茅舍风霜！何不速返龙宫，享永世荣华。”龙女答道：“龙宫虽好，怎及人间自由？湖水虽深，哪比先生恩德？我愿与先生同甘共苦，生死相依！”霓仙听她说得如此恳切，也不再推诿，于是当夜成亲。洞房虽无花烛，宝珠却照得满房通亮。龙女拿起宝珠，复递给霓仙：“你把它藏于箱内，一遇难事，便取出叫我名字，万难即解。”

霓仙娶龙女为妻的消息，很快传进了财主的耳朵里，趁夜深人静，他派了几名家丁，抢走了小白龙。霓仙遵照龙女的嘱咐，从箱中取出宝珠，冲到钱财主的门前，对着宝珠轻轻叫了声“小白龙”。叫声刚落，只见银光一闪，直射进钱财主的喜堂，彩灯顿灭，响乐即停。小白龙就地一滚，化成一条巨龙，摆着龙尾，将正要拉着她拜堂成亲的钱财主打昏在地，驮着霓仙飞回家中。

钱财主怎肯就此罢休，他又买通一高明盗贼将霓仙藏宝珠的箱子盗了出来，埋于湖坡上。随后再派家丁去捉拿龙女和霓仙。龙女和霓仙失去了宝珠，无计可施，只好任其处置。

狠心的钱财主派人在后花园挖了一个深坑，要亲手活埋龙女和霓仙。他刚铲上一锹土，突然一声巨响，地裂天崩，钱财主被葬身于深坑，小白龙和霓仙却腾空而起，隐于山中。这时，钱财主的庄园和良田随着巨响，倏然隆起，变成一座高山，是谓龙霓山。[1]

在龙霓山附近居住的村民间，还流传着关于龙霓山的另一个故事：

据说龙霓山在以前属于龙霓山村的姚岭（龙霓山村第四生产小队或第四村民小组的所在地）的一个地主家所有。有一年，姚岭地主家的女儿出嫁到龙霓山村杨湾（龙霓山村第三生产小队或第三小组的所在地）的一户人家。一次，该女从娘家探亲回来时用纸包裹着一些点心回来了，丈夫打开那纸一看，竟然是龙霓山的地契。原来是为获得龙霓山的所有权，该女从娘家偷来了地契。后来，姚岭地主家与杨湾的这户人家在山上开荒时不期而遇，姚岭地主家说，山是我的，你怎么能来这开荒？杨湾人家反诘到，你有何证据证明山是你的？地主家立即派人回家取地契，却没想到地契怎么找也找不到，而杨湾人家却拿出了地契。愤怒的地主家将女儿一家人告上官府。县官问该女，

[1] 数据与传说内容来源于严宏俊主笔《索河镇志》，1991 年版。

你为何偷走娘家地契？只听该女答道："小女子穿衣见父母，脱衣见丈夫。父母生我养我，于我有恩，但我既已出嫁，和父母也只有血缘之亲，我与丈夫以后生死相依，论亲密度此更甚，所以偷来地契，获得龙霓山，有何不可？"后来，官府将龙霓山判给了杨湾的那户人家。

二、经济概貌

1977年龙霓山村共有280户，总计1267人；到2013年，全村共有302户，总计1022人。总体人口变化幅度不大。就从业人员来看，1977年有从业人员585人，其中男性298人，女性287人；到2013年，全村共有从业人员628人，男性321人，女性307人。就从事的产业类型来看，1977年，从事农业的有569人，从事工业仅有16人；而到了2013年，从事农业的人口仅为148人，非农产业人口则达到了480人。可见，改革开放以来，龙霓山村的产业结构发生了很大的变化，加工业、服务业成为龙霓山村村民的主要经济来源。

龙霓山村的农业以种植业为主，其中，水田以早稻、双季晚稻为主，旱地以棉花、油料作物为主。从1949年到1985年，粮、棉、油作物的播种面积占总播种面积的比例分别为：粮食占80.2%，棉花占11.2%，油料占8.6%。近年来，随着农业人口减少、土地流转承包，龙霓山村逐渐改种单季稻，以往旱地上种小麦、棉花的现象也大大减少。1977年，龙霓山村耕地总面积为810亩，到了2013年，耕地总面积为786亩，耕地总面积略有减少。近年来，龙霓山村把大量土地承包给外面的苗木公司，种植城市景观树，获得了可观的收益。可见，传统种植业在龙霓山村的产业比重中已经大幅下滑，而以城市景观树种植为主的新型农业已经占据了龙霓山村农业产业的很大部分。

龙霓山村所处的索河镇历来有纺织、缝纫的手工业生产传统。新中国成立前，镇内从事手工业的半工半农匠人遍布各村，由此形成了许多手工业专业村。新中国成立后，为配合社会主义改造，索河镇成立了手工业生产合作社；人民公社化后，合作社相继转为综合服务社，集体经营。改革开放后，个体经营政策逐渐放开，龙霓山村的手工业生产又红火起来。凭借优越的地理位置、便捷的交通、丰富的生产经验、充足的剩余劳动力等优势，龙霓山村逐渐发展起了主要生产手套、工作服等劳保产品的个体加工业，并形成了完整的产销体系，产品行销到省内及周边省份。村里由私人投资建起了两家较大的织布厂，中小规模的私人家庭作坊也有两家，主要雇用村里闲置的中老年和妇女劳力。现在，龙霓山村 95% 的家庭都加入到这种个体加工业体系中去了。改革开放以后，村集体曾建立过一家轧机轴瓦厂，其产品还曾被评为省优秀产品，行销全国，后因市场萎缩、产品升级换代乏力而倒闭。

龙霓山村从 20 世纪 80 年代开始兴起了外出打工潮，留在村内从事农业生产的人越来越少。至今，武汉地区发达的经济仍然吸引着大量的村民外出务工，现在村内每个家庭平均人口数只有 1.15 人，村庄常住人口只有 339 人，占总人口约三分之一的比例，常住人口多为老人、妇女和儿童，“空心化”趋势明显。蓬勃的打工潮虽然造成了乡村“空心化”趋势，但为村民带来的收入却比较可观。据村民反映，一个劳动力在外打工，一年至少能收入三万块钱，一对夫妇一年就能收入至少六万块钱。留守的老人、妇女在家做手套一年也能收入 6000 块钱以上，这样，一个正常的家庭年收入都在六七万左右。打工经济带来了村民生活水平的大幅提高，绝大多数村民目前都住上了新式的二层洋房，老式的房屋在村里几近绝迹，还有很多年轻村民在蔡甸街甚至武汉市城区内购买了房产。绝大多数村民与城镇居民一样消费，如水、电、气、粮食、电话等，以满足基本的物质生活和精神生活需要，甚至每天上街买菜，顺便在集市上吃早餐。总之，改革开放三十多年来，龙霓山村的生活水平获得了质的提升。

第二章　家庭及其变迁

村庄中的基本社会群体就是家庭，村庄是一个扩大的家。家庭是社会的细胞，是村庄中的基本生产单位，是以两性关系为基础形成的传承后代、积累财产的单位。无数个小家庭组成了整个大社会，因此，透过微小的家庭也能窥探广阔的社会。家庭的规模、结构、功能、关系的变迁往往反映着更大范围的社会的变迁。改革开放30多年来，在经济转轨和社会转型的推动下，我国乡村家庭发生了多方面变化，其基本走向呈现出家庭规模小型化、家庭结构核心化、家庭功能多元化和家庭关系平等化的趋势。

一、家庭规模和结构的变迁

（一）家庭规模的变化

所谓家庭规模，一般是指家庭成员数量的多少。家庭规模的变化是衡量家庭变迁的最简单也是最直观的变量。

1. 户均家庭规模的变化

在古代中国，“家”的概念与“户”的概念是一样的，这从“家家户户”“安家落户”等成语中就可以反映出来。在现代社会，两者是有很大区别的，“家”是以婚姻关系、血缘关系或者收养关系为标志，是具有婚姻、血缘或收养关系的人们，组成的同居共食、相互供养的社会生活的基本单位。而“户”是以居住地为标志，是国家对居民进行人口管理的一种单位。中国《户口登记条例》

规定：同主管人共同居住一处的为一户，以主管人为户主，居住在机关、团体、学校、企业、事业单位内部和公共宿舍的户口，共立一户或分别立户。所以，一家可能是一户，也可能不是一户，比如父母亲和儿子同住在一栋房子里，当儿子很小时，他们是一家也是一户，当儿子成家后，他们仍然住在一起，仍然是一家人，但儿子成家的同时也往往单独立户。所以，这时，从居住的空间和生活联系来看，他们是一家人，但从户籍管理来看，他们是两户人。这种情况在乡村非常普遍。一户可能是一家，也可能不是一家，比如父母亲和儿子住在一起，当儿子小的时候，父亲一般是户主，他们是一户人也是一家人，当儿子成家后，因种种原因，他们分家了，从分家后的生活方式来看，他们不是一家人了（至少从儿子或媳妇的角度来看，是这样的），但是儿子和媳妇又没有单独立户，这样来看，他们仍然是一户人。

在分析家庭规模时，虽然不可简单地将家庭与户等同，但毕竟户是以家庭为基础的，是从家庭中分离出来的，所以，从户的角度来分析家庭规模也是有一定的道理的。根据国家统计局公布的数据，我国农村户均人口，1982 年为 4.57 人，2006 年为 4.05 人。[1]

龙霓山村年度报表显示，1982 年龙霓山村共有 300 户，总计 1338 人；到 2006 年，全村共有 279 户，总计 1034 人。那就是说，龙霓山村户均人口，1982 年为 4.46 人，2006 年为 3.71 人。就具体年份的数据来说，龙霓山村的户均人口低于同期国家农村户均人口，就户均人口的变化趋势来说，龙霓山村的户均人口也是呈下降趋势的。

2. 常住家庭规模的变化

户均家庭规模的变化往往不能完全真实地反映家庭规模的真实变化。因为，有些家庭部分人口已经迁移或者家庭整体已经搬迁，只是因为国家户籍管理的原因，他们的户口仍然在乡村。改革开放以来，计划生育政策、经济发展水平、社会观念都在影响着龙霓山村的家庭规模。尤其是计划生育政策的实施，使得家庭规模缩小，一对父母养育三个以上孩子的现象在龙霓山村已经大大减少，独生子女在新生代农民中已经比较普遍。

“人多力量大”，是 20 世纪 50 年代领导层提出的人口观点。在大集体生

[1] 国家统计局社会统计司：《中国社会统计资料 1987》，中国统计出版社 1987 年版，第 30 页；国家统计局：《中国统计年鉴 2007》，中国统计出版社 2007 年版，第 366 页。

产时期，人多就意味着充足的劳动力，从而能够生产出更多的粮食，创造出更多的财富，这种观念在物质匮乏的20世纪60—70年代受到了人们广泛的重视。“多子多福”作为中国人的传统家庭观念，在改革开放前的乡村仍然占据着社会文化的主流，尽管乡村基层的政治宣传和教育力图消除人们在性别上的歧视，但传统观念在农民的思想观念中仍然根深蒂固，生育儿子、延续香火仍然是许多乡村家庭在婚育上所持的主要观念。

在现实的生产需要和传统的生育观念的共同作用下，“大家庭”“超大家庭”等家庭规模形态在改革开放前的龙霓山村就成为一种普遍的家庭规模形态。以龙霓山村第三村民小组（原第三小队）杨湾为例，1977年在3组的22户家庭中，平均家庭人口数为5.6人，人数在6人以上的家庭有10户，其中规模最大的家庭多达12人。人数在5～7个人之间的家庭共有14户，占到3组总户数的约三分之二。而到2012年时，第三村民小组杨湾共有家庭18户（虽然户口在龙霓山村，但已迁居外地，常年不在村中生活的家庭未统计在列），平均家庭人口数为4人，相比较于1977年减少了1.6人，家庭规模已经显著减小，其中，6人以上的家庭有2个，5人家庭有6个，4人家庭有3个，三口之家有4个，还有三户为老年夫妇独居的家庭（其中有两户为儿女在外地定居，老人在乡村生活的家庭）。总体上看，3～5人的家庭有13户，占到3组总户数的72%。5人以上的“大家庭”和“超大家庭”在村中已经很少见，取而代之的是更为稳定的三代同堂的5人家庭或4人家庭，甚至三口之家这种核心家庭在龙霓山村中也已经较为普遍。

（二）家庭结构的变化

家庭结构是指由具有血缘、姻缘或收养关系的成员所组成的不同类型的生活单位。家庭结构是在认识家庭规模基础上认识家庭成员关系的一个基本视角，不同时期的家庭结构因社会经济环境的变化而存在不同的表现形式。根据家庭成员之间的不同关系，可以将家庭划分为多种不同的家庭形式。在这里，根据调研地龙霓山村的实际情况，我们主要观察到核心家庭和直系家庭这两种家庭形式。

1. 乡村家庭结构的两种主要家庭形式

核心家庭即由父母和未婚子女组成的家庭。由核心家庭往往可以衍生出其他家庭形式。核心家庭又可以进一步分为夫妇核心家庭（只有夫妻二人的家庭）、一般核心家庭（一对夫妇和未婚子女的家庭）、缺损核心家庭（即单亲家庭）、扩大核心家庭（夫妇及子女外加上未婚兄弟姐妹的家庭）、过渡核心家庭（父母与刚结婚不久的儿子或女儿组成的家庭）。尽管具体形式不同，但其核心都是一对成年的已婚夫妇。最常见的是前两种核心家庭形式。

直系家庭是指父母同一个已婚儿子及儿媳、孙子女组成的家庭。包括二代直系家庭（夫妇同一个已婚儿子及儿媳组成的家庭）、三代直系家庭（夫妇同一个已婚子女及其孙子女组成的家庭）、四代直系家庭、隔代直系家庭（三代以上直系家庭缺中间一代）。这几种直系家庭形式多以一个核心家庭为主线，与上下两代或三代人组成一个家庭。

2. 龙霓山村家庭结构的状况

改革开放三十多年来，龙霓山村的家庭结构已经发生了很大的变化，这种变化不仅体现在家庭的代际关系上，还体现在家庭的年龄结构上。由于缺乏大集体时期具体的家庭数据，我们无法直观地研究大集体时期的家庭结构，但从与村民的访谈过程中，我们也了解到一对父母养育多个子女的核心家庭形式在村中占据主导。子女之间的年龄差距往往较大，有的甚至在 20 岁以上，因此子女中老大在家里也承担着照顾、教育年幼姊妹的责任。这种特殊的家庭形态在三十多年前的龙霓山村非常常见。此外，当时由于父母一般与刚结婚的小儿子一起过，当小儿子也有自己的子女时，这就构成了直系家庭，直系家庭的比重也比较大。核心家庭与直系家庭构成了改革开放初期的最主要家庭类型。

如今，龙霓山村中直系家庭已经较为普遍，并成为家庭结构形式的主流。少数直系家庭因祖辈离世而转变成核心家庭，这种核心家庭也占了相当大的比例。以龙霓山村 3 组为例，由祖辈、父辈、孙辈三代人、两代户构成的直系家庭有 10 户，占到总户数的半数以上。这些家庭多以一对中年夫妇为核心，同时赡养一对或一个父母，及养育一个或两个子女。这其中，父母均健在的家庭有 7 户。此外，3 组中还有 4 户核心家庭，即只有一对父母和未婚子女的家庭，其中，有三户为 50 岁以上的父母和一个未婚的子女，另一户为一对“70 后”父母和一个独生子。在孙辈的性别构成上，男孩有 9 个，女孩有 8 个，性别比基本为 1∶1，可见村民中尤其是新生代农民中“男女平等”观念已经深入人心。

从家庭的稳定性来看，这种由两代户构成的直系家庭的稳定性很高，老年父母的生活水平和生活满意度也较高。在访谈过程中，曾在第一小队中担任小队长的XXG就给我们分享了他三代人的家庭生活。他说，“我今年62岁，25岁时由大队书记提名当小队长，当时也是整个大队最年轻的小队长，做到1982年分田到户后，就没再做。现在我家里有7口人，有一个女儿，两个儿子，大儿子今年36，大儿子和儿媳生了一个孙女和小孙子，孙女现在上初中，小孙子还在读小学二年级。大儿子和儿媳在广州那边跑物流有十几年了，一开始只是给人家开车，后来经验多了就开始搞物流，做得还不错，收入也挺多。他俩在广州那边住由公司提供的房子，平时生活压力也比较小，消费很高。二儿子现在在武汉的一个加油站工作，今年也30岁了，在蔡甸也买了房子，就是一直没找对象，我们也不着急，这是他自己的事。大儿子离家远，一年只能回来一次，二儿子隔三差五能回来几次。逢年过节三个孩子（指女儿、大儿子和小儿子，在乡村，在父母眼中，无论子女是否成家，是否分家，子女永远被看成是一家人，是自己的孩子）回家时也都带点礼物。老伴儿今年61岁，我俩身体也不错，平时在家里做做手套还能补贴家用。有时候我在村里做做事还能拿点补贴。平常我们两口和两个小孙儿住一块，上学吃饭什么的我俩负责，还能给这俩孩子零花钱。”

在这种一对中年夫妇赡养一对老年父母的直系家庭结构中，父母尚有劳动能力，且有成年未婚兄弟的分担，就减轻了核心夫妇的赡养压力。而且随着乡村观念的转变，出嫁的女儿在赡养父母方面的责任也越来越得到重视（当然，从另一个方面来说，父母在抚养儿子或女儿时是无差别对待的）。对于已经步入老年，将逐渐丧失劳动能力和收入来源的父母来说，除了国家提供的村民基础养老金和高龄补贴外，“老有所依”也就有了希望。

二、家庭功能及其变迁

家庭是由婚姻、血缘或收养关系所组成的社会组织的基本单位。从功能角度来说，家庭具备生产、消费、教育、社会保障、性满足等基本功能。随着经济发展和城镇化的进一步加快，我国乡村的家庭结构发生了显著的变化，家庭功能也随之相应改变。

（一）生产功能及其变迁

改革开放初期，随着家庭联产承包责任制的推行，农村家庭恢复了家庭的生产功能，它使家庭成为生产的组织单位。因为，家庭联产承包责任制的实质，是集体向农民家庭转让土地的使用权，农民因此成了相对独立的商品生产者，取得了生产的自主权和产品的分配权。近期，伴随着农村非农化进程的则是家庭（农业）生产功能的日益萎缩。家庭（农业）生产功能变迁的最直接的原因是家庭人均耕地面积的日益减少或土地的大面积流转，以及农业劳动力大量向非农业转移。

1. 家庭（农业）生产功能曾一度复兴

家庭联产承包责任制实施之前，龙霓山村的每位社员（今村民）更多的是大队集体中的一员，家庭成员是以社员身份个别参与集体生产并服从于集体生产的。换句话说，大集体生产时期，家庭成员在公共集体的田地里从事各种劳动，分别接受集体的指派，是无所谓家庭生产的。每位家庭成员通过这样的生产方式为自家挣得工分，从而维持家庭成员的基本生活。家庭联产承包责任制实施之后，龙霓山村的每家每户开始作为基本的生产单位在自家分得的农田里生产和劳作。这时，家庭是农业生产的基本单位，家庭从事农业生产的积极性得到了极大的提高。为了提高农业生产的效益，不少农户在种好自家农田的同时，还承包了那些外出打工的农户的农田，并以代缴农业税或帮助那些农户种一季为补偿[1]。也就是说，分田到户初期，农田种植这种

---

[1]　在20世纪80年代和90年代，农民每种植一亩农田，都要向国家缴纳规定的农田税费。外出打工的农户，显然没有时间或不愿意种植自己分得的农田，即使如此，他也必须向国家缴纳自己分内的农田税费。为了避免自己没有种植农田但仍需缴纳税费的情况，这些外出打工的农户与常住农户商量，自己分得的农田交由常住农户来耕种，同时，由这些耕种别人农田的常住农户来代为缴纳税费。这是一种农户间的再承包方式，另一种再承包方式是，常住农户自己在别人的农田里种植一季稻谷，这一季稻谷所得全归自己所得，作为补偿，常住农户必须无条件地帮助别人种植另一季稻谷，这时，税费由别人自己缴纳。这种再承包方式曾经一度非常普遍，外出打工者拥有农田的使用权，没有时间耕种，但需要缴纳农田税费；常住农户有能力耕种他人的农田，愿意缴纳农田税费，但是没有农田的使用权，再承包双方属于你情我愿。当然，按照农村人的规矩，这种再承包协议，只有口头协议，不需要书面协议，可以随时终止。

以家庭为生产和组织单位的农业生产功能得到了最大限度的发挥。

2. 家庭（农业）生产功能逐渐萎缩

20 世纪 90 年代以来，随着农村外出务工人数的不断增加，同时伴随着土地流转的加速，农田种植、副业加工、外出打工或经商逐渐并行，并过渡到农田种植为辅，副业加工、外出打工或经商为主，甚至到现在副业加工、外出打工或经商成为家庭生产的主业。至此，蔡甸区索河镇龙霓山村这样经济比较发达的农村地区，已经实现了由家庭生产为主导向社会生产为主导的转变，已经实现了农业生产活动与家庭日常活动的分离，已经体现出家庭农业生产功能弱化、甚至农业生产功能消失的现象或趋势。在调研的过程中，我们也发现，即使在周边土地还没有流转的乡村，家庭的经济结构与收入结构也在发生变化，其主要表现在于，农业虽然仍是家庭的一业，但农业收入在家庭总收入中所占的比重正在降低，在绝大部分家庭，农业收入已经不构成家庭收入的主要来源，只是家庭日常生活的辅助。

龙霓山村里超过一半的农户已经举家外迁，在蔡甸区，在武汉的汉口、汉阳、武昌等地区安家或落户。少部分农户虽然留在乡村，但他们中至少有一半的农户人口与土地分离（当然，他们仍然可以从租赁土地的公司获得每年 400 元左右的补偿金），他们在龙霓山村或附近乡村的棉织厂、劳保厂和其他在当地的小型加工厂上班；极少还拥有少量土地的农户，因为土地平整而带来的机械化的广泛运用，他们也只花费很少的时间打理农田，大部分时间在家里承接一些加工厂送来的加工活。在某种意义上，龙霓山村的家庭在生产上的变化可以用“非农化”来刻画。“非农化”的主要含义是农业不再成为农民家庭的主业。它包括在农民家庭的收入构成中，来自农业的收入已经不构成收入的主要来源；在农民的日常生产生活中，农业生产已经成为一种兼业，或者已经被农民看成是一种兼业；至少一半以上的龙霓山村的家庭完全与农业生产无缘，彻底转向其他行业，成为一个非农业劳动者，其生活方式和价值观念也随之发生变化，日益趋同于城镇居民。

（二）消费功能及其变迁

1. 家庭消费与家庭收入直接相关

在家庭收入方面，龙霓山村的家庭收入自改革开放以来发生了显著的变化。以5人左右的核心家庭来计算，或者以5人左右的直系家庭来计算，在改革开放初期，龙霓山村的家庭每年收入只有几百元[1]；在改革开放中期，龙霓山村的家庭每年收入只有几千元[2]；在改革开放近期，龙霓山村的家庭每年收入可以达到十万元。[3]三十几年前，村里每家每户在一年收成之后扣除生产资料投入、子女上学、赡养老人以及家庭其他各项开支后所剩的并不多；现在，村里有很多家庭在各种消费扣除之后，还能在乡村建造楼房，或在城市或城镇购置商品房，并购买冰箱、彩电、空调等大宗电器。改革开放初期，家庭凡涉及购买大型的生产工具或盖房子的时候往往都依靠借贷，这些借贷极少有来自银行的，多数都来自亲朋好友。尽管家庭联产承包责任制的实施激发了家庭生产的积极性，但是，靠农田获得的收益极其有限，大部分村民的观点很一致，农田收益只能保证够吃。改革开放中期，家庭要做个房子，要娶媳妇，要嫁姑娘，都是一笔大的开支，这些开支绝大部分都依赖儿子或姑娘在外打工省吃俭用积累而来。改革开放近期，特别是土地流转后，家庭收入的状况明显改善。家庭可以不用从事农业生产而能够获得土地流转的收益，这些收益与自己亲自种植农田所获得的收益相差无几，重要的是，家庭可以利用不进行农田种植的时间自由打工，获得更多的打工收入，可以毫不夸张地说，现在每家每户都多多少少有一定的存款。村民们非常自信地说："只要你愿意做

---

[1]　20世纪80年代初期，假如5人左右的家庭只有两名主劳力，男劳力是一天一个工，女劳力是一天0.8个工，加起来是1.8个工。按每个工6角钱来算，一年360天共收入360×1.8×0.6=388.8元；按每个工1元钱来算，一年360天共收入360×1.8×1=608元。分田到户以后，农民种植农田的积极性有所增加，收入会有所上升，但收入上升的幅度是有限的。

[2]　20世纪90年代，仍然假如5人左右的家庭只有两名主劳力，农田种植基本也是常住农户的主业，如果加上租种其他农户农田的收入，将原来的80年代初的农田收入加倍，除了农田种植以外，男女主劳力可以打工，打工一般按每天3元计算，一年的总收入可计算如下：360×3×2+388.8×2（或608×2）=2937.6元或3376元。

[3]　2010年后，仍然假如5人左右的家庭只有两名主劳力，农田种植已经不是常住农户的主业，所分得的4亩田按流转的价格计算，共计4×400=1600元；打工成为常住农户的主业，按每月3000元计算，3000×2×12=72000元。这里的5名家庭成员的构成已经发生变化，其中的两名是中老年父母，以他们加工手套每天60元计算，一年的收入加起来是60×360=21600元。全家人的收入加起来共计十万元左右。

事，日子保准错不了！”

2. 家庭消费与商品供给密切相关

大集体时期，家庭只能凭票购买粮食、布、油、糖和肉，那时的家庭消费主要是在物资上的，包括柴米油盐酱醋这些基本的生活开支。据一位老年村民介绍：我们那个年代是分配式年代，现在是开放式年代。早期有四票：粮票、油票、布票、肉票，这些票由上面发，每人配额供给。你要是在外面工作、上学，就必须要回自己所在的大队里办理粮票事宜，队里给你粮食。那会儿过早（吃早餐）也要票，一碗面要八分钱。很多人家粮食很难够一家人吃，因此人们还经常挖野菜吃，很少能吃到荤腥。每人每月二两半油，人们不舍得吃，多用来换钱。村民们一般去汉川（邻近索河镇的乡镇）的一个部队工厂同工人交换，换取日常的开支。村民之间还进行隐秘的粮食交易，家里粮食不够的村民从粮食有剩余的村民那里购买，补充家用。当时，粮、棉、油、肉等生活必需品的价格由国家控制，凭票供应，不准私人自由买卖。买猪肉时，要半夜三更到石山（集镇的名称）的屠宰场排队，排好几个小时的队，凭票购买，每个排队的人（这个人是家庭的代表）大概只能买到一斤多肉。生活在大集体时期人们的消费情况就是这样的。现在不一样了，只要你手上有钱，什么商品、什么服务都能够直接由供货商送到家，并且先送货后结账，甚至延后结账。以稻谷加工为例，少数村民仍然种植了少量农田，收上来的稻谷必须加工成米后才能食用；在以往，村民加工稻谷，必须自己用各种工具将稻谷运至加工厂加工，再自己用工具运回来；现在方便多了，村民给加工厂打电话，加工厂下来用车帮助村民把稻谷运至加工厂，加工完后，再用车帮助村民把米运回来，并按照村民的要求将米存放在任何村民想存放的地方，当然，村民也必须承担必要的费用。即使要为相关的服务付费，村民也非常高兴，尤其是对于村庄“38”（指妇女）“60”（指老人）“61”（指儿童）队伍来说，更是如此。以日常商品为例，村民买个油盐酱醋当然自己可以随身携带，但要买大瓶的纯净水，要买一箱啤酒，要换一瓶煤气，这些对妇女、老人和小孩而言，都是非常难的任务，不过没关系，小卖铺或小超市都能直接送到家，并且不需要另外付费（费用肯定已经隐含在商品价格之中了，不过，即使如此，村民也非常乐意）。以大宗电器商品为例，如果村民家中的冰箱坏了，村民去电器超市看准型号、谈妥价格，告诉电器超市送货地址；电器超市会在规定的时间内送货，告诉村民免费试用一个星期，一个星期之后，再来收取费用。除了村民日常必须使用的商品外，电话、电视服务也已经完全普及，即使固定电话服务的使用相当少。网络服务也在相当部分的家庭普及，即使网络服务与家庭生产或收入毫无关联。村民们的消费观念已经发生了很大的变化，物质生活的享受或满足已经不再是家庭消费的主导，精神生活的享受或满足日益成为家庭消费的主流。

（三）情感支持功能及其变迁

家庭作为一个初级社会群体，其重要的特征就是成员之间频繁的面对面的富有感情的互动。根据马斯洛的需要层次理论，家庭成员在家庭中获得生理需要和安全需要满足之后，就会产生归属与爱的需要。归属的需要就是参加和依附于一定组织的需要，即与他人建立友谊，有和谐的人际关系，被团体所接纳，产生归属感。爱的需要包括接受和给予爱，即有得到他人的爱和产生爱他人的需要。家庭对家庭成员归属与爱的需要的满足，就是家庭情感支持功能的体现。

个人处于家庭与社会组织两极之间。大集体生产的时候，村民之间的交往主要是基于生产中集体劳作所结下的人与人之间的关系，属于情感性的社会交往较少，这无疑为家庭情感支持功能的发挥提供了更多的可能。父母疼爱儿女，儿女孝敬父母是每个人心中根深蒂固的文化信仰，再加上家族或宗族、小队或大队对不忠不孝家庭成员的监督和舆论压力，所以，家庭的情感支持功能在当时发挥得很好。随着大集体的解体，家族或宗族、小组或村对家庭成员的监督和舆论压力逐渐减小；随着外出务工、经商、求学的增多，村民们由原来更看重家庭成员身份，到现在更看重社会成员身份，注重自己在社会上的的身份、职业、经济收入，慢慢地，家庭的情感支持功能逐渐淡化。

调查反映，家庭成员间的沟通联系在大集体生产时代是很多的，老中青几代人，爹爹婆婆、儿子媳妇、妯娌、孙子孙女等一家十几口人住一个屋里或相邻的两个屋里，家庭成员内部之间的沟通和交流很多，虽然也伴随着家庭成员间矛盾的断断续续的发生，但是，相亲相爱、相依相伴是主流。分田到户以后，随着儿子辈成长、成熟和自立门户，农田也依次分给了小家庭，大家庭的成员不断被分化出去，家庭成员之间的交流就不像大集体生产时期那样频繁了，家庭的情感支持功能仅限于婚丧嫁娶、房屋新建、子女上学等关键场合或关键时刻了。现在土地流转后，外出打工的打工，外出经商的经商，各个小家庭各想各的，各个家庭成员各干各的，一家人的联系更少了。家庭的凝聚力已经伴随着村庄的“空心化”而逐步减弱。日常生活中，虽然父母与子女之间可以用电话联系，但一是频率明显减少，二是通话时间明显缩短，三是通话内容既有关切也有要求。第 4 组 YHH 爹爹的说法很有代表性，日常生活中，儿子或孙子有时也会打电话问问父母或祖父母的身体情况，但更多的是叮嘱，“你们要照顾好自己，不要把自己搞病了，如果把自己搞病了，我们没有时间照顾的啊！”这话里虽然也有情感关切，但也透露出情感支持能力有限的无奈。

（四）教育功能及其变迁

以前，乡村家庭中承担家庭教育的主要是家里的长者，他们是经验和智慧的化身，这是自给自足经济条件下家庭权威自然形成的结果。长者对子女或孙子女的教育更多的是在日常生产生活中口耳相传和以身示范，即长者怎么做，后辈看在眼里，记在心里，慢慢养成自己的思维方式、性格和品德，家庭教育的内容主要就是生产经验和尊老爱幼等礼仪性的生活经验。改革开放三十多年来，随着乡村生产和生活方式的变化，也随着子代或孙代成长发展需要的多样化以及迅速变化，家里长者的权威身份已经被消解，行为示范教育逐渐让位于态度教育。因为，许多事情，家里长者已经不可能亲力亲为，再加上农业生产中积累的经验和智慧已经不需要了（许多家庭已经没有了农业生产）。对待事情认真、勤劳的态度，这是长者长期生产和生活中养成的品质，这种品质通过言语或身教对子代或孙代有一定的教育作用。

据严湾的严爹爹介绍，逢年过节时儿子会给老人钱，但是老人不会主动要儿子给钱，一般情况下儿子给钱了，老人又会转手把钱给孙子。老人认为，儿子是否孝顺要看儿子是不是有钱，有钱的人都会给老一辈钱，大部分人都认为给钱就是孝顺的唯一体现。谈及儿子的教育问题，老两口都没有什么文化，只是在以前上夜校时认识了几个字，对两个儿子都没有什么明显或直接的教育行为，主要是自己勤扒苦做，尽力为儿子创造正常的学习条件。或许是以身作则的行为示范，儿子很听话，放学回家后都是自己主动做作业，老人也几乎没让儿子干过什么农活，就是让他们看看书写写作业。最后儿子们虽然都没有考学出去，但却都能自食其力。老大的儿子在仙桃读书，现在在南京读大学。孙子一直是跟着媳妇在仙桃那边读书，媳妇在孙子读高中的时候陪读了3年，每天都会接送孙子上学。主要是为了防止孙子悄悄跑去网吧上网。孙子的户口在媳妇的老家仙桃，老人表示对这个户籍没有什么意见，也不反对。但是，孙子的姓是跟着姓严的，因为他们的潜意识里认为姓氏相当重要，而且当地的风俗习惯是不允许孙子跟从媳妇那边的姓氏。他们大儿子的夫妻模式是一种比较特殊的模式，夫妻双方也是通过介绍认识的，很长一段时间都是儿子在乡村开车挣钱，媳妇则在仙桃老家那边照顾孙子读书，直到孙子考上大学，媳妇才住到儿子这边来。孙子之所以有些出息，一方面是自己努力的结果，另一方面也是大儿子不余其力为家庭奉献的态度感染和激励了孙子。

随着祖父辈的老去，随着父母外出打工时间的增多，乡村家庭教育的功能相比以前降低了。表现在以下两个方面：一是家庭教育数量的减少。父母外出打工对家庭教育造成的影响不仅表现在日常家庭活动中施教者人数的减少，而且也表现为施教时间的缩短。龙霓山村的调查表明，大部分留守儿童与父母相聚的时间只是在逢年过节时，祖辈不仅要参加力所能及的生产，而且还要料理家庭事务，所以，整体上看，与以往相比，父母、祖辈在家庭教育方面投入的时间都少了许多。二是家庭教育质量的下降。完整的家庭教育应该是协调一致的父母双亲教育，留守家庭结构的变化带来了家庭教育质量的下降。就单亲家庭来说，意味着某种教育的缺失，或者是母亲关怀和照顾的教育，或者是父亲培养孩子独立勇敢精神的教育和增强孩子明辨是非能力的教育。就隔代家庭来说，我国长久存在的“隔代亲”传统往往导致祖辈重养不重教，对留守儿童溺爱有余、严格不足。

三、家庭关系及其变迁

家庭关系主要是指家庭内部的人际关系。在以核心家庭和直系家庭为主体的当代中国乡村，其家庭关系主要表现为夫妻关系和亲子（父母与子女）关系。

（一）夫妻关系及其变迁

1. 由制度上的平等到观念上的平等

封建社会家庭，男尊女卑，妇女处于从属甚至被奴役的地位。辛亥革命后，这方面的情况没有变化。“五四”运动对封建家庭有所冲击，但对广大农村影响不大。在宗族谱牒里，在保甲花名册上，妇女只有姓，没有名。男子可以三妻四妾，女子则要从一而终，夫死也要守节。龙霓山村人稠地窄，临近武汉，男子多外出谋生，田间操作和家务劳作系于妇女一身。建国后，婚姻法等法律明确规定夫妻双方为共同生活的伴侣，在家庭中地位平等；夫妻双方都有各用自己姓名的权利，都有互相扶养的义务，都有参加生产、工作、学习和社会活动的自由；夫妻在婚姻关系存续期间所得的财产，归夫妻共同所有，并且对共同所有的财产有平等的处理权等等。新的制度框架下，妇女地位大大提高，同男子一样学文化，搞生产。20 世纪 70 年代，广大农村处于人民公社大集体阶段，在经济上，实行男女同工同酬（男女干同样的工作，当然记一样的工分；但实践中还是略有差异的，像农田种植中最需要技术和体能的耕田等工种，一般由男同志承担，工分可以记到十分，女同志所承担的工种一般最多记八分），为妇女在家庭中实现男女平等提供了根本条件。

尽管婚姻制度上、集体经济方式上为妇女在家庭中实现男女平等奠定了基础，但是，思想观念上，夫主妻从、夫尊妻卑仍然在广大农村相当范围内存在。龙霓山村在大集体时期就曾出现过婆婆欺负媳妇，儿子比较软弱，媳妇经常受气而喝农药自尽的事，由此可以推断，当时男女之间关系存在着不平等的现象。

自 1977 年分田到户以后，直到 20 世纪 90 年代末期打工经济兴起之前，龙霓山村主要还是以农田种植为主。男同志对于农田种植来说，不仅农时经验丰富一些，而且关键技术掌握得多一些，最关键的是女同志不愿意关心家庭内外的大事情，所以，家庭观念中，男重女轻的观念还是仍然存在的。日常生活中，村里或村组里有什么出头露面的事，一般由男同志出面参加。户口登记时，无论家里女同志多么强势、能干，户主一般登记为男同志。村庄生活中，只有出现以下两种情况：或者是家里的男同志在村庄以外的国家企事业单位任职，或者是当家里男同志不幸离世且子女尚未成家，女同志才可能登记为户主。

近十多年来，夫妻关系具有明显的夫妻平等的发展走向。例如，越来越多的妻子与丈夫共享家庭事务的决策权，不管是开展何种生产经营，还是购买大型家具和耐用消费品，往往都是夫妻共同讨论的结果，而不再完全由丈夫做主。推动这一转变的原因，除了经济、社会、文化的长足发展以外，新型的村庄打工经济方式无疑发挥了重要作用。新型的打工经济方式，彻底扭转了男女生理上差异带来的收入上的差别。村庄妇女无论老幼，都可以去劳保用品厂集中或居家加工手套，所得收入并不低于自己丈夫各种打工的收入。甚至上了年纪的、或因身体状况不能外出打工的丈夫，只能在家给妻子当下手加工手套。即使少数家庭仍有农田种植的任务，男同志的作用和地位也不如以前，机械化的操作取代了男同志的技术和体力。整体来看，无论是家庭收入方面，还是家庭贡献方面，村庄男同志的作用和地位在下降，女同志的作用和地位在上升。经济基础决定上层建筑，当妻子的收入和贡献与丈夫旗鼓相当时，夫妻关系观念上的平等能不到来吗？

2. 老年夫妻关系老来伴

俗话说，少年夫妻老来伴。年轻的时候，夫妻感情主要是靠情爱来维系；年岁渐老，情爱的成分渐少，这时夫妻感情主要就由责任来维系，他（她）是你人生的伴侣，伴你走过人生的夕阳阶段。对于农村那些进入老年的夫妻，少年时是否有很好的感情，我们不好说，毕竟年轻时婚姻的缔结受父母、媒人、家境、地域的影响比较大，但是，调研观察、访谈中，我们发现，龙霓山村的老年夫妻确实是“老来伴”。以龙霓山村 3 组的 DZ 夫妻为例，这对夫妻生有两个女儿，均已成家不在身边，在丈夫退休之前，夫妻二人长期两地分居。丈夫退休之后，回乡与妻子共居乡下。这对夫妻的妻子被 3 组的村民认为是最“看不开”的人之一，所谓“看不开”，是说她自己有够维持生活的基础养老金，她的丈夫有丰厚的职工退休金，女儿们有不错的收入和幸福的家庭，她总是不满足，总是超越自己的极限种植自己的、甚至包括别人的农田，总是一天到晚勤扒苦做。她的丈夫曾是长航职工，按道理说，他过惯了不做农活的日子，两人不可避免地会产生矛盾。可事实不是这样的，丈夫总是顺着妻子的想法，每天跟着妻子做着绝大多数连农村人都不愿意做的农活。丈夫乐观地对我们说，她（他的妻子）总是闲不住，每天呆在家里的时候不是这里疼就是那里疼，一到农田里，就什么地方也不疼了；我无所谓，她要做，我就跟着她做，一起做到都完蛋了就不做了。以龙霓山村7组的YCT夫妻为例，这对老夫妻有两个儿子，均已成家不在身边，小儿子因离婚将姑娘丢给老人抚养。丈夫曾是一个能人，做过小学教师，做过小队队长，是一个种田的全才，还做过厨师……现在年过六十，一身的病，经常吃药打针，完全不能干重活。妻子是一个典型的能干但又顺从的农村妇人，她从没抱怨过什么，总是默默地为丈夫、为家庭、为孙女奉献着自己的“最后一滴血”。据村民们介绍，她是7组最能干但又不得不干的人。她不仅独自种好自己仅有的农田，而且利用一切机会“赶工”（即打短工）挣钱。幸运的是，这个妻子非常乐观，非常健康，真正做到了“老来伴”。正常经济条件下家庭的“老来伴”是值得尊敬的，农村经济条件下家庭的“老来伴”是令人感动和值得敬仰的。在龙霓山村，这样令人感动和值得敬仰的老年夫妻关系是非常常见的。

3. 中青年夫妻关系稳固性降低

相比于老年夫妻的关系，中青年夫妻的关系要逊色一些。按理说，在夫妻关系的缔结上，老年人当年由父母做主的成分多一些，如今中青年人由自己做主的成分多一些，老年人夫妻关系自然要差一些，中青年人夫妻关系自然要好一些。事实却不尽然，在龙霓山村，中青年人夫妻关系要弱于老年人夫妻关系。受打工经济方式的影响，中青年人夫妻事实上是生活在流动家庭之中的，或者聚少离多，一个生活在乡村，一个打工在城镇或外地；或者夫妻二人不断变动生活环境，今年生活在这个城镇明年生活在另一个城镇。中青年人夫妻面临的矛盾和压力比他们的父辈要多得多，但得到的支持却要少得多。这恐怕是夫妻关系与年龄成反比关系的主因。就老年人夫妻关系来说，他们不可避免地也曾有过矛盾和压力，遇到矛盾和压力时，总会有来自父母与乡邻的劝解，这样，他们的关系难以继续恶化下去。就中青年人夫妻关系来说，受打工浪潮和城镇化的影响，他们明显比父辈遇到的矛盾和压力大得多，但与父母不在一起，得不到父母的支持，与周围人不熟悉，得不到社会的帮助，这样，他们的关系极有可能在情绪化的作用下交恶。由此，我们就不难理解龙霓山村青年人夫妻离婚比例高于中年人夫妻离婚的比例、中年人夫妻离婚高于老年人夫妻离婚的比例了。

在众多的影响因素中，父母的态度对中青年夫妻关系稳固性的影响比较大。龙霓山村X组的一户人家，儿子和媳妇在外打工，父母帮助抚养一个孙子和一个孙女。儿子和媳妇产生了矛盾，儿子向自己的父母投诉，说媳妇脾气不好，时不时骂自己的母亲，他感到非常生气，想和自己的妻子离婚。父母听说后，将这个情况告诉了自己的亲戚，征求他们的意见和建议。亲戚们对这对父母说，你们的儿子长得比较帅气，又很能干，离婚后再找一个媳妇当然没有问题，问题是孙子和孙女怎么办？一旦儿子离婚再找一个新媳妇，新媳妇必然会掌握儿子的全部“经济”（即全部收入），原来媳妇所生的儿子和女儿势必难以获得来自父亲的支持。如果出现这种情况，爷爷和奶奶就陷入困境，不得不成为抚养孙子和孙女的主力军，爷爷和奶奶有这个精力和实力吗？这对父母接受了这个道理，回头劝自己的儿子相互理解、相互包容，又对自己的媳妇“晓之以理、动之以情”。最后，媳妇改变了自己原来的态度，儿子也欣慰地接受了媳妇的改变，两人和好如初，一大家人其乐融融。由此可见，父母是否建设性地对待和处理子女的夫妻关系，直接影响着子女夫妻关系的稳固性。

（二）父母与子女关系及其变迁

费孝通曾指出，“父母与子女、夫与妻这两种关系是家庭组织的基本核心。但在中国所谓的家，前者的关系似乎更为重要。”[1]

1. 生育：从“不孝有三，无后为大”到“生男生女一个样”

传统观念认为，“不孝有三，无后为大”。这里所谓的“后”，在传统文化中，是指继承人，而不仅仅指男孩。如果没有德才兼备的继承人，有再多的男孩也算“无后”，比如出了败家子，也是“无后”。“无后”是对老人最大的不孝，所以谓“无后为大”。后来经种种流变，人们把“无后”理解成没有男孩。这种流变的观念直到建国前还是根深蒂固的。就龙霓山村来说，如果无子，就要“立嗣”、“招赘”或收养义子等来嗣承。立嗣是以近支兄弟之子为嗣，称“嗣子”；兄弟俩只一子，则一子二嗣，称“一子兼祧”。子为富者还为一子娶二妻，门户分立。兄弟无子或不愿立嗣者，如有女儿，则招贫家之子上女家的门为婿，称入赘；赘婿地位很低，受人轻视，自己连其子女皆随女家姓，三代后才回宗

[1] 费孝通：《江村经济》，北京大学出版社2012年版，第31页。

复姓。连女儿也无者，则花钱找贫家幼子领回抚养以支撑门户。这种传宗接代或“香火”绵续的传统观念虽然在建国后屡遭批判，但在潜意识中广大村民仍然认同。

改革开放初期，龙霓山村仍处于人民公社制的大集体时期，除婚姻造成了一定的人口流动外，村庄整体上人口流动与迁移微乎其微，村民生产、生活于世代栖息之地，宗族制度虽然名存实亡，但宗族意识仍然比较强烈。这客观上为传宗接代或“香火”绵续的传统观念提供了喘息之机。受传统观念的影响，青年夫妻不仅要生儿育女，而且一定要生儿子。如果青年夫妻第一胎生了儿子，一般还想接着生一个，不管是儿子还是女儿；如果青年夫妻第一胎生了女儿，一般肯定还要生一个，如果第二胎仍然是女儿，则想法设法生第三胎，如果第三胎仍然是女儿，大部分青年夫妻就此作罢，极少部分青年夫妻还会生第四胎。生儿子的愿望之所以比较强烈，深层次的想法当然是传统观念，直接的动因则是乡邻纠纷。村民在密集居住的乡村生产和生活中不可能不发生矛盾，一旦没有儿子的家庭与有儿子的家庭发生矛盾，很容易受到有儿子的家庭的攻击，“你个孤老”“你个断子绝孙的东西”等是常用的攻击语言，直接冲击着没有儿子的家庭的价值观，也直接“激励”着没有儿子的家庭试图再生个儿子。即使计划生育政策执行比较严格时，没有儿子的家庭往往也想尽办法再生一个。

随着打工经济的兴起，年轻的村民逐渐离开村庄外出谋生，事实上，即使是在改革开放初期，年轻的村民也不得不离开村庄谋生，因为他们既不会农活，也不愿意学习农活技能。这种谋生方式一方面使得年轻的村民离开了宗族意识仍然比较强烈的村庄，“不孝有三，无后为大”的传统观念失去了村庄宗族的强化，另一方面年轻的村民在城镇打工的过程中渐渐地受到了现代化背景下城市居民生活方式的影响，“优生优育”“少生精养”的现代育儿观念悄悄生根发芽。在这两个方面的影响下，“生男生女一个样”渐成年轻村民的新型生育观念。调查中发现一个有意思的现象，如果男方在外打工或者男女夫妻双方在村庄以外的城镇打工，他们一般只生一个孩子，不管是男孩还是女孩；如果男女夫妻双方都在乡村的私企打工，他们一般都生养了两个孩子。笔者曾访谈过一个年轻的爸爸，他说他们夫妻两个都在一家村庄企业打工，家庭生养了两个小孩，大的是女儿，小的是儿子；谈及为什么别人只生一个，而他们家庭要生两个，他旁边年长的工友（事实上也是企业的老板之一）插话说：我们经常开玩笑似的鞭打他们夫妻俩，说生一个是养，生两个也是养，再生一个儿子，将来能传宗接代，慢慢地夫妻俩接受了同事们的观点。这个例子充分说明了宗族或在乡村居住的事实对家庭生育的重要影响，同时也说明了现代化、城镇化进程中打工经济方式对家庭生育观念变迁的重要影响。可以这样说，随着现代化、城镇化进程的加速，随着乡村居民的减少，“生男生女一个样”的现代生育观念必将取代“不孝有三，无后为大”的传统生育观念。

2. 抚育：从间接支持到直接陪读

家庭生命周期理论认为，以子女成人离家作为分界线，父母与子女的关系表现为父母对子女的抚育和子女对父母的赡养两种关系。

受城乡二元经济体制和城乡生活水平差异的影响，无论是改革开放初期，还是改革开放近期，村民们对子女的抚育都是非常重视的，都希望自己的子女未来能够成为“体面”的城里人。只不过，受经济条件和自身抚育能力的影响，改革开放初期的抚育主要表现为间接支持，改革开放近期的抚育主要表现为直接陪读。

改革开放初期，成年家庭成员必须服从大集体的生产分工，父母几乎整天、整年参加集体劳动，一年所得收入不过几百元钱，而且往往要抚育平均三个左右的孩子，他们对子女的抚育精力和能力是有限的。这时，父母对子女的抚育关系主要表现为间接支持。农村父母大多受教育程度很低，许多甚至是文盲，学业直接指导是不可能的，开明的父母对子女的抚育主要是学费支付，随着时间的推移，读小学学费从一学期几元、几十元到几百元。试想，大集体时期，许多家庭连吃饭问题都难以解决，每年都要向小队集体借款（日常支出超出了家庭所挣得的工分）吃饭，怎么拿得出学费，哪怕学费很低廉；分田到户后，村民吃饭问题是解决了，但仅靠农田种植没有多少收入盈余，所以拿出学费也是比较难的。据村民介绍，许多家庭在子女开学之初，根本拿不出学费，往往拖许久，最后在学校的不断催促下才借款缴纳学费。这种情况下，如果父母不咬咬牙坚持下来，很容易让子女辍学。家庭中有多个子女的，如果都是儿子，往往选择一个或两个聪明一点的儿子继续读书，另一个或两个则读个小学或初中即辍学；如果有儿子和女儿的，往往选择儿子继续读下去，女儿则读个小学或初中即辍学。龙霓山村 4 组的 YTY，自己眼睛不好且能力有限，上有一个瞎眼的母亲，下有一个儿子和一个女儿，妻子不幸患病去世。家庭经济极其困难，勉强能够维持吃饭。不得已，他不得不让女儿读完小学后辍学。女儿辍学后，虽然属于童工，但仍进入当时的村办企业打工，靠女儿打工挣的钱不断供养儿子继续读书，儿子也非常争气，先后读了大学、硕士研究生，后进入华为公司。儿子为了回报姐姐的恩情，利用自己的关系为姐夫在富士康找了一个工作，现在 YTY 的儿子和儿媳都在华为公司上班，并在深圳购了住房，女儿和女婿也在蔡甸街购了住房。

间接支持不仅表现为学费支付，而且还表现为在家庭事务分工中开展教育活动。学费支付对于子女接受学校教育来讲，是至关重要的。学校教育无疑是抚育子女的一个重要方面，家庭教育也是抚育子女的不可或缺的途径。直接的学业指导虽然不可能，但合理地安排子女参加家务劳动是很好的教育途径。龙霓山村 3 组的村民 YHB 有四个子女：两个儿子，两个女儿。像上面案例一样，两个女儿读完小学即辍学，两个儿子都考上了大学，其中小儿子考上的是华中工学院（今华中科技大学），至今仍是村庄中小孩考上的最好大学之一。与一般的家庭不一样，这家的女主人曾读过初中，夫妻俩都有文化，尽管家庭经济状况很不好，但是家里仍然会主动购买一些书籍。书籍带来的文化熏陶对两个儿子的潜移默化的影响自不必说。夫妻俩没有时间料理家务，只好充分使用子女的才能。在小孩很小的时候，安排大的小孩带小一些的小孩，安排小孩做饭的做饭，洗衣服的洗衣服，扫地的扫地，收拾锅碗的收拾锅碗，家庭生活虽然清贫一些，但是家庭事务井井有条。我们也不知道，这种家庭事务的管理和教育到底对小孩的抚育和成长产生了多大的影响，但从结果来讲，这个家庭的子女在当时考上大学的情况是最好的。或许正是早期家庭抚育的成功，后来最有出息的小儿子主动帮父亲治病，在父亲过世后，又主动帮母亲在城镇买了房，并安排母亲与小妹妹住在一起，互相照顾。

改革开放近期，随着城镇化进程的加速，越来越多的村民为追求更优质的教育资源，离开原来居住的龙霓山村，当子女读小学和初中时，他们选择到集镇上陪读；当子女读高中时，他们选择进城陪读。与以家庭生产和生活为核心的间接支持的抚育方式不同，直接陪读是一种以子女受教育为核心的抚育方式。直接陪读的模式一般是这样的：子女的母亲一边租房陪读（主要是负责子女的生活起居），一边就近打工（打工的时间安排必须符合子女上下学的作息时间）；子女的父亲则四处打工挣钱来养家糊口，整个家庭围绕子女的学习来安排生产和生活。上下学的路途安全是直接陪读的生理动因，有的陪读村民介绍："村里的学校撤点了，孩子上小学就得到邻村中心小学去上学，上中学就得到更远一些的乡镇初中去上学，每天从家往返于学校之间，一趟就得走好几里路。虽然现在交通方便了，车多了，可是孩子们在路上也更危险了。为了能让孩子们更安全地上学，家长们都是又接又送，啥事都干不成。在学校附近租房陪读，不仅减少了孩子的路途危险，而且可以在孩子上下学的空隙时间里做些钟点工。"望子成龙是直接陪读的心理动因，有的陪读村民介绍："我初中毕业，文化水平不高，从孩子一出生，就下定决心要让孩子好好学习，将来有点出息。孩子一到入学年龄，我就为孩子上学的事仔细考虑，虽然邻村有个中心小学，但师资水平、硬件设施还有其他教育资源和城里相比，都有一定的差距，经过再三考虑，我决定把孩子送到蔡甸城区来上学。"村民的直接陪读更多的是乡村家庭的一种无奈选择。它不仅促使家庭背上沉重的经济负担，而且导致家庭生活质量下降。因为农村家庭收入有限，一个家庭中往往是母亲跟着孩子陪读，父亲外出务工，处于长期分居状态的夫妻占到绝大多数，这直接影响家庭生活和夫妻关系，尤其是亲子关系。长远看来，直接陪读并不真正利于孩子的身心健康成长。

3. 赡养：从物质需要到精神需求

我国是礼仪之邦，尊老、爱老、敬老是中华民族的传统美德。赡养老人不仅是传统道德规范的一贯要求，而且也是现代法律规定公民应当履行的义务。赡，从贝，詹（zhān）声，本义是指供给；赡养，即照顾衰老的父母，一般认为主要是指子女在经济上为父母提供必需的生活用品和费用的行为，即承担一定的经济责任，提供必要的经济帮助，给予物质上的帮助。随着时代的觉醒，赡养的主要内容有向传统观念回归的倾向，即子女在经济上应为父母提供必要的生活用品和费用，在生活上、精神上、感情上对父母应尊敬、关心和照顾。

综观龙霓山村改革开放以来赡养的变迁，我们可以发现，乡村老人的赡养经历了以物质需要为主导到物质、精神需求双向并举的转变。改革开放初期，乡村老人的赡养是一个非常自然的过程。随着子女一个个成家立业，随着孙辈一个个慢慢长大，自己也逐渐老去，逐渐从家庭农活的主要劳力转变为家庭农活的辅助劳力，放放牛、带带孙子、打理打理菜园子、做做饭……虽然经济活动中、日常生活中物质上相对比较贫乏，但是老人能充分享受家庭过程的快乐，能与家人（日常生活中，一般是与小儿子结成一家人）分享日常生活中的酸甜苦辣，吃一样住一样，甚至获得贫乏中的优待，老人心情上是愉快的。贫乏中愉快地老去是改革开放初期乡村赡养老人的主要特点。龙霓山村3组的YYS曾是龙霓山村的“赤脚医生”，有兄弟二人，兄长从小在外当学徒，后直接参加革命工作。其父亲很早时因为挑担撞到人被人踢到胸口致死，其母亲独自抚养兄弟二人长大成人。改革开放初期时，大儿子带着媳妇和四个儿子、一个女儿（实质上是小儿子的女儿，为了将户口转出农村，当时以假冒的名义办了户口流转手续）在湖北的沙洋工作，小儿子带着媳妇和两个儿子在龙霓山村坚守。为了满足两家孙子女照顾的需要，母亲不断在大儿子和小儿子家庭之间流转。最终因小儿子在乡村更需要母亲的照顾而跟着小儿子老去。大集体末期，老人根据自己的身体状况，除了操持日常家务以外，还喂养了两头牛，为家庭的收入作出了最大的贡献。为了感谢老母亲为家庭所作的奉献，补偿老母亲的辛苦，家庭里最好吃的东西总是老母亲优先，比如当菜园子的菜稀少时，经常会为老母亲煎一个鸡蛋（这在当时是很难得的，因为鸡蛋往往要拿到市场上交换其他生活必需品），当亲朋好友送来什么好的食物时，总是留着老母亲慢慢享用，当然，老母亲也会经常将这些好吃的东西作为奖品奖励给孙子。在老母亲思维清晰的时候，家里的大小决策总是征求老母亲的意见或建议，甚至许多大的决策最后由老母亲定夺。老母亲虽然不能享受充足的物质生活，但是能够尽享天伦之乐。在这个意义上，老人是快乐的，这可能也是老母亲愿意留在小儿子身边的最重要的原因。及至老母亲思维不清晰的时候，生活上得到了小儿子无微不至的照顾，早餐专门从集市上买回，中晚餐尽量照顾老母亲的需要，晚上无论小儿子行医回来多晚，都总是做一些可口的食物宵夜。正是生活上的照料和精神上的慰藉，老母亲虽然一生艰辛异常，物质贫乏，仍然长寿，活到90多岁才离世。

相比于改革开放初期的老人赡养实践，现在的老人在物质上不贫乏，但在精神需求的满足上严重缺乏。直到20世纪90年代中期，乡村老人的赡养中物质贫乏、精神富足的状况基本没什么变化，20世纪90年代末期，随着打工经济的兴起，乡村老人的赡养实践发生了根本性的变化。因打工带来了经济上的大发展，子女纷纷新建了属于自己的房屋，70 岁以上的老人多单独居住（60 岁以上的老人，因能带孙子而多与子女住在一起）；因打工外出，子女常年不在身边，老人很难享受天伦之乐式的家庭生活的快乐；因子女忙于生计和追求自身的精神生活，老人精神生活极度贫乏。随着国家养老政策的变化，从 2012 年起，农村 60 岁以上的老人能领到基础养老金每月 100 元，每年递增 20%，农村 80 岁以上的老人能领到的养老金（在基础养老金的基础上增加了高龄补贴）更多。加上乡村打工机会的增多，健壮的老人还能在力所能及的打工过程中挣一些钱。整体上说，老人的物质生活基本满足，至少不贫乏。调研中发现，一些以非正常方式死亡的老人，常常留下几万元的现金。究其死亡原因，村民们介绍，绝对不是物质贫乏，而更多的是思想上出现了混乱，精神上得不到慰藉。

4. 抚育与赡养：从倾心投入到有限回报

父母与子女的关系不仅分别表现为父母对子女的抚育和子女对父母的赡养两种单线条关系，而且表现为抚育和赡养的双向互动关系。抚育和赡养的互动关系是指，父母为未成年子女提供生活资料、生活服务，供子女上学，在子女成年后帮助其成家立业；父母年老时则由儿女提供生存所需要的经济来源、生活资料、精神安慰等养老支持；生活资料和生活服务自不必说，抚育中的供子女上学即教育投入和为子女操办婚事即婚事投入，与子女对父母的赡养有比较密切的关系。

调研中发现，受教育程度较高，尤其是上过大学的村民（从籍贯的意义上讲，他们是村民；从户籍的意义上讲，他们是城镇居民），他们对父母的赡养水平一般比较高，他们的行为也广为村民颂扬；受教育程度较低的村民，一般只能到处打工，收入有限，他们对父母的赡养水平一般较低。这种现象与理论性认识有一致性，因为教育一直是影响个人发展的重要因素，父母对子女的教育投入会影响子女未来的知识技能水平和意识形态，而子女的知识和技能水平往往决定了从业质量和收入以及思维方式。虽然农村地区，抚育阶段会由于子女上学、不能参与家庭劳动而使家庭丧失一定的经济收益，但对知识收益预期较高，在一定程度上提高了家长投资子女教育的积极性。一般只要子女有受教育的潜力，父母总是无条件地支持。受教育年限越长，需要家庭对子女教育的投资越多。较高的受教育水平，使子女在成年后更有机会获取较好的经济收益，作为对父母投资的回报，更愿意在父母年老时为父母提供更多的经济支持。随着城镇化进程的加速，大量农村青壮年劳动力进入非农产业，较高文化素质的农村青壮年劳动力是非农产业的重要人力资源，就职于非农产业的子女更有机会获得相对较高的经济收入，给老年父母的经济支持也相对较多。

调研还发现，父母对子女的婚事投入与子女对父母的赡养关系没有像父母对子女的教育投入与子女对父母的赡养正向关系那么直接。直接的现象是，父母所住破旧之屋、简陋陈设与子女的宽敞之房、较现代的陈设形成反差，使人有时代错位之感。背后的原因是，父母将自己在农业劳动中所获得的有限收入全部投入到了子女的教育和婚事上。乡村有一个不成文的习俗，父母必须帮助子女完成婚事，不仅要帮助其建新房（现在转变为在城镇购房）、打家具（现在一般是直接在市场上购买），而且要帮助其支付彩礼、办婚礼等。父母将自己有限的资金优先和重点花费在了与儿子婚事有关的事务上，自己以后在农业方面获得的有限收入显然无力继续改造自己的住房。20 世纪 90 年代以后，随着儿子日益成为非农业劳动的主体，其收入大大提高，其改善居住和生活条件的能力增强，新建和翻建住房的周期缩短。这意味着社会转型初期，父母为子女在婚事上所作出的物质贡献由于社会更新换代速度加快而被“隐匿”了。他们的“遗产”在现实生活中已经看不到了。子女没有感到对父母积累财富的享有，一定程度上会削弱其对父母的“赡养”意识。[1] 加上子女养育孙辈的成本上升，子女在城镇购房的需求强烈，媳妇照顾娘家的意愿上升，种种这些因素综合起作用，造成相比于父母对子女的倾心投入而言，子女对父母的赡养只能算是有限回报。

5. 交往：从控制到平等

整体上看，改革开放初期，父母与子女的关系是控制的，近期，父母与子女的关系是平等的。

新中国成立前，家长对子女有绝对权威，包办子女婚姻和人生大事被视为天经地义。这种旧的亲子关系在后来被法律所否定。新中国的婚姻法明确规定，父母对子女有抚养教育的义务，子女对父母有赡养扶助的义务；父母和

[1] 王跃生、伍海霞：《当代农村代际关系研究——冀东村庄的考察》，中国社会科学出版社 2011 年版，第 300 页。

子女有相互继承遗产的权利;家庭成员间应当敬老爱幼,互相帮助,维护平等、和睦、文明的婚姻家庭关系。这种旧的亲子关系虽然从制度上被否定了,但是在观念上在农村地区仍然比较普遍存在。大集体时期的生产方式为这种旧的亲子关系提供了一定的土壤。在大集体时期,土地和主要生产工具归集体所有,家庭成员通过参加集体劳动获得基本生存资料,因户主一般是家庭中的长者,父母往往支配着家庭资源,他们拥有一定的控制子代的能力。因而,大集体时期乡村的亲子关系具有控制的特征。父母与子女的关系真正发生变化的时间是20世纪80年代以后,家庭作为生产单位被恢复,虽然在农活上父母具有较多的经验,但是,随着子代非农就业比例增大,随着非农就业所获得的收入在家庭收入中比例的增大,父母对家庭事务,对子代的控制能力进一步降低,这样,父母与子女的关系逐步趋向于平等。

就龙霓山村来说,伴随经济社会发展和文化影响,农村居民的整体素质不断提高,平等化的亲子关系已经或者正在形成之中。如今,在子女婚姻大事上,父母单方面说了算的现象很少发生,自由恋爱婚姻已经成为社会风尚,子女们拥有了婚姻大事的决定权。在家庭事务方面,成年子女们拥有了自己的独立性和一定的支配权利,这对于外出务工经商的年轻人来说更是如此;而且,成年子女们越来越多地参与家庭事务的决策,他(她)们的态度和意见对父母的影响日益显著。乃至大多数直系家庭的当家人往往不是年老的父母,而是见识更广、文化水平更高且年富力强的中青年夫妻。整体上看,龙霓山村家庭中的亲子关系变迁具有平等和谐的发展走向。虽然,调查中我们也发现,龙霓山村家庭关系中夫妻之间、亲子之间的不平等现象也存在,家庭暴力或者虐待家庭成员的行为也偶尔发生,父代弱势、子代强势的状态也时有呈现,平等、和睦、文明的婚姻家庭关系仍在继续建设的过程中;但是,龙霓山村作为一个经济建设比较好的乡村,家庭内老一辈、年轻一辈的思想观念都比较开放、民主,行为方式都比较热情、友善,家庭关系较和睦。

第三章　乡邻关系及其变迁

龙霓山村共分八个村民小组，每个村民小组以自然村湾相对分割在一个小区域，每个村民小组约20～30户人家。在村民心目中，每个村小组的相邻几户或趣味相投的几户人家（因为每个村民小组的空间区域都不大，所以，即使不直接相邻也算间接相邻）构成邻里，即一组户的联合，他们在日常生活中有着很亲密的接触并且互相帮助。我们将这种一个村民小组内相邻几户或趣味相投的几户人家的关系称为乡邻关系。或许是空间邻近的原因，或许是心灵情感相似的原因，或许是大集体时他们一起劳动的原因，或许是日常生活中相互关照的原因，总之，一个村民小组内的相邻几户或趣味相投的几户人家构成了互动而不是静止的乡邻关系。乡邻关系作为村庄居民生活中最重要的一种社会关系和社会资本，对村庄居民的生产和生活产生了非常重要的影响作用。许多年轻人愿意逢年过节从城镇回到村庄，许多老年人愿意生活在村庄而不是城镇，其中一个最主要的原因是村庄有着熟悉的乡邻关系。相关研究显示，多数留守老人之所以不愿意与子女进城生活，其中一个重要原因就是“在家时可以和三朋四友聊聊天”“在家熟人多，办事也方便”。[1]由此可见乡邻关系在我国村庄居民生产生活中的重要性。

---

[1]　叶敬忠、贺聪志：《静寞夕阳：中国农村留守老人》，社会科学文献出版社2008年版，第74页。

一、父子互助：协作的父家庭与子家庭之间的乡邻关系

村庄调研中，我们发现了一个很有意思的现象，当向村民问到“您家里有几口人时？”村庄60岁以上的老人会将自己所有成家且分了家的儿子媳妇、孙子孙女都算上来计算总人口，有的甚至将户口已经迁移出村庄的儿子媳妇、孙子孙女都算上来计算总人口。这种现象事实上反映了父母眼中父家庭与子家庭之间的亲密协作性。

（一）实分形不分

大集体时期，父家庭与子家庭之间的关系极其亲密，这其中既有血缘关系的作用，也有空间邻近性的影响。20世纪70年代，三代同堂，甚至是四代同堂的联合家庭非常多。爷爷奶奶、某个儿子媳妇（一般是小儿子及其媳妇）、孙子孙女是这些联合家庭的成员构成。孙女出嫁后自然离开这个联合家庭，这个不用说。大孙子到了结婚年龄，娶媳妇后，为了避免矛盾，大孙子和媳妇构成一家人，从这个联合家庭分了出去；二孙子、小孙子和父母及爷爷奶奶仍构成一家人。二孙子到了结婚年龄，娶媳妇后，为了避免矛盾，二孙子和媳妇构成一家人，从这个联合家庭分了出去；小孙子和父母及爷爷奶奶仍构成一家人，以此类推。受经济条件的影响，无论是分了家的核心家庭，还是未分家的联合家庭，虽然各用各的钱、各吃各的灶，但是他们都同住在一个房屋里面。这种情况比较普遍。为了容纳更多的家庭成员，当时的建筑设计是“天井房”。“天井房”包括“六户头”，即两个天井、六面大山墙、六间正房、四间厢房、三间堂屋；“四房头”，即一个天井、四面大山墙、四间正房、两间厢房、两个堂屋。由于龙霓山大队的农民本身纯朴，再加上空间上的“低头不见抬头见”，因而，父家庭（联合家庭虽然成员众多，但中心是围绕中年夫妻来组成的，所以可以简称为父家庭）与子家庭之间的关系都是和谐的。矛盾虽然无处不在、无时不在，但本质上互助也无处不在、无时不在。搁在平时，哪家缺少某个东西，相互挪用那是非常普遍的；哪家来不及做饭，去别家混个饭吃也是常见的。若是逢年过节，哪家弄了好吃的东西，一般也都邀请同住一个房屋的“家人”享用。龙霓山村3组村民YY介绍，他们家的天井房是村里最典型的“四户头”。

在爷爷辈有两兄弟，伯爷爷一家人住在“四户头”的左边，自己爷爷一家人住在“四户头”的右边。伯爷爷两个儿子一个女儿，女儿出嫁了，小儿子在外成家了，大儿子虽然在城镇工作但在乡村成的家，共有四个小孩，两个儿子两个女儿。自己爷爷三个儿子，其中一个儿子在外成家了，另外两个儿子成家后，分别住在“四户头”的右边。每到春节临近时，村庄各家各户都有做阴米（阴米是加工过的一种米，一般是用优质晚糯米蒸熟后阴干而成，具有绿色食品的特点，味香，可以单用煮粥或与绿豆混合煮粥，可用开水冲熟成粥作快餐，可炸米泡或炒熟碾粉用开水泡食，还可在炸米泡后制作麻糖）的习惯，每当同住在“四户头”里面的哪家人将糯米蒸熟时，都主动盛上一大碗熟糯米饭，送给其他家人食用。这样的案例在日常生活中不胜枚举。

（二）形分实分

20 世纪 70 年代后期，随着年轻一代的成长，年轻一代婚龄的到来，房屋实在容纳不了家庭这么多人口时，大家庭开始为子家庭兴建房屋。由于兴建房屋所需要的主要原材料是“土砖”，而土砖离不开田地，因而大家庭不得不向当时的生产小队申请到某个制作“土砖”的田地。制作土砖的过程是，选

图3-1

择田地荒闲时某个田地，用牛拖着石磙不断碾压，使田地里的泥土变得更硬，泥土硬到一定程度时，用专用工具纵向切成砖的形状，再横向铲出来，经过垒起风干后就可以正常使用了（见图 3-1）。

建房时，不仅全家总动员，而且亲戚和乡邻都来帮忙。建房的整个过程中，除了专门的瓦工师傅要付工资外，其他的亲戚朋友、乡邻族人都是免费的，房主最多只管个饭。大家庭不仅为待结婚的儿子准备好结婚用的新房，而且承担结婚的一切费用，这是村庄的一个传统。结婚以后，父家庭与子家庭分别居住在不同的房屋，各住各的屋，各烧各的灶，各吃各的饭，形分实也分，父家庭与子家庭才真正成为两个独立的家庭。当然，其中的互助也是经常的。比如说，子家庭的子女放学后，子家庭因事耽搁了做饭，他们的子女就直接去爷爷奶奶那里吃饭；子家庭有人因公或因私外出，可以直接让爷爷或奶奶去子家庭家去做饭。父家庭按照这种思路和做法，直到每个儿子都成家立业，父母才算是完成了“任务”（村庄的一个说法）。事实上，对于父母而言，帮助子女成家立业的专门性任务可以阶段性地完成，帮助子女日常生活正常运转的协作性任务永远也完成不了。当然，也有极少数父母无力操办儿子房子和婚姻的，一旦出现这种情况，不得不由儿子自己出资建房和自己挣钱娶媳妇，父母只能算是帮个“人场”；这种情况在 20 世纪 90 年代以后逐渐增多，一个重要原因是非农就业的机会增多，非农就业所获得的收入大幅提升。作为协作的继续，随着父母的老去，几个儿子一般都承担养老的任务，或者是轮流供养，或者是给钱让老人自己单独生活。

（三）形不分实不分

分田到户以后，以上做法一直延续着，只是房子变成了砖混平房、钢混楼房。随着独生子女政策的实施，分家的做法日渐变少，原来合家居住的现象又有所回归。父母和独生儿子及其媳妇同住一栋楼房，同烧一个灶，同吃一个锅里的饭。随着农业税的取消和打工生产方式的兴起，父家庭和子家庭的矛盾急剧减少，互助大量增加。父家庭和子家庭住同一个楼房，父家庭在乡村自己打工养活自己（村庄的加工业比较发达，许多老年人在自己家里加工手套或翻手套，同时还享有国家提供的基础养老金或高龄补贴），子家庭虽然家庭安在乡村，但常年在外打工，或者小孩放在老人身边，由老人帮忙照看；

或者将父母两人或其中的一人接到城市或城镇打工地帮忙照看小孩。近几年，在龙霓山村还出现了一个很有意思的典型现象，在外工作或打工的兄弟几人合资做一栋大楼房，共同“居住”，平时由父母居住和打理，逢年过节一大家人团聚。

当然，乡邻互助不仅表现在父家庭与子家庭之间，而且表现在子家庭之间的互助。子家庭虽然已经是独立的家庭，但是在父家庭里共同生活和互相帮助所造成的良好回忆或亲情认同，使得他们日后也能够保持像成家之前兄弟互助那样互助。村庄调查表明，子家庭的经济条件越好，子家庭与子家庭之间的合作越多；子家庭之间妯娌关系越好，子家庭与子家庭之间的合作越多。子家庭之间的互助表现形式也多种多样，包括农业生产互助、生活大事互助、物品资金互助、联合生产或经营互助等。在这方面，龙霓山村 3 组的七兄弟互助堪称表率，他们在成长的过程中互相扶助，在成家的过程中互相帮助，在家族日常生活的小事大事中不比不拼不计较；近些年，七兄弟家庭不仅协作性地做了一栋共同居住的大楼房，而且合伙在村庄开了一个“武汉柒合兴制造有限公司”。

二、村民互助：融洽的各家各户之间的乡邻关系

人们常说，远亲不如近邻。尽管乡邻之间经常会因为琐事或微利而发生纠纷，但对于绝大多数村民来说，绝大多数时候乡邻关系是融洽的。这不仅是因为融洽的乡邻关系是每个人本性所企盼的，而且也是因为融洽的乡邻关系是艰苦的劳作和艰辛的生活所必需的。相比较于城市钢筋水泥楼房里“上下不通、左右不识”的冷漠的邻里关系，乡村中因为宗族血缘、生产生活、情感交流而产生的邻里关系更为紧密，其表现形式也更为复杂。从历时态的角度来看，在乡村这样一个因为宗族、血缘纽带而联系起来的村组群体中，村民之间的关系会因不同时期的利益关系而发生细微变化。从大集体时期到改革开放后的三十多年里，乡村社会面貌的变化其实也隐藏了村民之间关系的变迁，这其中既有矛盾形态，也有互助形态，其中互助形态构成了三十多年间乡邻关系变化的主要图景。在我们访谈调研过程中，在谈及村民之间的互助关系时，很多村民会自觉不自觉地把这一关系分成两个时间段，即大集体时期

和分田到户以后，可见，两个时期因为生产方式的变化，村民的互助形式也产生了很明显的变化。

（一）你有事，我帮忙：大集体时期的村民互助

1. 抬着操办红白喜事

据曾在龙霓山村担任妇女主任的孙婆婆回忆说，她在 1969 年从外村嫁到龙霓山村，当时不仅家庭内部的父子关系、婆媳关系、兄弟姊妹关系比较和睦，乡邻之间、干群之间、村组之间，甚至本村与外村之间也很少发生纠纷，跟当时的大环境一样，非常融洽。村里不管谁家有红白喜事都会得到村民的大力协助，这种帮助往往会超越宗族、姓氏的差别，杨家有事，肖姓、严姓的村民也会过来搭把手，而且很少会因为其他村民的帮助而给予报酬，“最多就是几根烟或一顿饭”，孙婆婆这样说道。另据村里的吴书记（老书记）回忆说，村里有一个“五保”（保吃、保穿、保住、保医、保葬）老人，无儿无女，在病危时，村里的干部、群众昼夜护理。这个老人去世时，村里主动组织村民对老人进行安葬。村里出钱，村民出力，共同料理老人后事。村委会干部和村民按照习俗将老人火葬，获得火葬厂附近汉川人的大力赞赏；村委会干部主动当孝子，按照当地习俗邀请岗上的人参加葬礼；村委会干部还组织村民给这个老人开了追悼会，追悼会上，老书记讲了这么一句话，我们失去了一位德高望重的老母亲。村委会干部组织村民主动给孤寡老人风风光光地做丧事这一件事，获得了本地和外地村民的一致赞誉。

2. 齐心协力盖房子

在 20 世纪 80 年代以前的龙霓山村，盖房子对普通村民来说是件大事，也是件难事。除了仅凭自己的劳动力很难把房子盖起来外，财力不足是困扰大部分村民的重要原因。因此，在三十多年前的乡村，正盖房的家庭会得到生产小队里其他社员的大力协助，有钱出钱（当然钱算借的），有力出力（不计报酬），向经济比较宽裕的家庭借点钱，也就是立个字据、打个欠条的事，没人会在这种事上互相为难。村里的肖姓老人就这样说：“那会儿盖房哪有不借钱的，都是借钱才盖起来的，不过有借有还，谁也保不准自己什么时候会用到别人。”可见，大集体时期的村民互助很大部分是建立在物质条件差的基础上的，平均化的生活水平激励着人们有意识地去帮助他人，只有这样，生产小

队的各家各户才能正常生产和生活下去。

3. 捐钱输血救病人

有一年，村里一个妇女得了大病，到索河公社医院住院，病重需要输血，但妇女家里条件很差，承担不了高额的医药费。村民们在了解到这个情况后，很多村民上完工主动到医院进行募捐，当时每家每户条件也都很差，但为了救助乡亲，大家你一毛我一毛，硬是凑齐了妇女的医药费。用村民的话说，那会人们的觉悟高，思想单纯，做事情想不了那么多的利益得失。在当时的村民看来，帮助其他需要帮助的村民似乎是理所应当的事，也是身为大集体的一分子必须要为集体中其他成员应做的事。这种过度发酵的集体价值观尽管抹煞了个人，一定程度上损害了个人利益，但对融洽的乡邻关系的形成确实起到了至关重要的作用。

4. 生产中的理解与忍让

融洽的乡邻关系不仅体现在生活上的互帮互助，还体现在生产中的理解与忍让。例如，在集体给个人分配生产任务时，一些人的任务强度大些，而另一些人的任务强度可能较小些，一些人的工作难度大些，而另一些人的工作难度可能较小些。这种差别在社员（今村民）中会引起一定的不满，但绝大多数社员还是服从这种分配。一方面，工作安排是交替进行的，每个人都有机会分到轻松一些的工作或劳累一些的工作；另一方面，即使是分配到强度、难度比较大的工作的社员，在实际劳动中也会得到其他村民的协助，劳动强度也在某种程度上得到了分担。如果说社会化大生产需要对每个人进行明确分工，要求每个人兢兢业业干好自己的本职工作，那么，集体大生产则需要每个人之间的通力合作，充分发挥集体的力量，像挑堤造河、开挖沟渠、耕田犁田、割草积肥这类强度很大的工作更需要社员之间的合作与互助。

干群关系也是乡邻关系的一种表现。生产大队干部和生产小队干部承担着两种角色，他们既是党和政府管理社会、传达意志的基层助手，同时也是承担着劳动任务的农民，与其他普通农民并无不同。调研过程中发现，村民对大集体时代的干部素质评价都很高，生产大队干部的威信在普通社员心中占据着较高的位置。这主要是因为干部和群众共同参加生产劳动、共同应对生活困难，并在生产和生活过程中关心老百姓，生产大队干部对老百姓相当了解，几乎每一户人家不论男女老少都叫得出名字，知道每个家庭的过去和现在，干群关系深厚、联系紧密。

以上是大集体时期社员互助的主要表现形式。集体生产劳动条件下，社员之所以关系非常融洽，之所以表现出高度的互帮互助的积极性，首先是因为集体生产为社员提供了更多的接触机会。集体生产一个显著的特点就是，所有社员的生产生活都呈现出高度集中化的特征，一个生产小队内的社员更是如此。在生产中，社员不分姓氏、年龄被分配到同样的生产任务，使用同样的生产工具，接受同一个生产小队长的领导，在作息时间上也高度一致，共同劳动的成果也关系到每个人最终能分到的利益大小。这种高度统一化的生产劳动使村民有了更多的机会相互接触，有利于建立更深层的关系。其次是因为按工分分配减少了村民之间的利益冲突。大集体生产条件下，“大锅饭”式的分配方式使得人们之间的收入是近似一样的，贫富差距维持在一个相当微弱的水平，除了劳动力较多、或有人在大队或公社中担任某种职务的家庭的收入会略高一些外，社员每年获得的收入不会有太大差异，这会削弱村民之间的不必要冲突。最后是因为政治环境密切了村民之间的联系。在社会主义大生产的环境下，集体利益高于一切，执政党的这种政治灌输使得社员更多考虑的是如何实现集体利益的最大化，正像革命歌曲里唱到的，“团结就是力量，这力量是铁，这力量是钢”，团结在改革开放前的集体生产条件下被推崇到了一个很高的位置；社员之间只有互相合作、互帮互助才能创造基本的生存生活条件和实现预期的集体生产目标，进而，更高的集体收益会为社员带来较高的个人分配。

（二）超越传统的多样化互助：分田到户后村民互助的变化

从访谈结果来看，普通村民并没有把大集体时期和刚刚分田到户的那段时期分得很清，分田到户后的前几年，集体意识或习惯仍然在村民生产生活中占有很重要的位置。这一时期的乡邻关系，因为乡村经济状况没有巨大的改善以及集体和农户的利益尚未完全分开等原因，所以与大集体时期的乡邻关系表现相似。这一时期的生产虽然以家庭为基础分化成各个生产单位，但因为生产工具如农具、机械、畜力依然缺乏，往往是几个农户共有共用，所以，村民在生产上的合作与互助还是比较明显的。在村民的日常生活中，大集体时期的互帮互助遗风仍然得以延续，无论是红白喜事，修屋盖房，还是村民基本的吃饭穿衣，依然是你帮我，我帮你，生活上相互依存的特征仍然比较明显。

随着改革开放的深入，村民的生产独立性已经大大提高，一家人只要勤劳不偷懒，基本能保证温饱。而且随着外出打工潮的兴起，村民之间的直接联系越来越弱，村民的生产、生活逐渐与农村、农业脱离，纷纷流向城市中的第二、三产业，血缘和宗族在维系邻里关系上的功能因为打工带来的地域分割而遭到弱化，有的以前不分彼此的邻居在打工数年后可能会形同陌路。尤其是 20 世纪 90 年代以后的乡村，随着乡村空心化现象越来越突出，村民之间的联系越来越薄弱，交际范围也越来越小。在年龄分布上，紧密的乡邻关系越来越集中到老年人群体中，在青年人群体中，圈子范围转变为以工友和朋友为中心，乡邻关系呈现出边缘化的趋势。但是，村民互助在乡村中并未完全消失，相反，它在某些地方因为特殊的原因还得到了强化，这使得从 20 世纪 80 年代末到现在以来的乡邻关系因为时代的变化也产生了一些新的特征。

1. 打工的互助

从 20 世纪 80 年代开始，龙霓山村越来越多的村民到武汉或其他城市打工。据村民们介绍，当时打工的一个重要方式便是老乡拉老乡，亲帮亲，许多人打工的信息多来自于亲戚、邻里介绍；在外地打工时，这种同乡关系也因为在陌生地域生存和情感的需要而得到了某种程度的强化。打工中从同乡、亲戚那里获得的情感支持往往能超越血缘的界限，在人生地不熟的他乡更显珍贵。现在，随着交通状况和信息状况的改善，血缘和亲缘关系在外出打工中的作用日益减小，但在打工过程中乡邻结伴而行仍然是一种比较普遍的现象。对于尚未婚配的年轻人来说，这种“结伴”多是本村的亲属、乡邻或外村的朋友、同学，而已经婚配的村民多以夫妻结伴的形式展开打工互助。

2. 雇佣与被雇佣的互助

在龙霓山村，村民之间还存在着一种特殊的互助关系——雇佣关系。这种关系因为村子里一种特殊生产形式的存在而获得了合理性，即纺织加工业。龙霓山村现在有四个纺织厂，其中国庆劳保厂和四季红纺织厂规模较大，雇佣工人较多，其余两个均是家庭作坊形式，规模较小，生产的产品趋同，主要是劳保产品，如布手套、工作服等。这四家工厂主要从村内雇佣工人，雇佣的多半是村里赋闲的中老年人，这些工人有的在工厂里上班，领取计件工资；有的由工厂提供半成品，村民在家中用缝纫机加工，加工好后由工厂派专人回收，同样是计件算钱。后者在村里更为普遍。这种生产形式既能保证村民有一定的收入，又能满足村民打理农活、照看家庭等多种实际的需要，既不损害企业利益，又照顾到了村民尤其是留守的老年村民的生活。这四家企业的老板均为本村村民，雇佣本村村民，同时安排灵活的生产形式，这种雇佣形式是一种互惠的合作方式，也可以看作是一种新型的村民互助形式。

3. 日常生活中的互助

由于农村常住人口的减少，村民之间的接触较之于以前少了很多，大多数家庭只能在逢年过节或家庭有重大事情的时候才能短暂团聚，这种特殊的家庭存在形态也使得村民之间的互助少之又少。但在村里的红白喜事上，我们依然能看到传统的村民互助的存在。村里如果有办红白喜事的，一般会有村委会书记和其他村委干部出席，同时还会邀请自家的亲属、亲戚、朋友以及同村组的其他村民来参加。如果有老人去世，同村组的每个家庭一般会送上一个花圈和一挂鞭炮以示哀悼，若有老人祝寿或者有别人家的孩子考上大学则会送上一个礼炮表示祝贺，这都是村里约定俗成的习俗，村民相互间的回礼也普遍存在。可以说，传统的乡邻关系在村庄的小社会中依然存在。但是，我们还是能看到一些典型的变化，即利益关系在乡邻互助中的入侵。20 世纪 90 年代以前不计酬劳的相互帮忙现在在乡村中已经几近绝迹，找村民免费帮忙在很多村民看来都是不可能的事，不一定是对方一定要收费，而是自己觉得不付费过意不去。村民们开始计算给乡邻帮忙所产生的“机会成本”，耽误一天工作所损失的工资、帮忙所产生的劳力成本、帮忙所带来的情感或物质收益成为“免费帮忙”中必须衡量的主要因素。因此，现在在龙霓山村的红白喜事操办中，如果用到本村村民，一般会有事先约定的酬劳。但在实际中，多数村民还是尽量避免这种尴尬的发生，解决办法就是雇佣外村的村民，或聘请城里或镇上的专业团队，例如，现在操办喜事便有从准备酒席到礼仪庆典的一条龙专业团队服务。“先讲钱，后讲感情”，这是很多村民对现在邻里关系的评价。更加利益化的互助关系实际上削弱了血缘、宗族、邻里在村民间的维系作用，取而代之的是市场化的运作方式。金钱关系在乡村中逐渐占据主导，村民间因为金钱而发生的纠纷和冲突也时有发生，大集体时期完全自觉自愿的互助在现在的龙霓山村中可以说已经近乎消失。这种利益关系的公开化本质上反映的是村民之间关系的疏离。

乡邻互助关系的变化是村庄功能变迁的必然。改革开放后，农业生产回归到了家庭，国家权力撤离到了乡镇，农民的个体主动性得到了进一步的调动，村庄不再作为一个大的生产单位而存在，而是分化为无数个小的生产单位，村民之间的生产联系减弱。村庄越来越成为只不过是一个感情维系的纽带，许多村民回到乡村并不是因为有邻里、亲戚的存在，而是因为有父母的留守。而一旦父母离世，这种感情上的纽带也会被割断，村民与乡村的联系也会相应终止。情感意义上的互助转变为市场化的交易也就成为必然。

三、乡邻纠纷：乡邻关系的短暂失衡

俗语早就说过:远亲不如近邻，近邻不如对门。它的意思是说，遇有急难，远道的亲戚就不如近旁的邻居那样能及时帮助。关于这个俗语，还有一个经典的故事。清朝康熙年间有个大学士名叫张英。一天，张英收到家信，说家人为了争三尺宽的宅基地，与邻居发生了纠纷，要他赶紧返乡想办法整治邻居一下，为家族捞回面子。张英阅信后坦然一笑，迅速给家中回了一封急信。信中反复说明远亲不如近邻的道理，并在信尾神采飞扬地写了四句诗："千里修书只为墙，让他三尺又何妨。万里长城今犹在，不见当年秦始皇。"家人见信后深有感触，迅速与邻家修好，让出三尺宅基地。邻居见了，也相让三尺宅基地。结果成了六尺巷，这个化干戈为玉帛的故事流传至今。这个道理，村民在正常情况下、在日常生活中是懂的，所以，他们之间的互助是主流的；但在生气的情景下，在利益利害面前，他们可能会暂时失去理智，发生纠纷，即利益主体基于利益差别和利益矛盾而在实现各自利益的过程中发生的利益争夺以及对抗状态。在这个意义上，乡邻纠纷是乡邻关系的短暂失衡。

（一）改革开放初期：接触类纠纷

接触性纠纷是村民在日常生活紧密的接触过程中发生的摩擦。改革开放初期，乡村仍处于人民公社或大集体时期，接触性纠纷在那个时候比较频繁。原因是，村民的生产、生活和交往都被安置在"集体的牢笼"里，没有或缺少私人性的空间隔离，从而在繁复的接触中生发不愉快。另外，也会因为自留地的小菜被邻居的鸡鸭或者猪破坏而生发不愉快，也会因为两家的小孩在一起发生“打斗”而引起家长的怒火进而生发不愉快。如果没有明确的对象，自己又怒火丛生，就会出现村民仍然记忆犹新的“骂街”。骂人和骂街不是一回事，和别人吵架的骂人是一对一或一对多，是有针对性的；而骂街则不是，可能是指桑骂槐，不确定特定对象的，或是心里有怒意又无法找人发泄，借以无事生非的一种做法。初级的骂街，只是语言比较难听罢了；恶毒的骂街，往往一边骂难听的话，还一手拿刀，一手拿砧板，边骂边剁。村里的一位中年妇女，老公经常出外做工，子女甚多，家境困难。一天，中年妇女没了一只鸡，左邻右舍前家后院地找了个遍，也没有找到。中年妇女心疼鸡，前几天刚好和邻居的小媳妇吵了几句嘴，自然而然地怀疑是小媳妇下的毒手。于是就到小媳妇家旁边骂街。还一手拿刀，一手拿砧板，边骂边剁。因为没有真凭实据，难免指桑骂槐，东拉西扯，骂了好几个小时，骂词竟不重样。如果骂街是一种文化，中年妇女无疑是大家。一会儿丢的鸡变成了刀，把偷鸡贼全家杀死；一会儿又变成毒药，把偷鸡贼一家药死。尖酸刻薄，污言秽语让人听得心惊肉跳。劝是劝不住的，直到中年妇女声嘶力竭，这才罢手。邻家媳妇虽有意应战，但对方终没提名道姓，口出无名，反而落个此地无银，加之年轻好脸面，也就没有形成对骂局面。以为中年妇女痛快淋漓地骂了几个小时，气也该消了，此事就此了了。没想到中年妇女意志坚定，有闲时间，竟一连骂了四五天。这天中年妇女去水井打水，一掀井盖，里面赫然躺着一只死鸡，正是中年妇女丢了的那只。原来这只鸡踩翻了井盖，掉到水井里淹死了。中年妇女才知道错怪了人，心神憔悴，再碰到邻家媳妇，倒是脸红了好几天。

（二）改革开放中期：农田种植类纠纷

分田到户之后，“各吃各的饭，各管各的碗”，村庄缺少了人民公社时期的集体生活和公共生活，接触性纠纷明显减少。一方面确实是集体生活和公共生活减少，接触少了，摩擦自然就少了；另一方面是经济好转了，村民有意将一些利益冲突“大事化小，小事化了”。村里的一个村民介绍，因为小鸡不足以自己谋食，自己平时都是将小鸡圈在一个网子里养。有一天，回来给小鸡喂食时，发现三只白色的小鸡不见了。这个村民根本没想到是邻居偷走了，与另一个邻居聊天时还谈到这个事，说现在的黄鼠狼太狠了，将自家的三只小鸡偷走了。那个邻居过了两天，悄悄地回话，你们家的三只小白鸡在另一个邻居家里好好地喂着。听了这话，当时确实很恼火，后来一想，也不值当什么，就当真的是黄鼠狼偷走了。这位村民主动化解了一场接触性纠纷。

对于村民而言，农田种植是主要的经济和生活来源，因而成为各家各户天大的事，当每家每户只考虑到自己家的利益时便可能影响或干涉到他家的利益，于是，农田种植类纠纷就增多了。例如，在水田灌溉的先后秩序中，有人不按先来后到的规矩，于是发生口角；在农时“双抢”（抢收抢栽）季节，大家都想自己家的农田能率先整好并插上秧（据村民介绍，对于第二季秧苗，越早插上，长势越好，收成也越好），几家共养的牛（每家每户农田数量有限，如果独养一头牛，成本太高，于是，几家共养一头牛）谁先用呢，这便不可避免地会发生纠纷。严湾的一个村民介绍，自己的姓氏在村里是小姓，是后来才搬过来的，所以事事小心。为了不与其他邻居发生纠纷，自己总是在别的村民不用水的时候才对农田进行灌溉。有一天，自己起了一个大早，从水库放水对自己家的农田进行灌溉，并准备好了耕田的所有农具。灌溉了一半的时候，另一个村民来了，霸道地将水朝自己的农田改道，这个村民上前讲理，做事起码有个先来后到吧，目前已经放了一半的水，能不能再放一会儿，起码能基本耕田，或者两边同时灌溉，那个村民不屑一顾地拒绝了。没有办法，这个村民只得改变了放水耕田的计划……

（三）改革开放近期：接触与农田种植以外的其他纠纷

随着打工经济的兴起，尤其是农田流转后，村民之间的利益纠纷更少了。村里无论老中青，除了上学的学生以外，其他的村民都在打工（有的在外打工，有的在家打工），村里大多数家庭的大门都是整天关闭着的。村民介绍，有的家庭的财产被人偷光了，过了好多天才知道。平时，大家都忙着打工，接触的机会比以前更少了；另外，农田流转了，农田种植的纠纷也根本不存在了。即使少数村民还坚持种植少量的农田，因为机械化和沟渠统一管理的原因，他们几乎没有矛盾，相反，仅就农田种植而言，他们更多的是互助。原因一是农田种植收入在家庭收入所占比例太小，相互之间的利益冲突不值一提；二是平时接触很少，农田种植过程中还能接触接触，觉得很难得，因而只有互助没有纠纷。

随着打工经济的兴起，整个世界变小了。这既是因为人们眼界更开阔了，也是因为打工增强了村民之间的联系。村民眼中的乡邻范围大大扩充了，原来的乡邻范围就是相邻的几户人家，后来扩充到整个小组，再后来扩充到整个村域了。应该说，直接的利益纠纷没有了，但还有一些间接的利益纠纷。比如垃圾池的选址问题，交通事故问题等。

第四章 宗族及其变迁

在一个村民小组内，比乡邻关系稍大的家户关系是宗族关系。据《汉阳县志》记载，县内族性多自明、清两代由江西迁入。到民国时期，大小宗族建祠堂、修族谱、订族规、立族产的有 113 姓。宗族宗旨讲的是“尊祖收族”“起孝悌之心”“谋族性之团结”“辅官治所不逭”，而实际上发展到以大欺小、以强凌弱、相互械斗。掌握操纵宗族房头的有族长、族正及房长、房正。新中国成立后，这种统治族众的封建族权，同旧制度一起被推翻。[1] 不可否认，作为制度的族权被推翻，但作为观念与活动的族权事实上一直存在着，并日常生活中通过种种形式表现出来。在人民公社时期，由于生产大队组织权威与秩序的强大，宗族观念与活动很大程度上被政治观念与活动取代；改革开放后，随着分田到户政策的实施，村级组织权威与秩序开始弱化，宗族观念与活动开始抬头；随着改革开放的深入，随着社会主义市场经济的发展，也随着村民自治政策的实施，宗族观念与活动的作用表现更为显著。当然，值得一提的是，新中国成立后直至现在，无论是哪个时期的宗族观念与宗族活动，都没有超出社会主义制度的框架范围。

一、宗族的作用表现

宗族在村民日常生活中的作用表现很广泛，小到村组内村民红白喜事中的互助程度、大到村民自治中的选举。

[1] 汉阳县志编纂委员会:《汉阳县志》，武汉出版社 1989 年版，第 511 页。

（一）村民互助：亲疏有别

就村组内村民红白喜事中的互助程度来说，亲疏有别。据村民介绍，红白喜事是最能体现宗族的意识和差别的。就婚嫁送礼来说，属于一个房头最亲的宗族，村民自觉地送更多的礼钱，提供更多的便利；属于不同房头较亲的宗族，村民自觉地送少一些的礼钱，提供较多的便利；属于同村组不同姓氏之间的其他姓氏，村民只是象征性地送些场面上的礼钱，提供场面上的便利。不过，这只是宗族作用的一个方面的表现。它的实质是，越是同宗族的人，越是同宗族中同分支或同房头的人，越是亲近。另一方面，宗族生活也是平衡的。当某个宗族姓氏的人去世后，其他宗族姓氏的人要坐上席，要享受比本宗族姓氏的人更多的礼遇；而且，这种礼遇一直保持，并且在村民的心目中很神圣。比如说，随着人口流动与迁移，乡村常住人口越来越少，当某家的老人去世后，如果村组里的同宗族的人数不够出殡的人数（抬冢的人数是村庄村民约定俗成的），他们首先想到从附近城镇调动本村组的同宗族的流动或迁移人口（这些人也会积极配合）；如果调动不到足够的出殡人数，本村组的人也会想到从邻村组其他宗族中借些人力来达到出殡的约定人数要求。

（二）村民选举：大姓被选中的可能性更大

就村庄的村民选举来说，大姓被选中的可能性更大。宗族的作用就是这样的，平常你看似没有，大家都是平等的，尤其是市场经济发展较为深入的乡村，但是，一旦面临某种大事件，村民的宗族意识或观念就体现出来了。村民理所当然地认为，大姓应该在选举中占有重要的位置。纵观改革开放以来，龙霓山村的历届村级组织结构中，肖姓、严姓、杨姓这三大姓占据了村级组织结构的大部分重要位置，或者是书记、或者是队长或村长、或者是企业的厂长。龙霓山村村民的姓氏状况如下表4-1：

表4-1 龙霓山村村民的姓氏状况

	1组	2组	3组	4组	5组	6组	7组	8组	总计
蔡					1				1
曾				1					1

续表

	1组	2组	3组	4组	5组	6组	7组	8组	总计
陈		6	3		35	1			45
程	1						2		3
戴	1	1		1					3
邓	3		1	1	1	2	2	1	11
樊	3		1	1		45		1	51
方	1				4	1			6
冯	1								1
付				4					4
傅			1						1
高						1		1	2
龚				1					1
辜	1		1	1	10	2	5		20
顾					1				1
郭				1			1		2
何					1		2		3
胡		3	1	1	3	4	1		13
黄	6	2			11		3	3	25
贾						2			2
姜					2				2
金			1	2			1		4
雷		1							1
李	8	7	6	43	2	1	4	2	73
刘	2	2	1	4	1	1		1	12
柳			1		19				20
鲁			1						1
罗	2	1		1					4
骆							1		1
马							1		1
闵	1								1
聂				1		1	1		3
潘							1		1
彭		2	2	1			1		6
秦							2		2
舒	1								1
孙			1			39	24	12	76

续表

	1组	2组	3组	4组	5组	6组	7组	8组	总计
谭	1								1
汤						1	2		3
唐				1					1
陶		1				1			2
田	1							1	2
万	1						1		2
王	1	3	2	4	4		25	11	50
文	1				1				2
吴	3	2	4	10	8	2	6	2	37
向					2				2
肖	87	82	4	5	2	1	2		183
熊	1	1		1					3
徐	7	3		1		2	2		15
许				1	17				18
严			1		1		86	14	102
杨	2		56	30	2	1			91
姚				1					1
易			1						1
余		2		2	2		2		8
喻							2		2
袁	3	5	2	17	6	2	4	1	40
张	2	3	1	2	2	2	3	2	17
章	1								1
周		1			1	1			3
朱		1		1	1	1		22	26
兰								1	1
小计	142	129	92	140	140	114	187	75	1019

表4-1中，纵向标题指姓，包括龙霓山村的63个姓，横向标题指组，包括龙霓山村的八个组。姓氏表显示，龙霓山村的三个大姓分别是肖、严、杨，分别有183、102、91位户籍人口。肖姓人口主要分布在1组和2组，严姓人口主要分布7组和8组，杨姓人口主要分布在3组和4组。龙霓山村由人民公社时期严岭大队和龙霓大队合并以前，1、2、3、4组属于一个生产大队，即龙霓大队，5、6、7、8组属于一个生产大队，即严岭大队，合并时1、2、3、

4 组产生了书记，5、6、7、8 组产生了队长（相当于今天的村长）。两边大队（合并以前的组织机构称谓）各产生一个村级领导人已经成为村民根深蒂固的潜意识。现在的村级领导人就是这样的布局，严姓村民是书记，肖姓村民是村长。如果说，村民们期待 1、2、3、4 组和 5、6、7、8 组分别产生村级领导人，是政治意识或观念的体现（这样可以达成利益上的平衡，村庄决策会公平对待两边的村组），那么，在 1、2、3、4 组肖姓或杨姓中产生村级领导人，在 5、6、7、8 组严姓中产生村级领导人，则肯定有宗族意识或观念的作用（1、2、3、4 组中肖姓或杨姓是大姓，5、6、7、8 组中严姓是大姓）。

二、修族谱和建祠堂

据村民介绍，40 人以上的姓氏几乎都修了族谱，如袁、王、李、杨、严、肖等。不过，像袁、王、李等相对小一些的姓氏，都是由其迁移地的同宗族的人主持修订的。像杨、严、肖等大姓则由龙霓山村中各宗族有影响力和领导力的人主持修订。他们的族谱封面如下图 4-1、图 4-2、图 4-3：

图4-1 杨氏家谱封面

图4-2 严氏家谱封面

图4-3 肖氏家谱封面

族谱对于 20 世纪 50 年代以前出生的村民来说，比较熟悉，影响也较大，而对于 20 世纪 60 年代以后出生的村民来说，相对陌生，影响较小。这种熟悉或影响程度可以从村民取名的习俗中看出来。20 世纪 50 年代以前出生的村民，取名字时，一般严格遵循族谱表中规定的字派。这就是中国人名中所谓的“族名”，族名，既是宗族集团内部的认同标志，也是外部交往时的识别表征，还是宗族结构秩序的形象体现。族名往往将辈分与名的形式联系起来，作出相应的规定，以此体现家族的辈分关系。最常见的族名构成方法是规定辈分用字加上自己的自由用字，取名（双名）时自由用字或前或后，一起构成。辈分用字代表名字在族名中的地位，自由用字代表刚出生小孩家庭父母的心思或想法。下面以龙霓山村的严氏字派表为例说明这种取名宗族习俗。第一张图片图 4-4 是严氏宗谱中关于字派表的重要性说明，第二张图片图 4-5 是严氏宗谱中对六世以来字派的排列，第三张图片图 4-6 是二修严氏族谱的宗族代表。从宗族代表的人员姓名构成中，我们可以发现主体成员是严氏十四氏宏字辈，十五世昌字辈。访谈得知，二修族谱的宗族代表共有 21 人，严格按照族名的要求来取名的共有 14 人，一般是 20 世纪 50 年代以前出生的村民，未严格按照族名的要求来取名的共有 7 人，这 7 人多是 20 世纪 60 年代以后出生的村民。20 世纪 60 年代，出于政治的原因，按照族名的要求来取名的传统受到冲击。不过，在修族谱时，宗族的每个男丁都配了一个族名，这些族名是由造宗谱的人根据字辈和出生年月编出来的，许多族名连本人都不知道。

总之，龙霓山村姓氏众多，几乎所有稍大一些的姓氏都修了族谱，有的

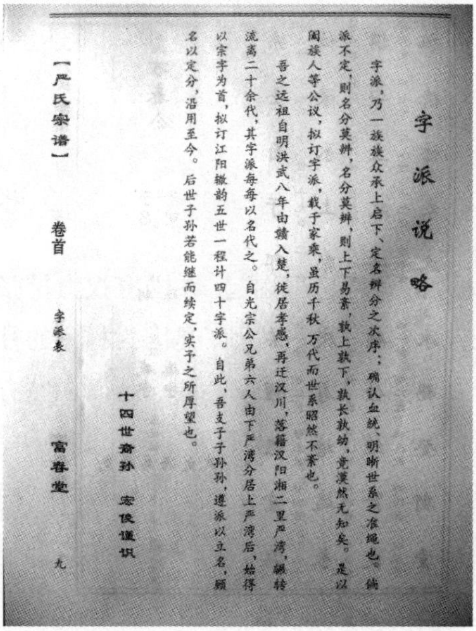
字派说略

字派，乃一族族众承上启下、定名辨分之次序，确认血统、明晰世系之准绳也。倘派不定，则名分莫辨，名分莫辨，则上下易紊，孰上孰下，孰长孰幼，竟漠然无知矣。是以阖族人等公议，拟订字派，载于家乘，虽历千秋万代而世系昭然不紊也。

吾之远祖自明洪武八年由赣入楚，徙居孝感，再迁汉川，落籍汉阳湘二里严湾，辗转流离二十余代，其字派每每以名代之。自光宗公兄弟六人由下严湾分居上严湾后，始得以宗字为首，拟订江阳辙韵五世一程计四十字派。自此，吾支子子孙孙，遵派以立名，赖名以定分，沿用至今。后世子孙若能继而续定，实予之所厚望也。

十四世裔孙　宏侠谨识

【严氏宗谱】　卷首　字派表　富春堂　九

图 4-4　严氏宗谱中关于字派表的重要性说明

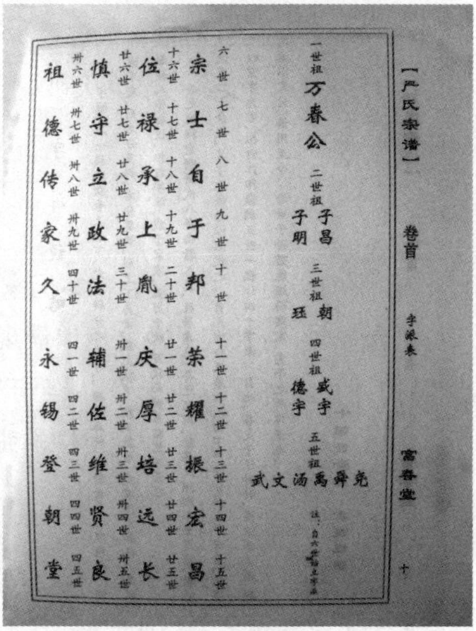
一世祖 万春公

二世祖 子昌 子明

三世祖 朝 珏

四世祖 盛宇 德宇

五世祖 尧舜禹汤文武

六世 宗　七世 士　八世 自　九世 于　十世 邦　十一世 荣　十二世 耀　十三世 振　十四世 宏　十五世 昌

十六世 位　十七世 禄　十八世 承　十九世 上　二十世 胤　廿一世 庆　廿二世 厚　廿三世 培　廿四世 远　廿五世 长

廿六世 慎　廿七世 守　廿八世 立　廿九世 政　三十世 法　卅一世 辅　卅二世 佐　卅三世 维　卅四世 贤　卅五世 良

卅六世 祖　卅七世 德　卅八世 传　卅九世 家　四十世 久　四一世 永　四二世 锡　四三世 登　四四世 朝　四五世 堂

【严氏宗谱】　卷首　字派表　富春堂　十

图 4-5　严氏宗谱中对六世以来字派的排列

图4-6 二修严氏族谱的宗族代表

是本村本族人主持并组织的，有的是外村本族人主持并组织的。然而，在龙霓山村中，重建祠堂的只有本村第 3 组杨姓。杨氏宗祠落成庆典的过程实录，请参见附录 1：杨氏宗祠落成庆典。

三、村庄宗族的变迁

在中国历史上，宗族通常在国家权力式微时趋于崛起，在国家权力扩张时退让。国家与宗族关系之所以展现出这种规律性的张弛，是因为村庄的社会结构一直没有根本性变革，以至于宗族只是随着国家权力的起落而在原有形态上收缩或扩张。这种规律性的张弛在改革开放的大潮下逐渐土崩瓦解。因为，改革开放使中国农村开始了真正的社会转型，正在历史性地瓦解宗族存在的基础。

（一）宗族凝聚力：削弱

分田到户削弱了公社化期间以生产队集体性为基础的宗族凝聚力。分田到户的经济责任制虽然没有给农民以土地产权，但却通过分配土地使用权而把农民逆转回了土改时期一家一户的自主状态。当国家允许土地为农民独立使用时，它无意中通过分地而瓦解了附着在村庄权力上的宗族权力。伴随着村庄集体的消失，宗族权力开始降低。在大集体时期，生产小队队长虽然也是社员（今村民）选出来的，生产大队书记或队长也直接间接与社员意见有关，但是，一般来说，一个生产小队内，宗族内大势力的房头和宗族内高辈分的成员更容易当选为小队长，一个生产大队内，规模或势力最大的宗族更容易成为大队书记或队长。改革开放后，农民作为经济自主的个体，耕种着国家的土地，履行着对国家的"责任"，包括一些地方的摊派，但却对大小队领导以及背后宗族力量的依赖大大减少了。这样，附着在大小队领导背后的宗族凝聚力开始慢慢被削弱了。

（二）宗族裁判力：降低

改革后农村基层政府社会服务性机构的健全降低了宗族的裁判功能。尽管国家政治权力和行政权力随着公社制的解体而在农村弱化，但国家的社会性治安和司法服务机构却随着改革的深入而在农村基层扩张。改革后，乡镇有了司法办公室、派出所、法庭等机构。这些机构处理乡村日常生活中的社会犯罪和纠纷，使国家的律令及其功效不再像以往那样仅仅达及县城。这些国家机构的设置使现代国家的社会功能部分地取代了传统宗族的裁判功能，村民可以不再依靠村庄宗族的力量来解决社会事务中的利害冲突。虽然实践中，村民还是习惯性地首先选择依靠宗族的力量，村民干部还是习惯性地首先选择联合宗族的力量来解决日常生活中出现的纠纷，但是，毕竟，村民可以有其他的选择；而且，随着时代的变迁，村民越来越倾向于国家法制化调解或裁决的选择。

（三）宗族复兴力：丧失

打工潮带来的人口流动彻底摧毁了宗族复兴的可能性。随着打工潮的兴起，人口流动不断加速。原来村庄1000多人的常住人口规模，现在已经缩减至300人左右。相当多的家庭整体迁移到了城镇，如果没有老人在村庄养老，他们基本上已经和村庄没有多少联系，要联系他们都很困难；相当多的家庭中大部分人口也已经迁移到了城镇，他们之所以在逢年过节还偶尔回到村庄，是因为他们的父母或兄弟仍牵挂着他们；还有越来越多的家庭人口准备迁移到城镇，他们正为工作压力、生活压力、购房压力而犯愁，生计已经压得他们喘不过气来，他们哪还顾及得了宗族的复兴。逐渐失去了宗族成员的村庄，宗族复兴看来是无望了。村庄之所以还有修族谱、建祠堂的现象，是因为还有一些特殊原因存在，比如刚刚迁移到城镇的家庭或部分人口或多或少还与村庄有些联系，村庄大姓中高辈分的宗族人口仍然发挥着比较大的影响力，村庄大姓中高辈分的人口主动奉献出更多的人力、物力和财力，等等。然而，随着城镇化进程的加速，这些因素正在减弱。

村庄调研显示，村庄稍大一些的姓氏都修了族谱，修族谱的高潮时期是20世纪80年代和90年代。修族谱的主要力量是曾担任过生产小队或生产大队干部的宗族高辈或掌握宗族话语权的知名人士。随着大集体的解体，这些曾经拥有重要力量或资源的宗族高辈或掌握宗族话语权的知名人士，失去了原来附着在政治权力下的隐性宗族权力，可能是为了恢复其影响力，也可能是宗族信仰使然，毕竟，主张和主持修谱的人对以往宗族的历史有更多的了解和怀念。他们派专人到各家各户收集相关资料，也顺便告知修族谱的计划，出于对祖宗的敬畏，各家各户的老人自然也支持。在族谱修好后，各家各户按族谱修委会的要求出钱购买族谱。在修族谱的过程中，这些宗族高辈或掌握宗族话语权的知名人士的影响力得到了延续或彰显，各家各户作为宗族成员的身份也得到了再次确认和承认。双方的需求在修族谱的过程中都得到某种程度的满足。

村庄杨姓村民修建了祠堂，实得益于龙霓山村杨湾是蔡甸区许多地方杨姓的发源地。其动因是在工商业领域取得成功的杨姓村民的倡导。调研资料显示，杨湾作为蔡甸区杨姓宗族成员的发源地，原来就有祠堂，后来因为村民的个人怨气而一把火烧掉了。经过简单整修，曾作为生产小队的队屋，曾作为小组的公共活动场所，但缺乏宗族祠堂基本的功能。两位在工商业领域取得成功的杨姓村民事实上也属于前面所讲的宗族高辈或掌握宗族话语权的知名人士，他们率先主动捐了大额款项，成立了筹资委员会，一方面广泛寻找从杨湾搬出去的杨姓村民中的成功人士，另一方面动员与杨湾有关的杨姓宗族成员按男丁捐钱。经过了一段时间，大概筹得接近百万元的捐款，并向政府报批了项目，很快开工。临近完工时，还超支了几十万元，不得已，筹资委员会又定点向一些可能筹到资的宗族成员再次筹资，据说最后将账抹平了。若论民间筹资的规模，杨湾所建祠堂的项目无疑是非常成功的，所以，杨湾祠堂落成典礼很隆重。但是，如果我们披露一个细节，那么就会觉得宗族的力量确实在减弱。按理说，建祠堂这么大一件事，每个宗族成员在宗族势力范围内都应该无条件地捐款支持，实际上，一直到今天，仍然有极少数的宗族成员没有缴纳或没有足额缴纳男丁的份子钱。即使这样，筹资委员会或宗族势力也没有拿他们怎么样。由此可见，宗族的力量在逐渐减弱，而且随着人口迁移的加速，随着以村落为单位的宗族成员的减少，宗族的力量会逐渐消亡。当然，以宗族为纽带所建立起来的乡里乡亲的感情仍然会维持。

第五章　村庄人口、计生、养老及其变迁

村民不仅是村庄某个小组内家庭里的人，村庄某个小组内乡邻关系中的人，村庄某个小组内或某几个小组间某个宗族中的人，而且是村民自治组织中的人。作为村民自治组织中的人，他们的行为不仅受家庭的影响，受乡邻关系的制约，受宗族的限制，而且受更大范围的村庄组织以及村庄以外的各种类型组织的影响或制约。村庄人口的变迁，计划生育的变迁，养老的变迁，显然既受到了家庭、乡邻、宗族变迁的制约，又受到了村庄及以外各种组织及其活动的影响。了解村庄人口的变迁、计划生育的变迁和养老的变迁，显然能够更全面地了解村庄的变迁。

一、村庄人口的变迁

村庄人口的变迁现象古已有之，它既包括政府运用行政手段引导、组织或强制推行的移民运动，又包括村民在社会或自然等外力压迫下，为维持生存而自发进行的流民活动，也包括探亲、访友、当兵等等情况。发生在中国20世纪70年代以后的村庄人口变迁，实质是农村人口由农村向城镇的流动。不仅体现为村民工作、生活的地理位置的变动，而且体现为社会角色和社会地位的变化。成千上万的农村流动人口由在农村务农或操持家务，转变成在城里打工经商；许多贫困的家庭因此而脱贫致富；长期处于封闭状态的农村人开阔了眼界、增长了见识。中国农村人口向城镇地区的流动，推动了农村经济的发展，促进了农村精神文明的建设。村庄人口的变迁主要表现为两个

方面：静态的方面是村庄人口规模的变化，动态的方面是村庄人口流动的状况。村庄人口规模的变化反映了村庄人口变迁的结果，村庄人口流动的状况反映了村庄人口变迁的过程。

（一）村庄人口规模的变化

1. 整体人口规模：略有下降

从龙霓山村的整体人口规模来看，三十多年来的人口整体规模并无太大变化。根据龙霓山村 1977 年的乡村报表统计数据，全村有八个村民小组，280 户，共 1267 人（在当时，常住人口与户籍人口基本上是统一的）；到 2013 年，全村仍有八个村民小组，302 户，共 1022 人（在现在，仅指户籍人口，常住人口只有户籍人口的三分之一）。整体人口规模略有下降，如果考虑到计划生育政策的实施和城市化带来的人口流动，这种整体人口规模减少的现象实属正常。1977 年到 1983 年间，龙霓山村的人口曾有短暂增加的现象，1983 年以后到现在，整体人口规模呈下降趋势。这一变化主要是计划生育的政策实施所带来的结果，调查得知，从 1983 年开始，当地计划生育政策的执行力度大大增强，对村庄的人口规模控制产生了一定的影响。到 2000 年时，全村的人口降到三十多年来的最低点——980 人，此后人口开始趋于稳定，再无太大变化。近十年以来，20 世纪 80 年代出生的小孩开始步入婚育年龄，随着文化水平的提高和对外来事物接触的增多，他们的传统婚育观念日渐淡化，性别偏好明显减弱，男女平等观念深入人心。在有预计的将来，随着农村生育观念（一对夫妻养育一个孩子）的转变，老龄人口的不断离世，以及年轻人口的持续迁出，龙霓山村的整体人口规模还会持续下降。据一位 60 多岁村民估计，再过 20 年，龙霓山村将成为“空心村”。

2. 常住人口规模：显著减少

整体规模的变化并不能反映龙霓山村人口变化的全部。改革开放后，龙霓山村的人口流动显著加速，尤其是进入 20 世纪 90 年代后，随着社会主义市场经济的建立，人口外出务工或经商占据了乡村人口流动的主流，每年春节期间打工者的“候鸟式迁徙”成为乡村一道独特的风景线。因此，了解乡村的流动人口变化状况对于分析村庄变迁而言同样重要。

这里所说的流动人口主要是指，离开户籍所在地的县、市或市辖区，以工作、生活为目的异地居住的成年育龄人员。1977 年到 1983 年，龙霓山村仍然实行大集体的生产方式，政治上讲属于分田到户前的过渡阶段，这一时期农民依然与集体紧紧捆绑在一起，死死地被按在土地上，农业生产仍然是家庭的主业，因而，此时乡村中常住在家的人口基本上就相当于乡村总人口。而 1983 年以后，分田到户政策的实施，打破了农民与土地的依存关系，加速了人口流动。武汉及周边地区经济的快速发展对劳动力所提出的新需求，使得外出务工人员迅速增加，越来越多的农民变成产业工人，导致常住在农村的人口逐年减少。从 1984 年开始，龙霓山村中外出从事工业、建筑业、零售商业等非农产业的人口成倍增加，大规模、跨区域、长距离的人口流动在村中已经越来越常见。在城市的农民工规模越来越庞大，留在农村的家庭常住人口日益萎缩。

龙霓山村 3 组（杨湾）、4 组（姚家岭）、5 组（陈家岭）三个村民小组常住人口在 1977 年和 2013 年的统计数据显示（见表 5-1、表 5-2、表 5-3），1977 年三个村民小组的常住人口总数分别为 123、189、160 人，而 2013 年则分别降为 29、33、52 人，常住人口总数分别只占各组原来常住人口的 23.6%、17.5% 和 32.5%，人口减少相当显著。相比于 1977 年时 79 个家庭的数量，三个村组平均每家常住人口数为 1.15 人（因为，相当一部分家庭整体外迁）。1977 年时三个村组共计 79 个家庭中，有 28 个家庭常住人口数为零的家庭，占到近三分之一，这种举家在外打工或居住、且依然保留农村户籍的家庭在村中不在少数。走在村中，基本只能见到老幼妇孺，待在村中的青壮年凤毛麟角，甚至在我们集中调研的 7、8、9 月份，也很难见到放暑假的青少年和因农忙回家的青壮年（事实上，随着村民们对教育投资的重视，绝大多数青少年待在城镇补习；随着经济的发展，随着农业生产方式的调整，农村已无农可忙），随处可见紧闭的房门；有些外表崭新的房子周围因为缺乏打理，长满了杂草，镇上的商铺也是门可罗雀，行人稀少，“空心化”问题在龙霓山村及周边村镇已经相当严重。

一般而言，人口流动是伴随着国家经济社会发展而产生并不断变化和发展着的。村庄人口流动的现象不仅可以通过 3、4、5 组常住人口规模的变化显现出来，而且可以透过龙霓山村整体常住人口规模变化显现出来。2012 年龙霓山村登记的户籍人口是 1019 人（这是所能找到的最新数据），除去少量的新生人口和逝去人口，可以近似看作 2014 年的户籍人口，而 2014 年龙霓山村的常住人口为 339 人（这是调研组调研所得到的数据），人口下降了 66.8%（见表 5-4）。部分小组和全村数据的变化显示了龙霓山村人口流动在近三十多年里所呈现出的巨大变化趋势。

表 5-1　龙霓山村 3 组不同时期家庭人口数

单位：人

家　庭（以户主名字代表）	大集体时期家庭人口数	2014 年家庭人口数
YYQ	8	1
YGR	7	2
YSH	6	1
YMS	6	1
YJH	3	2
YHB	6	0
YHL	7	0
YYS	6	4
YBQ	7	2
XKZ	5	1
YGQ	3	0
YGW	5	0
YGH	4	2
YHH	7	0
YXZ	4	2
PDZ	3	2
YJH	5	2
YGX	5	2
YGQ	5	0
CTT	4	3
YTZ	12	0
YYQ	5	2
人口总计	123	29

表 5-2　龙霓山村 4 组不同时期家庭人口数

单位：人

家庭（以户主名字代表）	大集体时期家庭人口数	2014 年家庭人口数
YRZ	2	0
YGH	7	4
YGL	6	1
YGR	9	2
YGH	5	1
YGX	6	1
YBZ	1	0
FQX	7	2
DS	5	0
CLZ	4	0
YCZ	6	1
ZLY	4	0
WLS	6	2
WZC	6	1
YZG	9	2
LCH	6	0
CXZ	5	0
YHZ	4	1
LQX	5	1
YHH	6	2
YXD	5	2
YHX	6	1
YHD	3	0
LSQ	6	2
LQY	1	0
LQL	5	1
LJY	4	0
LSP	1	0
LPZ	12	2
LMC	10	1
LXL	5	2

续表

家庭（以户主名字代表）	大集体时期家庭人口数	2014 年家庭人口数
LTX	6	1
LHQ	16	0
人口总计	189	33

表 5–3　龙霓山村 5 组不同时期家庭人口数

单位：人

家　庭（以户主名字代表）	大集体时期家庭人口数	2014 年家庭人口数
LXD	4	0
LJK	6	4
FZ	6	0
XM	5	0
JSC	1	0
FR	10	1
CSQ	5	2
CGQ	4	2
CSQ	11	2
GJH	5	2
HSJ	7	0
HZF	5	0
CRS	6	0
ZPF	5	0
YYS	6	5
CYB	7	5
JXY	8	3
GKY	11	5
WXZ	14	2
LSZ	10	6
WXM	9	6
CHA	2	2
CSH	7	0
YTF	6	5
人口总计	160	52

表 5-4　龙霓山村 2012 年登记户籍人口与实际常住人口

龙霓山村小组	2012 年户籍人口	2012 年常住人口
1 组	142	61
2 组	129	32
3 组	92	29
4 组	140	33
5 组	140	52
6 组	114	66
7 组	187	50
8 组	75	16
总计	1019	339

（二）村庄人口流动的状况

村庄人口流动是村庄人口变迁的主要原因。改革开放初期，村庄中最主要的职业群体是种植户和养殖户；近期，村庄中最主要的职业群体是半种植户和半打工户集于一身的农户、外出务工户和个体工商户。改革开放初期，除了婚姻、升学、参军、招工等导致村庄人口流动外，村庄人口基本处于缓慢流动状态；改革开放中期和近期，村庄人口基本处于加速流动状态。除传统的流动途径或原因外，外出务工或经商成为村庄人口加速流动的主要途径或原因。

龙霓山村的外迁者或流动者根据主要途径或原因，可分为四种类型：

1. 率先者：外出务工或经商，谋求更好的发展机遇

从和村里的书记、会计，以及还留在村子里的老人谈话中，我们得知，分田到户政策实行以后，村民得到了流动的自由。村庄少量人口率先离开乡村，走入城镇。少部分人打零工，大部分人在蔡甸、汉口、汉阳、武昌做生意，包括搞服装批发，开餐馆等，在建材市场买一个门面做建材生意，在菜市场做菜生意，等等。这些人多是大集体时期家庭出身成分不好的人，感觉在乡村受到压抑，他们率先利用了分田到户所带来的自由，离开了乡村。寻求自由是内因，城镇或城市存在诸多的亲戚或朋友关系是外因，内外因综合起作用，造就了这第一批“家庭成分出身不好”的流动者。这些人中还有一小部分是其父辈或自己在大集体时期从事的工作本身就是非农行业，或者是集体企业的

销售员，或者是城镇企业的职工，企业培养了他们向外谋生的能力，市场带给了他们外面的信息，他们充分利用了分田到户带来的自由和原来乡村所培养的社会闯荡能力，他们也成为了第一批适应能力强的流动者。

案例一：根据村口肖家集“天兴批发超市”的肖爹爹（原来大集体生产时代的小队会计）的口述，村庄 7 组 1963 年出生的 YCX 利用亲戚或朋友的关系于 1984 年外出做生意，在汉口销售各类熟食和饮品，并且雇人在镇上搞大型养猪场，率先发家致富，现在是资产雄厚的老板。

案例二：原来在村里开办劳保厂（专门生产劳动生产中保护生产者的手套、制服）的村庄 1 组的 XDX，曾经在龙霓山村务农十多年，后来在武汉找到了门路，生产帆布手套和各类服装，企业做得越来越大。

案例三：村里 3 组杨湾的 YGW，大集体时在集体企业做销售员，妻子在乡镇企业做技术工。分田到户后，一边种田，一边开商店了解信息。不久，就举家迁移到武汉市的一个城乡结合部安家落户，边做生意，边做房子，后来生意逐渐做大，房子也因拆迁得到了相当可观的补偿款。

2. 后继者：利用率先者的社会资本，外出务工或经商

第一批“下海”的人在外面慢慢积累了财富和门路之后，利用节假日、春节回家探亲的机会向亲戚、朋友和村里人讲述了自己的经历，触动了直系亲戚、旁系亲属或者乡邻熟人的心扉，使很大一部分持观望态度的村民坚定了外出闯一闯的决心并在时机成熟时外迁。

案例四：外出到武汉做生意并发家致富的 YCX 几年以后把还在村庄里从事农业生产的自己的表亲和堂兄堂弟也带出去了。一方面他们是自己的亲戚，和雇外地人相比，亲戚和朋友做事自己很放心，另一方面亲戚之间相互可以照应。

案例五：龙霓山村 7 组的 SBT，自己是个多面手，不仅是种田的能手，而且有不错的木匠手艺。家庭有三个儿子，因为田地少，农村活儿和收入不多，一度非常困难。大儿子和二儿子先后成家，以农田种植为主，收入极其有限。小儿子经人介绍，与一个手机代理商的女儿成家，在岳父的引导下开始学做手机生意，掌握手机市场的生意经后，自己独立开店，后来成为比较有影响的手机代理商。小儿子在城里站稳脚跟后，陆续将自己的大哥和二哥带出去做生意，都做成了大老板。不仅如此，他还将自己两个叔叔的儿子带出去做生意，

先是借钱给他们经营，后来他们也挣了大钱，目前也都在城里买了铺面，稳定地做着生意。可以这样说，SBT 的小儿子不仅改变了自己家庭的面貌，而且带动了自己家族面貌的改变，成为龙霓山村的一大传奇。

3. 求学者：外出求学，在城镇工作后定居

寻求鲤鱼跳“农”门的机遇承载着老一辈对儿女的寄托，在走访的过程中，我们发现，有相当一部分外迁人口是从村里走出去的大学生。他们到省城武汉或者省里其他地区大学读书，或者到外省去读书，毕业后在城镇或城市安家，这也是人口流动和迁移的重要途径。

案例六：出生在龙霓山村 3 组的杨湾的 YYX 在石山中学读书，后来考到汉阳一中，再后来高考之后以免费师范生的身份被华中师范大学录取，毕业后在黄石市落户，后来在华中师范大学攻读研究生并留校，现在在武汉市武昌洪山区安家落户。

案例七：同样出生在龙霓山村 3 组的杨湾的 YYH 通过自己的勤奋努力考取了华中科技大学，后来保送到首都北京的北京航空航天大学攻读研究生，后来进入国家核能研究所北京分所工作，现在全家人已经在北京落户。

4. 打工者：因打工而流动，因休息或探亲而回乡

人口流动既表现为离土离乡的人口外迁，也表现为离土不离乡的打工流动。改革开放初期的时代，待 20 世纪 50 年代和 60 年代出生的人不薄，提供了他们人口外迁的机遇；改革开放深入的时代，待 20 世纪 70 年代和 80 年代出生的人更厚，提供了他们打工流动的条件。许多年轻的村民，虽然出生在乡村，但是他们并不懂得农时，不愿做农活，也不会做农活，“三年学个生意人，十年难当种田佬”，他们天生就是要到城镇谋生去的。他们在打工中不断积累财富，再加上他们父辈的支持，他们中大部分已经在城镇或城市购买了住房，据村民估计，一半以上的村民已经在城镇或城市购买了住房，他们中剩下的人也打算或准备到城镇或城市去买住房。

案例八：龙霓山村 3 组乡村青年 CG，1993 年初中毕业，学校里没学到什么实用技能，家里也没教什么种田的技术，唯有去城镇打工一途。经表叔介绍，1994 年去蔡甸区做了一年的建筑小工，工种是泥匠；因为太辛苦，第二年，经叔伯介绍，回村里小学的印刷厂做印刷，做了两年。印刷厂随着村里小学的撤销而撤销，接下来经姨叔介绍，去武汉的汉正街做保安，做了一年

半，由于地下室湿气太重，导致出现职业病——肋下神经痛，不得不返乡休养。回乡一边休养，一边打渔，半年后，经叔父介绍，去蔡甸塑料厂做了两年半的工人；之后，经妹夫介绍，到其汽车修理厂修理汽车，经常晚上加班，睡不好觉，几个月后，自己主动跑回了乡村。几个月后，经朋友介绍，去汉正街帮别人搞副食干货、调料批发，干了一年。之后，回来卖菜卖了两年，从蔡甸街拖回来卖。后又去棉纺厂上班，做了三年。接下来，帮妹夫卖了两年的汽车配件，装了三年的电梯。现在，因为表叔在汉口火车站做副站长，他做了动车服务员。纵观打工以来，做了许多工作，之所以经常轮换工作，一是因为工作时间长，工作单调，二是因为工资太低，三是为了消除工作带来的单调感或疲劳感。其实，在乡村打工挣钱与在城镇或城市打工挣钱差不多，媳妇也愿意他待在家里打工，但是，他还是愿意出去打工。当然，因为家里也需要照顾，所以，也不会去太远的地方打工。本质上说，通过打工积攒钱，要想做大很难，即使如此，他们夫妇俩也还是有计划到蔡甸街去购买房屋的。

案例九：龙霓山村 1 组的乡村青年 XB，初中毕业后，基于本人读书意愿和家庭经济条件，未继续升学。直接外出打工，跟着亲戚学汽车修理，几年后，不仅学会了开车，而且学会了修车。修车手艺学成后，曾购买一辆旧汽车回乡送客，因生意不是太好，又出去打工。受老板器重，现在在广州一家物流公司当基层管理人员。他媳妇没有做工，帮忙打点家务，两个小孩都在龙霓山村由爷爷奶奶带着。据爷爷介绍，大的小孩是女儿，马上要升高中了，高中必须到蔡甸街就读，儿媳一定要像其他的村民那样去陪读。至于儿子，虽然现在职位发展不错，收入也很好，但毕竟是打工仔，希望将来他能自己创业。

案例十：龙霓山村 5 组的乡村青年 CB，中专毕业后，四处打工，机械维修业务精湛，现成为乡村多家企业的机械维修师。他介绍，“业广不如业专”，与其掌握许多平庸的本领，不如精通一门过硬的技术。有时候，我们往往只忙于追求多种技能，却忽略了精研一种技能。掌握多种技能的人在社会职场上不难就业，但是那些精深一种技能的人更容易被认可，被接受。在机电行业，尤其是行业的维修师，这种精通一门手艺的人尤其可贵，特别受欢迎。而精通机电维修的 CB 就是凭借着自己维修机电的卓越技能而成就了自己的一番事业。1992 年，即将中专毕业的 CB，像大多数同学一样，被学校安排到一个机械厂实习，真正开始步入社会。在机械厂实习的日子并不好过，但是他时刻告诫自己要坚持，努力坚持。他下定决心要学会、精通机电维修，开始和机械厂的师傅认真学习机电维修技术。实习很快结束了，他虽然学到了一些维修机电的技能，但是他知道当时他懂得的只是九牛一毛而已，要想真正的精通机电维修，自己还有很多东西要学，还有很长的路要走。毕业后，他本着只为学技能的心态，来到了多家机电售后服务站，开始了他漫长的技能学习生涯。在机电售后服务站，他不怕苦不怕累，认真学习各种机电维修，将各种机电反复拆装，掌握机电运作原理，用心服务客户，可谓是尽职尽责。功夫不负有心人，经过几年的磨炼学习，他掌握了各种机电的运作和维修原理。回乡以后，他开始了自己的创业生涯。他首先联系了一家乡村企业的机电维修工作，将这家企业的机电维修做得无可挑剔。慢慢地，他的名声传出去了，多家乡村企业都找他维修机电。目前，他从多家乡村企业领回机电维修工资，成为名副其实的机电维修维护“经纪人”。不仅在乡村中心街道购买了楼房，而且在蔡甸街购买了商品房。现在，他经常驾驶着自己的小汽车活跃在乡村和城区，活跃在多家乡村企业间。

二、村庄计划生育及其变迁[1]

计划生育工作在乡村曾被称为“天下第一难事”。传统观念、乡邻舆论、宗族压力，都是造成计划生育工作成为难事的原由。自大集体时代到现在的三十多年间，计划生育政策逐步修正，从不近人情的严苛到人性化的执行，在政策风向的不断偏转中，既可以发现乡村人口数量与规模的外在变化，又可以窥探出村民情感与观念层次的内在变迁。

（一）大集体时代的过度生育：劳力再生产

1. 过度生育的背景：传统生育习惯力压计划生育政策

1971 年以前，龙霓山村所属的汉阳县（今蔡甸区）人口一直处于自由增长的状态。从 20 世纪 50 年代到 70 年代初，出现过两次人口出生的高峰，第一次是 1952—1955 年，平均每年出生婴儿 12492 人，出生率由 1951 年的

[1] 本节宏观数据均来源于汉阳县志编纂委员会编纂《汉阳县志》，武汉出版社 1989 年版。

22.3‰上升到平均每年30.1‰；第二次是1962—1969年，平均每年出生婴儿11368人，出生率由1961年的18.69‰上升到平均每年30.9‰。

1971年，响应国家政策号召，时汉阳县（今蔡甸区）开始施行计划生育，各级政府增设专门机构，领导和宣传计划生育工作，提出“生一个不少，生两个正好，三个多了”的口号。计划生育政策的初步实施，导致全县人口在1971年至1979年的9年时间内，平均出生率由1970年的25‰下降到16.68‰。

20世纪60年代，党中央有过“人多力量大”的提法，间接鼓励了人民多生多育，生育更多的孩子似乎被看成是一种支持社会主义建设的表现。20世纪70年代时，随着人口压力的增大，我国开始力推计划生育政策，以当时的执行力度，影响程度和作用范围很小，加上文革期间政治环境的影响，计划生育的政策执行效果并不显著，在偏远贫穷的乡村更是影响寥寥。在20世纪70年代的龙霓山村，传统的“不孝有三，无后为大”“多子多福”的宗族观念和生育观念主导着绝大多数村民们的思维，一对夫妇生育三个以上孩子的现象在村中很常见。超大的家庭规模成为龙霓山村家庭人口的普遍现象，也是那个时代整个中国农村家庭的典型写照。落后封闭的农村，拥有着全国80%的人口，拖着它沉重的人口负担在极度匮乏的物质环境中艰难前行。

2. 过度生育的原因：劳力再生产、家庭生计改善、死亡风险防范

20世纪70年代的大集体时期，落后的生产、短缺的物资和过度的生育、庞大的人口规模看起来似乎是无法相容的两个极端。如果放眼当时的全国，这其中的原因可能纷繁复杂，难以归纳出统一的答案。但如果以龙霓山村作为一个分析单元，通过村民的讲述，并查阅相关资料，我们便能还原那个时代的真实环境。

（1）大集体生产对劳动力的旺盛需求。主要靠人力生产的大集体，通过聚集劳动力，可以产生相对于个体或家庭生产的资源优势。更多的人口对大集体生产来说，就意味着更多的劳动力，更大规模的生产，从而产生更高的物质收益，物质收益的直接反映就是更高的粮食产量。男性劳动力相比较于女性劳动力而言，在体力和耐力上有着天然优势，这就意味着更多的男性劳动力更有助于集体生产能力的提高。从这个逻辑来看，生育更多的孩子以及对男童更偏爱是符合大集体生产的要求的。某种程度上我们可以说，大集体生

产把家庭变成了劳动力再生产的工具，潜在地要求家庭源源不断地为集体生产供给其运作所需的人力资源。从大集体时期龙霓山村的生产方式上就可看出这一特征，生产小队分配工作时，男社员一般是从事耕田、打草（到比较远的湖里打青草，堆肥以备作肥料）这类较重的活，而女社员则从事栽秧、锄草这类比较轻松的活；如果遇上挖沟凿渠、修堤筑坝、开山造林等较重的任务时，男劳力更是主力。妇女同志由于力量上的弱势，只能从事一些从属性的工作。当然，大集体生产中也不乏"巾帼英雄"，有的村民讲，那会也有一些力气很大、很能吃苦的妇女，很多男社员都比不上，但这种非普遍现象无法改变男女劳力在生产中的作用对比。对于集体来说，劳动力尤其是男劳力多了，生产才能上去，这个集体的人们衣食才有保证。

（2）家庭改善低生活水平的无奈之举。有一种说法，"越穷越生，越生越穷"，高生育率往往与较低的生活水平相伴而生。但这只是问题的一个方面，问题的另一个方面是，当这些小孩都长成劳动力时，都能挣工分时就能从大集体中分得更多的粮食或物品。虽然高生育率导致了今天的低生活水平，但是它也意味着明天的生活水平的改善。这是村民朴素的生育逻辑。在时代不变迁、环境相对封闭的情况下，这种生育逻辑是有相当的合理性的。生育更多的孩子不仅是大集体生产所需，也是每个家庭在恶劣的生存条件下意图改变现状的无奈之举。在大集体时期，社员凭工分吃饭，工分的多少决定着领取的粮食或物品的多少，也决定着一个家庭的生活水平。在当时的情况下，个人作为集体生产下的基本元素，必须不断地劳动才能保证自身的生存；但是，每个人的体力总是有限的，如果家中劳动力过少，或主要劳动力病残或死亡，都会减少甚至切断家庭的收入来源。因此，对多数家庭来说，生养多个孩子不仅是提高家庭生活水平的需要，也是规避风险的需要。龙霓山村今年 68 岁的孙婆婆说，在她小时候（20 世纪 60 年代），家中有七个姊妹，上面有三个姐姐，下面有两个妹妹和一个弟弟，六个女孩、一个男孩。对于这样的农村家庭来说，负担是相当沉重的。而更严重的是，自己的母亲当时患有心血管病，身体枯瘦如柴，常年卧床不起，不能劳动，家里的重担就完全落在父亲身上。父母在 1959 年、1960 年相继去世后，七个姊妹只能自食其力，年幼的孙婆婆当时也开始参加集体劳动挣工分，但挣得的工分根本不够七个姊妹的基本温饱，在孙婆婆的记忆中，一直到 20 世纪 70 年代出嫁，她每顿吃的都是羹（用细米磨的米粉做成的稀粥）。家中缺乏劳动力的弊端显露无疑。

（3）医疗水平低下倒逼人们过度生育。资料显示，1970 年我国婴儿死亡率为 80‰，到 1980 年下降到 50‰，尽管有所进步，但这一数字仍然是触目惊心。每一千个新生婴儿中就有 50 个死亡，医疗水平低下造成了较高的婴儿死亡率，这就倒逼着人们多生育，以防范子女夭折的风险。在医疗水平更为低下的乡村，子女患病死亡的几率更大，对于那个时期的父母来说，在育龄阶段多生几个，防止因子女死亡而“断后”，是相当无奈也是更为明智的选择。另外，客观地说，避孕意识的淡薄和避孕措施的缺乏，也是人们过度生育的“罪魁祸首”。

（二）分田到户以后的人口超生：养儿防老

1. 人口超生的背景：传统生育习惯阻碍计划生育政策

从 1979 年开始，随着计划生育政策上升为一项基本国策，各地推行计划生育政策的力度都大大加强，政策效果也有所显现。1982 年，为进一步控制人口出生，时汉阳县政府提倡“一对夫妇只生一个孩子”，严格控制第二胎，禁止多胎，并动员生了一个孩子而无不适的妇女安放节育环，子女多的夫妇可选择人工结扎措施。1983 年至 1985 年，全县为妇女安放节育环的有 12780 例，施行人工结扎的男女共 21043 例。到 1985 年，汉阳县人口出生率由 70 年代的平均 21.43‰下降到 12.32‰。索河镇政府响应上级号召，由医疗卫生部门派出专职人员，配合计划生育工作，采取各种措施进行节育的宣传、指导，建立和健全了各类节育手术设备。镇政府将计划生育作为一项头等大事，狠抓严管，各部门、各机关均组织宣传队伍，分片到村、组，落实计划生育指标。

从 20 世纪 80 年代初到 90 年代末，龙霓山村所处的地区在计划生育政策的执行力度上大大加强，处罚力度上也更为严厉，这一时期的人口增长率相对放缓，但依然维持着一个较高的水平。在龙霓山村 20 世纪 80 年代以后出生的人口中，姊妹三四个的情况并不少见，政策外的超生、偷生更是屡禁不止，很多村民宁愿被罚款也要生育二胎三胎。严厉的处罚措施对村民的生育并没有起到足够的威慑作用。

2. 人口超生的原因：父辈观念、养儿防老

（1）受父辈观念影响较大。20 世纪 80 年代和 90 年代的育龄夫妇大多出

生于60年代到70年代之间，这一代人中有的完整经历过大集体生产，有的则可能在年幼的时候经历过集体生产，虽然印象不深，但也算大集体的真实亲历者。大集体时期以及分田到户后相当一段时间的贫穷落后给他们留下深刻印象，这也影响着他们在生育观念上延续着大集体时期的传统意识，即多一个孩子就是多一个劳力。这一时期，打工经济尚未成为主流，家庭尚未分化，父母在家庭经济中仍占据主导，家庭的思维方式也多延续六七十年代的传统思维，年轻夫妻在选择生育几胎时，往往听从父母的意见。此外，在龙霓山村，八九十年代的这一批育龄夫妇大部分人读到小学或初中就辍学打工，较低的文化水平也使得他们更容易受父辈观念的影响。顽固不化的传统思维驱使着村民甘愿冒罚款、甚至倾家荡产的风险超生、偷生，在“不孝有三，无后为大”的强大思想压力面前，很多村民选择铤而走险，计划生育政策在根深蒂固的传统面前也显得有些无力。

（2）养儿防老的考虑。长期以来，养老在传统中国一直是个家庭问题，也是个道德问题。赡养老人不仅是儿女应尽的责任，也是一项普遍的道德准则。这种“孝道”从子女的角度来看，在任何时代都是应该尊崇的传统道德，然而从父母的角度来看，在某些时期和特殊环境下可能具有特殊的隐含意思，即在缺乏正式的社会保障体系的环境下，养育更多的儿子也是一种“养老投资”，避免自己在年老时无人赡养的尴尬。这种功利主义的考虑尽管有着父母个人的自私心态，但却也是环境逼迫下的无奈之举。龙霓山村的老人说，以前如果哪家没有儿子，不仅会受到邻里的耻笑，而且自己终老后无人戴孝，这些都是民间很避讳的事情。20世纪80年代至90年代，我国的社会保障体系刚开始建立，覆盖面并未及至乡村，政府对老年人的帮扶力度也很弱。加上80年代末以后打工经济在龙霓山村的兴起，部分农田逐渐荒废，农业生产在家庭中的地位下降，老年人赖以生活的种田经验遭到弱化，对子女的依赖日渐加深，这种状况的出现影响着“养儿防老”观念在村民生育问题上的选择。

（三）打工经济时代的底线生育：生男生女一个样

1. 底线生育的背景：城镇化加速助力计划生育政策

2000年以后，龙霓山村的人口计生工作也有了新的变化。从“以罚代管”转向以控、防为主，加大对育龄妇女的计划生育政策知识、优生优育知识、避孕节育知识以及“育儿期”和“中老年期”保健基础知识的教育培训，常态化地对妇女进行婚育检查，随时准确掌握育龄妇女的基本情况，密切保持与育龄妇女的联系，积极做好人口登记与流动人口的管理工作。此外，村委会也积极组织、动员妇女参加由区政府有关部门举办的就业、创业技能知识培训班，提高妇女的经济独立性，促进妇女自信自立、自爱自强，在家庭中发挥好半边天的作用。

现在计划生育实行户籍地管理的政策，卫生系统和计生系统已经联网，流动人口如果在外面的正规医院生产也能查到生育信息，但若生育时产妇不使用真实的身份证信息进行登记，那系统就查不到了，个别私人医院可以做这样的手脚。国家要求胎儿超过七个月就不能做引产，医院也不会做这种手术，因此有些人也在钻这个空子。

现在由于流动人口太多，政府的管理难度也很大。政府的超生罚款政策依然很严格，数额是夫妻年生活水平的十倍罚款。罚款最少三万。村民们介绍，实际执行中只能少罚一点，收十万的可能最终要缴五万。钻空子的家庭一般都有“后门”，找找关系只需要拿两万多。不交是不行的，因为不交罚款不让上户口。当然，也有暂时不上户口的，但很少。

计生工作内容的变化实际上也反映着时代的变化。2000 年以后，龙霓山村步入打工经济时代，尤其是 2011 年村里的土地承包之后，打工几乎成为了每家每户的主业。远离乡村，更多地接触城市文明，农民在物质和精神上逐渐与城市接轨。物质上的变化显而易见，精神上的变化尽管进程缓慢，但也在潜移默化地进行着。在城镇打工的青年男女，一般在生育选择上都施行底线生育。村民们介绍，如果父母干涉，子女们会说，“你们拿钱？”“你们来养？”

2. 底线生育的原因：经济方式改变了生育观念、保障政策降低了养老风险

（1）经济方式改变了村民生育的思想观念。理论界通过对中国农村村落文化对农民生育行为的影响分析发现，抑制农民生育冲动的主要力量包括社会经济因素和计划生育的行政因素两个方面。相比于计划生育的行政因素，社会经济因素对村民生育冲动的抑制更为根本。社会经济因素的影响通过驱使人们对社会经济利益的考虑，而自愿作出节制生育的努力。我们可以将其分成两部分来分析：农民的生活水平和养育后代的成本。

生活水平的提高改变了年轻村民生育子女的观念。生活水平的提高主要

来自于家庭收入的变化。2000年以后，打工、经商逐渐成为龙霓山村村民主要的生产生活和经营方式。与土地的脱离意味着身份的变换，农民变成农民工、企业家、私营业主，甚至转型为市民，从事多样化的非农产业带来了家庭收入的巨大提升，家庭收入再也不仅靠在农业生产上劳动力的密集投入来获得，而更多地靠个人的勤奋努力、聪明才智和市场机会。生活水平的提升使村民更加注重生活的享受，许多村民在村里盖起漂亮的楼房，买上了摩托车或小汽车，有的还在城镇里购置了房产。生育子女对年轻村民来说都不再是一个需要严肃考虑的问题，子女的数量和性别不再对家庭的收入构成绝对影响，甚至可以说，更加核心的家庭还能保证较高的生活质量。80后、90后夫妻在城市中学习、打工，接触了更为广泛的城市文明，也逐渐接受了现代的思维方式和家庭观念，小家庭成为年轻夫妻更加青睐的家庭模式。当然这种生活水平提高带来的思想观念的变化过程是非常隐蔽和潜在的，但它确实在乡村青年中发生着。龙霓山村62岁的肖姓老人说，他大儿子和媳妇在广州做了十几年的物流，现在在当地也有了房子，过上了比较富足的生活，生了一个女儿之后，没有再生育。现在女儿已经上初中了，两人也没有再要第二个孩子的打算。调查中，我们还发现，一些孙辈只有女儿的爷爷奶奶虽然也表达了想要个孙子的愿望，但是尊重儿子和媳妇的决定。

子女养育成本的提高改变了村民的生育观念。社会经济发展一方面带来人们生活水平的提高，而另一方面也带来生活压力的加大。子女的教育、衣食住行等各方面的抚养成本都大大提高，尤其是对于那些在城市中打工、创业的年轻村民来说，对子女的培养面临着越来越高的成本压力。一些跟随父母在城市生活的子女，在城市文化的熏陶下，再也不简单地满足于基本的衣食住行，而开始有意识地接触一些新鲜的、高档的消费。对父母来说，培养子女再也不是“放羊式”的散养，而变成系统的、有规划的“富养”。从怀孕起，胎教就开始了，婴儿期进行早教，幼儿期对孩子进行习惯养成的培养，学龄期面临择校的困难，上学期间还要对孩子进行多方面的兴趣培养。越来越多的农村年轻父母接受了这样的培养模式，即使是留守家中、由爷爷奶奶隔代抚养的孩子也在年轻父母的影响下，开始注重对孩子“百般呵护”式的培养。养育成本成为年轻父母不得不面对的一个问题，对尚在城市打工、面临更大的生存压力的他们来说，与其贱养一堆，不如富养一个，底线生育成为更普遍的选择。

（2）政策环境的改善降低了养老的风险。进入21世纪以来，国家投入大量资金进行农村社会保障体系的建设，农村的基本养老、基本医疗和最低生活保障制度更加健全，覆盖面更广，为农民的基本生活构建了更加稳固的安全网。社会保障体系的改善带来的是农村养老模式的变化，“养儿防老”的观念逐渐淡化，完全依靠子女养老的模式逐渐被以国家养老为后盾的模式所取代，老年人养老的风险大大降低。到2014年，在龙霓山村，每位60岁以上的村民都有每月140元以上的基础养老金，对于没有子女的“五保户”，政府有更完善的补助制度，提供更多的补助金，帮助修建房屋等。“老有所养”在龙霓山村正在成为现实。子女养老的道德风险被国家养老最大程度地消减，加上龙霓山村现有的手套加工业为老人提供了一定的收入，村民养老费有了更多的来源。对村民来说，生育更多的孩子不再是一个为了养老而必须做出的唯一选择。

三、村庄养老及其变迁

“人人有老，人之将老”，终老是每个生命都将走向的终点。家庭的存在不仅为人类的繁衍生息提供了实在形态，也为人类晚年的生存提供了庇护场所。养老是任何社会形态、任何历史时期都必须要面对的问题，尤其在传统中国这样以农业为主、静态平衡的社会中，老人往往被推崇到一个很高的位置，孝敬老人、赡养父母成为每个人都应当恪守的准则。经过改革开放三十多年的发展，中国的养老问题加入了更多国家、政府的属性，养老的家庭比重在逐渐递减，但养老问题并没有消失，甚至还在某些方面得到强化。城市中如此，在环境相对封闭、发展相对滞后的乡村，养老问题更甚。从历时态的角度来看，不同时期的社会环境使养老问题呈现出不同的特点。

为方便研究，根据龙霓山村的现实情况，我们将改革开放后的三十多年划定为三个时期，即从1979年到1982年为改革开放初期，这一时期以农业经济为主；从1982年到2000年为改革开放中期，这一时期混合着农业经济与打工经济；从2000年至今为改革开放近期，以打工经济为主，农业退居其次。不同的经济形态催生出不同的家庭生态、社会环境，进而形成迥异的养老方式。

（一）改革开放初期：农业经济下的家庭养老

1. 家庭养老的延续：习惯、功利、压力

20 世纪 70 年代末期，在广大农村地区，个体与集体仍然紧紧地捆绑在一起。大集体的生产方式使得农民牢牢地被钉在土地上，农业占据着农村经济的主导，农村劳动力也只能大量地投入到农业生产中去，因而，家庭在这一时期是相对比较完整的，生育和抚养更多的劳动力成为绝大多数家庭的养老选择。儿女的数量意味着家庭劳动力的多寡，进而直接影响着家庭的生活水平和财富的积累。生育更多的孩子便成为很多家庭的“重要任务”，当然考虑到女儿在出嫁后不再负担习俗的养老责任，儿子成为家庭养老的主力，数个儿子对父母进行轮养，直至父母死亡。父母生育儿女，儿女赡养父母，这种代际之间的反馈是自然进行的，尽管外部环境也会施加以硬性或软性的约束，但家庭内部成员往往会在养老问题上达成默契，使得家庭的代际转换能够平稳进行。这是家庭养老的习惯性原因。

家庭养老往往还伴随着财产的继承。大集体时期，每个家庭的财力有限，难以为每个儿子都建造房屋，因此继承、分享父母的房产和存款成为养老的一项重要收益。那些不管父母晚年死活、未履行赡养责任的儿女则会被家庭中其他儿女排除在继承之外，得不到父母的财产，甚至与其他兄弟姊妹交恶，在家庭中被孤立。这方面的原因，也促使儿女积极履行赡养责任。这是家庭养老的功利性原因。

当然，传统的宗族势力、乡村舆论等软约束力也规范着村民的养老。而此时国家养老政策的空白也使得家庭养老成为农村养老的孤岛。这是家庭养老的压力性原因。调研显示，习惯性原因与压力性原因，是家庭养老的主要原因。

2. 家庭养老的表现：物质供养、生活照料、精神慰藉

家庭养老源自于婚姻关系和血缘关系的紧密结合，儿女供养的是自己的父母而非其他人的父母，家庭成员提供养老资源，这有别于社会养老，具有更明显的家庭属性。家庭养老从其内容上来看，主要有三种表现形式：物质供养、生活照料和精神慰藉。

（1）物质供养。养老的基本要求是物质上的要求，即满足老人的衣食住

行等需要。改革开放初期或者说大集体末期，相当贫乏的物质条件给家庭养老平添了许多困难，虽然大家庭的轮养方式使各个小家庭的压力有所减轻，但要从配额供给的粮食、布料等生活用品中抽出一部分供养丧失劳动能力的父母，对于每个家庭来说仍是不小的负担。然而，相比较于现在的孝道滑坡，大集体时期由于子女众多、宗族观念的影响等原因，家庭养老在龙霓山村并没有发展成为一个普遍的社会问题，老人尽管生活质量不高，但基本的生活起居还是得到了一定程度的满足。对于当时的养老问题，村里的老书记这样说：村集体里未出现老人没有子女照顾和赡养或被遗弃的情况，因为在那个时代，行孝是被看得很重的事。如果谁家的老人没有被照顾好，被怠慢了，那么村集体的左邻右舍都会谴责这家的子女没有孝心，会遭天打雷劈，舆论的指责会形成很大的压力。另外，生产大队书记、贫协主任、民兵连长、妇女主任、团支部书记会对这样的子女进行批评和教育，甚至会搞到“学习班”进行深刻的教育和反省（这在大集体生产的时代是很严厉的惩罚），自觉赡养老人是每个人的共识。

（2）生活照料。龙霓山村现年60岁的樊婆婆回忆说，她三十年前嫁到龙霓山村的时候，公公婆婆都已经六七十岁了，不能劳动，身体也不好。在繁重的集体劳动之余，樊婆婆还要和其他兄弟四家轮流承担起照顾老人饮食起居的重任。由于刚来的时候还没跟老人分家，照顾起来还比较方便，但分家后，两位老人独居，照顾起来不仅更麻烦，还要跟另外四家协调好分工，但作为老大家的媳妇，樊婆婆还是承担起了更多照顾老人的责任。尽管生活拮据，但两位老人还是安然活了七八年才去世。“四川女人都能干着哩！”身为四川人的樊婆婆还不忘夸一下自己。

（3）精神慰藉。养老不仅是让老人老有所养、病有所医，精神层次的填补与慰藉对于迈入人生之尾的老年人来说也更为重要。当然，对于物质条件尚得不到满足的80年代初来说，让每天面朝黄土背朝天的农民经常抽时间跟老父母作情感上的交流多少有些理想化。但这并不是说养老的情感层面是一片空白，在大集体时期的龙霓山村，平时的生产劳动、定期的大队学习、露天电影等活动以及夏天的集体乘凉等为两代人之间的交流提供了机会。尤为重要的是，老年人直接参与家庭决策，有的还是一家之主，这种家庭生活过程和家庭角色本身就是一种精神慰藉。

（二）改革开放中期：过渡经济形态下的子女与老人“合养”

1.“合养”的新生：子女外出打工、家庭小型化、无购房压力

（1）农业经济向打工经济过渡。20 世纪 80 年代后期和 90 年代是我国经济社会各方面快速发展的时期，也是乡村社会发生剧烈变迁的时代。随着经济社会环境的变迁，新的问题也开始在波涛汹涌的历史海面下涌动，随时可能翻上来造成惊天骇浪。农村养老问题便是在这一时期成为一个备受关注的问题，并被抬上了桌面的。经济基础决定上层建筑，任何社会问题都绕不开它身处的经济环境，养老问题之所以成为问题，与此时农村经济形态的变化密不可分。

从 20 世纪 80 年代后期开始，龙霓山村凭借地理位置的优势悄然兴起了打工潮，半农半工、弃农务工的农民越来越多。乡村报表中的统计数据显示，1982 年龙霓山村从事非农产业的人员仅占到总从业人口的 8%，但到了 2000 年，从事非农产业人员的比例已经增长到 50%，进城务工或在本地从事非农产业已经成为很多村民的主要经济来源。由农业经济向打工经济转变的过渡经济形态逐渐成为龙霓山村经济结构的主导。在这种过渡经济形态下，大量农民外出打工给老人养老带来了新的挑战。老人留守，儿女外出，这种家庭形态在村里也越来越多，仅仅靠一年回来几次的儿女照顾自己的生活显然是不够的，对于尚可行动的老人来说，自己照顾自己，不是子女弃养的悲惨结果，而是客观环境逼迫下的无奈之举。

（2）大家庭向小家庭转化。随着物质条件的改善，农村的大家庭模式在 20 世纪 80 年代开始解体，越来越多的小家庭开始脱离父母，建起自己的住房，以往“形分实不分”的大家庭逐渐演变成以年轻父母和子女为主的核心家庭，老年父母开始过上独居生活，或由几个儿女轮流接到家中赡养。家庭养老在此时虽然还在农村普遍存在，但由于分家和子女打工的原因，老人的生活更多的是自理，除了日常生活中如医疗等特别的开销仍由子女负担外，衣食起居大都由老人自己承担，即便是那些与子女一起过生活的老人，也多是“自己吃自己的”（粮食是老人生产的，菜是老人种植的，日常生活是老人打理的）。

（3）子女赡养压力较小。应该看到，这一时期“合养”现象的出现，也与城镇住房尚未商品化有关。2000 年以前，我国城市住房一直实行福利分房

的政策，住房作为实物实行配给制，对于此时绝大多数的农民工来说，能通过打工在城市定居、获得市民身份难于登天。因此，八九十年代的外出务工还只是作为一种谋生手段，很少有人会指望它“咸鱼翻身”，挣的钱既没法买房子，也不会用在其他多余的城市消费上。没有买房压力，子女便有多余的资金用于父母的养老。养育年迈的父母对于大多数村民来说还构不成一个沉重的负担。此外，尽管90年代打工潮在龙霓山村渐成主流，但仍有相当一部分村民以种田为生或以农业为主业，留守家中的青壮年劳力仍然占据到从业人口的半数以上，一对老人的所有子女中，可能只有几个在外打工，留守家中的子女仍能负担起赡养老人的责任。

这种子女与老人“合养”的模式使得养老能够处于一种相对均衡的状态，子女和老人双方都能各尽其力（在外打工的子女如果没有时间照顾，可以定期支付赡养费用），尽管存在着一些未尽孝道的现象，但在乡村舆论的压力下，这种现象并不普遍。养老在此时的龙霓山村仍是作为一个隐性问题存在，尚未显性化。

2.“合养”的表现：子女出钱、老人自力

“合养”养老模式的最大特点就是子女和父母在养老问题上承担着泾渭分明的责任。子女出钱，老人自力，子女提供物质上的保障，尽到法律上的赡养义务；父母负责自己的生活起居，也不会耽误到子女的工作和生活。这种养老模式可能将传统的孝道变成赤裸裸的金钱交易，“孝”文化观念在严酷的环境面前面临崩解，但在由农业经济向打工经济转变的过渡经济形态下，这种养老方式也不失为一种明智选择。

在这里我们依然要强调过渡经济形态的重要性。因为农业经济向打工经济转变意味着农业仍然在龙霓山村的产业结构中占据着重要地位，土地对于大多数农民来说仍是安家立业之本。尽管粮食种植产量不高、收益甚微，很难维持一个家庭的正常运作，而且随着越来越多的农民外出打工，种田作为一门生存技艺也渐遭荒废，但对于上了年纪的老农民来说，种田仍然是驾轻就熟，熟悉技巧和节气的他们通过种田在维持自身口粮所需外，还能缴足农业税，并通过卖粮获得一部分收入。这对于老人养老具有很重要的补充作用。

人口流动的增加使老人失去了家庭养老的直接支持，子女能终生陪伴左右的理想图景在乡村中也渐成历史。国家养老政策在乡村地区的欠缺，村民无法享受到劳保退休待遇，使得老人在依靠子女的一部分物质支持之外，只能是“活到老，干到老”，只要还能动，就自己种口吃的，买口喝的。随着龙霓山村现代化进程的加剧，这种自食其力并辅助子女赡养费用支持的养老之路也在呼唤着多种力量的介入。

（三）改革开放近期：打工经济下的多元主体养老

2000年以后，龙霓山村进入了一个外出务工的蓬勃期。伴随着武汉地区经济的快速发展，对周边辐射能力的增强，加上交通条件的改善，经济发展对劳动力的需求迅速增加，这吸引了包括龙霓山村在内的周边许多村镇的大量富余劳动力。截至2012年，龙霓山村外出务工人员（包括已定居在外、户口暂留村子的村民）为680人，占到当年总人口的66.7%，平均一个家庭就有两到三个人在外打工。相关问卷调查统计显示，龙霓山村有55%的家庭以打工收入作为家庭主要收入来源，而与此同时，农业种植收入在家庭收入中的比重大大减小，只有17.5%的家庭依然以务农作为家庭主要收入来源。打工经济的支柱作用在龙霓山村已经尽显无疑。而在这种巨变过程中的乡村养老，也因为经济社会环境的剧烈变迁而发生了重要的变化。在内外力量的综合作用下，我们看到了包括家庭、社区、政府等多元化主体在乡村养老模式中的出现，而且这一模式在运作过程中所产生的乡村道德危机也带有鲜明的时代色彩。

1. 多元主体养老的动因：家庭养老失去人力、“合养”失去财力

相比较于20世纪80年代家庭养老的“单口相声”、90年代子女与老人双方养老的“双簧戏”，2000年以后的乡村养老显然成了一出热闹的“群英会”。而这种现象的出现就源自于家庭养老与“合养”的失灵。常年在外打工的子女一年仅能回家探望几次，除了每次回来所带的礼品和金钱，这种短暂停留唯一的作用恐怕就是证明血缘关系的存在了。候鸟式的打工迁徙使得家庭养老已经失去了人力资源基础。

2000年以后，进城务工的农民工开始逐渐被思想更为开放、融入城市意愿更为强烈的二代农民工所代替。不同于父辈“衣锦还乡”式的打工方式，二代农民工在打工上的态度相当明确，就是在城市定居。据调查，龙霓山村70%以上的外出务工人员都有在城市买房的打算或已经买上了房子。房子、子女教育、城市生活开支、工作压力等问题也随着定居城市接踵而至，这些

新的事项所带来的巨大压力使得青壮年村民在承担对老人的赡养义务上更显“力不从心”。在青壮年的巨大生存和生活压力下，他们拿不出剩余的钱来养老，使得“合养”也不灵了。

我们的调查发现，村中的老人对儿女的压力很是同情，多表示不想给孩子增加负担。脱离孩子独立生活，这种看似为人父母的宽容大度却在客观上成为子女逃避赡养责任的负向激励，不赡养老人不再是为人不齿的事情，而成为两代人之间的某种合法默契。在与村中多位 70 岁以上的老人访谈中，当被问到“在无法走路、丧失劳动能力的情况下怎么办”的问题时，多数老人都表示会用结束自己生命的方式如喝药、上吊、钻水库等来“为自己送终”。当他们回答这些问题时，虽然面带笑容，但明显透露出心酸和无奈。他们也羡慕那些家境好的儿女对自己父母的孝顺，他们也因此有些自责，为什么没有将自己的儿女教育得那么孝顺，自己的“过失”得自己承担。不怪儿女，只怪自己“没用”，只怪自己生了诸多的疾病。

2. 多元主体养老的主力：老人打工兴起

在我们所做的相关问卷调查中，在被问到“老年时期待的生活类型”时，约有 70% 的老人选择“独立生活、自食其力”。龙霓山村的老人们显示出了惊人的独立生活意识。打工，这条本该属于青壮年劳力的道路却因为老人生存的需要涌进了大量的老年人。这既是生活所迫，也是老年人主动而为。“合养”慢慢失去了物质基础，因为随着城镇化进程的加速，几乎每个家庭的青壮年都准备到城镇购房。

龙霓山村手套加工、土地承包等的兴起，形成了稳定的乡村劳动力市场需求，这种市场需求为老年人打工提供了充足的就业保证。除了在村里的劳保作坊、劳保厂定时定点上班打工外，大多数老人是在家中帮人代加工，即由工厂提供半成品和机器，在家加工成型后，由工厂定期到家中回收。一双手套加工价三角五分钱，一位老人正常情况下一天可以做 100 双左右，平均每天赚取 30 多元，这对于生活节俭的老人来说已经基本能满足日常所需。当然，手套加工还有着自发的年龄分工，60 岁到 80 岁的老人多从事手套制作，80 岁以上的老人因为身体原因只从事翻手套、叠板等比较简单的副工。在龙霓山村，从事上述手套加工的多是女性老人，而男性老人因为体力和经验优势，多从事村周边林场苗圃的护养工作。2009 年开始，龙霓山村通过流转农田、土地大力发展苗圃业，这吸引了村中许多老年劳动力的参与，负责日常的育苗、维护工作。据村中老人讲，这类工作比较轻松，每天工作八小时，工资按天结算，一天八十元，对于绝大多数老人来说都可以应付。

乡村加工业和苗圃业兴起的另一面则是传统种植业在龙霓山村的衰落。除了相当部分的土地被私人承包外，仅剩的农田或农民自留地多用于种植蔬菜和口粮，很少用于大规模的粮食生产。由于土壤肥力差、劳动力不足等原因，龙霓山村的种植业在市场的大潮下急剧萎缩。种粮食对于精打细算的农民来说已经成了亏本的买卖：一亩地一年的收入仅为一千多元（现在龙霓山村以种植一季稻为主），除去种子、化肥、农药、机械耕田和整田等费用，即使在风调雨顺的年景，一亩地的纯收入也只剩下600多块钱左右，这其中还不含自己投入的劳动力。如果按照市场价算上劳动力的投入成本，基本上没有什么收益。在龙霓山村，打工因为既能打发老年生活，又能获得相应的收入，所以成为老年人自力养老的首选。

这种特殊的老人打工模式使得大多数老人通过自身的劳动来养活自己，甚至还能有所存余。在村中就有一位老人通过多年的打工积攒，不仅为儿子盖房“支援”了三千元，甚至直到死时还有近两万块的存款。村里老人说，现在村里养老的最大问题不是物质方面，而是精神方面。有的老人说，之所以平日里省吃俭用积攒下一些钱，就是希望自己死后，儿女们能用这些钱大操大办为自己办一个风风光光的葬礼。

3. 多元主体养老的辅助：社区、邻里帮扶力度加大

在家庭“空巢化”日趋严重、家庭关系愈发疏远的情况下，我们欣喜地看到龙霓山村社区力量在养老问题上的积极介入。村委会作为村民自治组织，在整合社区资源、关注老年人问题上正发挥着愈发重要的作用。近年来，龙霓山村也在积极探索解决留守老人养老问题的措施。在索河镇政府支持下，出资在空巢老人家中安装了紧急电话，这种电话一般在相邻十家串联，一旦某家老人出现紧急情况，只要按要求拨打电话，其他九家便可能知道有事发生，方便及时处理。这种村民联动机制使分散的农户有效联结在一起，更有效地组织、动员村民的力量以排查、预防空巢老人和独居老人的不测事件，并起到安全防卫、防火防盗的作用。针对家庭中的养老矛盾，龙霓山村通过妇女主任、妇女代表组成调解老人与子女关系的团队，积极在家庭中间斡旋，化

解不必要的冲突，促进和谐、安宁的家庭生活的构建。此外，村妇女协会还积极联系社会力量，促进对空巢老人家庭的关爱与扶持。

4. 多元主体养老的保障：国家力量介入

打工经济背景下，以子女照料为主的家庭养老和以物质支持为主的“合养”，都面临挑战，“空巢”家庭的扩大、养老载体的缺失以及养老观念在现实冲击下的变质，使得国家力量的介入非常必要。尤其是随着农村地区老龄化的加剧，这种政府政策扶持的有效补充就更为迫切。目前在龙霓山村的留守人员中，数量最为庞大的是留守老人，大概是 60 人左右，占到了总的常住人口的 17.9%。老人养老问题在龙霓山村已经成为一个难以回避的重要问题。

2000 年以来，国家的社会保障体系逐步健全，养老政策也逐渐惠及到农村，尤其是 2009 年开始施行的新型农村社会养老保险（新农保）为农民的养老提供了更为坚实的支持。目前龙霓山村的“五保户”（保吃、保穿、保医、保住、保葬）可以获得国家的最低生活保障，没有儿女或儿女在外的孤寡或留守老人可以在索河镇政府办的养老院（福利院）里生活，每个 60 岁以上的老人每个月至少能够领取 140 元钱以上的基础养老金。福利院设有福利农场，开展一定的养殖和种植，所得到的收益全部用于福利院里老人的生活和开支。尽管去福利院是个不错的选择，但对于龙霓山村绝大多数可以行动、生活尚能自理、习惯了自由的老人来说，他们更愿意干一些力所能及的活或从事强度不大的劳动，自己在国家力量的支持下独自养老。

第六章　村庄居民生产生活保障条件及其变迁

人总是具体社会历史条件下的人，具体社会历史条件为人的生存和发展提供了多种可能性。村庄居民的生活保障条件是村庄居民生存和发展的前提条件，村庄教育保障村民心智的成长，村庄医疗卫生事业保障村民身体的健康，村庄水、电、路等基础设施保障村民日常生活正常的运转。村庄居民生活保障条件的变迁深刻地影响着村民心智的成长、身体的健康和日常生活正常的运转。

一、村庄教育及其变迁

索河镇依山傍水，胜迹密布，古往今来，文风称盛，教育发达。明末清初，嵩阳寺内的“嵩阳书院”为科举取士输送了大批鸿儒博士；民国初年，秀才名士们所办的经馆，为政府当局训育了诸多官场人才；抗日战争到解放战争时期，“三一小学”（在日军侵入武汉之初，根据中国共产党中原局书记刘少奇关于“新四军刚到鄂中，应积极活动，打击汉奸、伪军及零星日寇，以便扩大影响”的指示，为了掩护革命活动，必须建立联络点，特委派中共地下党员黄友光在索河筹办了一所小学；校址设在吴氏宗祠内，因时为民国 31 年，又是吴、胡、程三姓合一集资办校，故名为“三一小学”）为革命培植了素质较好的人民干部。新中国成立后，索河教育事业在坎坷的道路上得到振兴，在摸索的进程中得到发展。

（一）村办小学的历史变迁

1. 几大队合办的龙霓联校：村办小学的前身

1975年以前，村办小学的前身，是本地与辜湾等几个大队合办的学校，叫做“龙霓联校”。“龙霓联校”负责管辖辜湾、龙霓、严岭、虎圻、徐岭、袁湾、横岭等周围几个生产大队的小学和初中教育。像这种几个大队合办学校教育的模式是从1950年左右开始的。但是，从1975年开始，全国开始推广“松滋经验”，即全国范围内推行村办小学，即以各个生产大队为单位开办小学教育。1975年9月拆分原来的联校，各大队办自己的小学。

据亲历者孙老师介绍，在拆分龙霓联校时，出现了一些冲突。龙霓联校当时分给龙霓、严岭、辜湾三个大队，财产包括三栋平房，第一栋平房是四间熟墙（用烧过的砖所砌）教室，第二栋平房是四间土墙教室，第三栋平房是一间办公室和十几个教师的寝室。经协商，采取抓阄的方式分财产。抓阄的结果是龙霓大队抓到了第一栋平房，严岭大队抓到了第二栋平房，辜湾大队抓到了第三栋平房。协议虽然已经拟好，但辜湾大队从中使坏，唆使另几个大队哄抢龙霓分得的财产。幸运的是没有出现流血事件。

当时在龙霓联校读过小学的村民现在至少已经48岁了。在龙霓山村，48岁到55岁之间的村民大多数因各种原因离开了乡村，或许是他们经历的时代给他们提供了太多的磨砺，也提供了太多的机会，稍有家庭关系或稍有能力的人都迁移到了城镇。对当时小学具体的状况，村民大多没有什么印象，但是对一个由小学发起的勤工俭学的项目——“打网兜”记忆比较深刻。使用网兜流行于20世纪50—60年代，直到20世纪70年代仍十分盛行。开始时网兜只有线织的，后来又有了不同规格的尼龙网兜。那时人们出去逛街、买菜、买东西，口袋里装个网兜极其方便，也容易清洗，并可多次使用。即使坏了，也可织补，还可做个抄网，让孩子们拿来逮蜻蜓玩，或做个小篮筐投球玩。一方面，市场（当时只有国营商店能买卖商品，没有形成开放的市场）上网兜销路非常好，另一方面，农村小学的小学生寒暑假有大量闲置的时间，两相配合确实是一个好的主意，只是不知道这个广泛发动小学生参与的项目到底是谁发起的。不过，对于小学生而言，这个项目是谁发起的并不是那么重要，重要的是它不仅锻炼了村庄小学生的技能技巧，而且提供了难得的挣钱机会。每逢寒暑假，小学给每个学生发一砣尼龙绳，教他们如何制作一个像笔一样的打网兜的工具，再把尼龙绳穿进那个像笔一样的竹制工具；工具完成后，可以开始制作网兜了，小学生先在木板上一定的距离钉上两个钉，在两个钉之间来回绕尼龙绳，大约20来次，再将一头取出，穿进一个20厘米来长的橡胶（实质上是提手）里面；最后将橡胶中间叠起，在橡胶的两边线圈上开始编织网兜……过程虽然复杂，但是技能技巧很简单，还没有发现哪个小学生不能完成任务的。小学给每个小学生规定了任务，具体期限内要完成多少数量的网兜编织。为了多完成任务，这些小学生们不仅自己变得更勤快，而且以金钱“诱惑”弟弟妹妹们加入进来。刚开始，弟弟妹妹们只是在一旁观“战”，觉得有意思，想加入战团，哥哥们还偏不让，等弟弟妹妹们真的手痒了，再教其编织；等弟弟妹妹们不想编织了，再提出分一部分钱给弟弟妹妹们。这些招数很见效，大多数弟弟妹妹们中招。当然，最后的结果是好的，哥哥们完成了学校交给的任务，弟弟妹妹们既过了瘾又挣了钱。偷工减料的人什么时候都会存在，大部分小学生按照标准的尺寸来编织，少部分小学生会想出各种办法来加大网兜的缝隙，还劝说其他的小学生效仿，当然，最后的结果是老师批评和惩罚。

2. 大队自办的龙霓小学：龙霓学校与严岭学校的合并

龙霓联校拆分后，各大队自办小学。龙霓大队自办龙霓学校，严岭大队自办严岭学校。为应急，龙霓学校和严岭学校分别租用私人房屋进行了一年教学。1977年，由于龙霓大队和严岭大队合并为龙霓大队，因此，这两个大队的学校也跟着合并。合并后的学校叫做龙霓小学，名义上是小学教育，

图6-1 龙霓大队自办的龙霓小学

图 6-2　山边龙霓小学八五届全体师生毕业合影

受盲目普及初中的影响，实质上大多数小学戴上了初中的帽子，变成了七年制，包括小学五年和初中两年，当时这种小学被称为“戴帽子的小学”。直到 1980 年以后，这个帽子才“揭掉”，初中移到石山中学开办。至此，村办小学才真正成为完全小学。

为迎接龙霓小学的开办，龙霓大队于 1978 年由大队集体出资在龙霓山脚下开始建造新学校。大队一方面请河南人专门烧砖，另一方面摊派各小队出人工（一个小队出一个人），再加上所邀请的大队内外的木匠、瓦匠师傅，共同建造了新学校（见图 6-1）。

师资力量既包括来自龙霓联校的四名本大队教师，也包括从大队里新征招的八名教师。图 6-2 是当时山边龙霓小学八五届全体师生毕业合影。

新办的龙霓小学还在索河镇教办的领导和支持下开办了一个印刷厂，作业本、卷子、备课本、日常用品、表格等产品，销往索河镇其他的学校；印刷厂盈亏自负，村里或镇里不帮忙联系销路，收益由学校支配，包括给工人和老师发工资和津贴。

40 岁左右的村民都曾在这个小学里就读过，对课堂教学管理和课外活动都印象深刻。课堂教学管理应该说非常严格，村民 YYX 介绍，有一次上数学课，数学老师正在讲卷子上的题目，其中一个题目非常难，班上绝大多数学生都没有做出来。这个村民虽然不是班上最好的学生，但恰好将这个题目做出来了。为了显示自己已经懂了，这个村民故意没有听讲，将数学教材翻开了几页，其实也没有看，只是想证明自己已经会做那个难题了。因为班上很安静，数学老师马上发现了这个村民的举动，可能觉得自己的威严受到了挑战，立刻走到这个村民的身旁，抡起巴掌给了这个村民一个耳光，然后继续讲授那个难题，这个村民只能委屈地流下了眼泪，在怨气中度过了那节课。还有一次上语文课，一个调皮的学生私下跟同学讲话，没听老师的讲课，这个语文老师很是愤怒，走到教室后面拿起一根树棍（记不起这个树棍平时在教室有什么用了）恶狠狠地给了这个学生几棍子，这个学生没有任何反应地接受了，班上也安静了。这些在班上受到了惩罚的学生，一般回家不会跟自己的父母申诉，如果同学将发生的情况告诉了自己的父母，自己的父母不仅不会主动找老师投诉，而且还会大声呵斥自己，为什么不遵守班上的纪律。体罚、惩罚在那个时代很常见，老师觉得学生不听管教，违反了纪律就应该承受；家长觉得老师管得严一些，更有利于自己孩子的成长；学生觉得既然自己管不住自己，或自己想出风头，就应该接受老师的体罚或惩罚，这些跟吃饭、睡觉一样，都是非常自然的。

课外活动是大家最高兴的时刻。村庄小学也没有什么可供学生自由活动的器械，学生们除了自己找乐以外，最有印象的活动要算打乒乓球了。可能是课外活动太单一，他们无论是课下还是课后，都要去打乒乓球。全校只有一个水泥台子，哪个班的学生先占领了，就归哪个班玩。问题出来了，无论哪一个班，都有很多人，这么多人如何玩呢？这些小学生形成了一个玩乒乓球的规则，首先由乒乓球拍的持有者先上场，由持有者主动挑选一个对手，三个球定胜负，胜者继续，当时叫“做皇帝”，负者排到队伍的最后等着下一次机会，依次进行。乒乓球拍的持有者自然水平高一些，因为他练习的机会也多，愿意教他的人也很多。当他认为某个同学很讨厌时，直接发一个很旋转的球，没有经验或很少接触乒乓球的同学直接就挂了，饱含怨气地排到队伍后面去了；当他喜欢某个同学时，就发一个非常普通的球并且来回次数很多。当然，如果自己不小心，输了一个球，后面两个球肯定是很旋转的球，直接将这个同学打掉。最有意思的是，绝大多数买不起球拍又非常喜欢乒乓球的同学，千方百计、想方设法让自己的哥哥或父亲做一个纯木板的乒乓球拍，虽然不好看，但打起球来乒乒乓乓，很是好听。

另一个村民 YY 还介绍了当时很少见的说相声的课外活动。有一年，不知道什么原因，村庄小学分来了一个正规师范毕业的年轻老师。这个老师跟那些只知道严格管理的乡村教师不一样，教学讲方法，对外面的事情知道得也比较多。临近六一儿童节了，每个小学要准备一个节目，到时一起汇演。于是，这个老师在自己的班上找了六个学生，分两组，将稿子分别给这六个学生背诵，过了一个星期，从六个学生中选拔出两个对稿子特别熟练的学生进行排练。学生们一是觉得新鲜，二是觉得机会难得，很认真地接受老师的指导，多次排练直至熟练，最后到镇里去汇演时取得了很好的成绩。可惜这个老师过了一个学期就调走了，尽管如此，参与相声排练的学生至今仍怀念这个“不一样”的村庄小学教师。

3. 国家与龙霓村合资建的龙霓小学：龙霓山边小学的搬迁

原先大队自办的龙霓小学，因为安全无保障，交通也不便，所以，村委会一边向上级政府职能部门打报告，申请国家拨款；一边向企业、村民、尤其是在外地的工作人员寻求赞助；一边自筹经费。新的龙霓小学由国家和村庄合资、企业和个人捐款建成，其中村民人均捐款约 50 元，原先的山边学校则交付村庄统一管理。新校于 1993 年开始动工，1994 年竣工。据说，学校竣工时，村委会搞了一个村民现场捐款仪式（村委会之前已经组织村民捐过款），一个村民当场再捐款壹万元，村委会书记在学校教学楼的露台上现场展示了这笔钱（见图 6-3）。

图 6-3　村委会书记在学校教学楼的露台上现场展示村民捐款

同年 9 月份开始使用新学校。新的学校有 3 层教学楼，共 12 间教室，在校生最多的时候有 240 人左右，6 ～ 7 个班。由于计划生育等原因，学生人数减少，刚开始减少到 150 人左右，后来不足 30 人。

4. 龙霓教学点：龙霓小学降成龙霓教学点

由于打工浪潮的兴盛，部分学生跟随父母进城，村里常住人口急骤减少，就学学生人数锐减。生源不足使得龙霓小学降成龙霓教学点，只有 1 ～ 3 个年级，这种状况一直持续到 1998 年，最后一个班只有 10 个小孩。1999 年至 2000 年，龙霓教学点取消，1、2、3、4 组的学生转入石山中心小学，5、6、7、8 组的学生转入石港小学。小学印刷厂开至 2000 年，一方面机器陈旧，业务稀少，另一方面学校面临关闭，所以印刷厂的设备、产品上交索河镇教办。学校校址空置几年后转包给个人，办棉织厂。至此，村办小学完成了它的历史使命。在村办小学生源严重不足的情况下，各地政府按照小学就近入学、初中相对集中、优化教育资源配置的原则，进行农村中小学的布局调整。具体办法是对村一级学校进行教学资源整合，将一些生源较少、师资力量不完善或者教学硬件设备不太好的小学整合到附近的村庄小学，或者是撤销所有村小，在乡镇一级设立中心小学。龙霓山村所处的索河镇采用的是整合到附近的村落小学。这种整合虽然改善了教学条件，但是给村庄居民的孩子带来了诸多的不便，路途的遥远只是表面的不便，心灵的疏远更是深层的不便。

曾经历过转校读书学习的 YX 谈了自己的感受，石山中心小学比我们原来的龙霓小学看起来要好得多，有更明亮的教室、更宽阔的操场、更先进的教学设备，但是，我们刚开始还是很不习惯，因为置身其中我们心中充满了胆怯、孤独，身边的同学都是来自不同村庄的小朋友，他们有着自己村子小朋友的朋友圈子，他们有着不同的乡土气息，不同的眼神、不同的游戏方式，这让我觉得无法融入其中。而在原来自己村子里的小学则正好相反，熟悉的小朋友们玩在一起，其乐融融，无拘无束，我们的脾气秉性是相通的，我们小的时候是朋友，甚至我们的爸爸、爷爷在我们这个年龄的时候也是很好的玩伴，同班同学里面还有很多是亲戚，这种感觉特别温暖、特别幸福。只有在自己村子里的小学里才能有如此美好的氛围，每个村小的同学都喜欢在自己的村子里度过，自己的村子里有我们共同的记忆、风俗和爱。转校以后，距离远了，得起更早才能正常赶到学校，匆匆赶路的过程缺少了以往许多悠闲自在、呼朋唤友的乐趣。

YX 的父亲 YZX 谈到了村小取消后所带来的种种变化。村小取消后拉大了学生与学生之间的距离。在村小时，学生与学生之间存在多重关系，他们是家族关系、邻居关系、同学关系。这些关系非常“近”，“近”就意味着浓厚的乡土乡情，这对尚未独立的成长中的小学生来说是非常重要的，它意味着安全。然而，村小取消后，曾经要好的不同年级之间的伙伴选择了不同的学校，曾经要好的同一个班级同一个小组的同学被重新分到了不同的班级，他们不像原来那样经常在一起游戏了，不像原来那样经常在一起做作业了。村小取消后拉大了学生与村民之间的距离。学生上学和放学需要花费更多的时间，学生穿梭于大伯、叔叔、小姨家的场景越来越少，越来越多的“生分”出现在了孩子与村民之间。村小取消后拉大了学生与老师之间的距离。原来熟悉的老师分配到了远近不同的学校，家长与老师的交流更少了，孩子与老师的交流也更少了。在学校里，老师是教师角色，在课余时间，老师是或远或近的亲戚角色或乡邻角色，老师有更多的时间了解自己的学生，学生也可以随时随地向老师请教。村小取消后，身边的老师为了工作方便搬到了离村庄更远的工作的地点居住，学生的学习问题再也不能得到及时的解答了。村小取消后拉大了村民与村民之间的距离。很多孩子的母亲或爷爷奶奶为了学生读书方便也随着到学校旁边租房陪读，原本乡村的主人，不知不觉地成了过客，他们跟着孩子们的作息时间变化，每周或每个月回到村里取取衣物，顺便办点事，回来个一天两天，便匆匆地走了，时间长了，和邻里缺少了沟通。他们忙于打工赚钱，加上缺少了孩子的共同话题，很多时候他们难得驻足并闲话家常了。

（二）村办小学教师身份的历史变迁：由民办转公办

20 世纪 70 年代末 80 年代初，即大集体时期的教师绝大部分为民办教师，一般一个学校只有 1 个教师是公办老师，这个公办教师多半是校长。

民办教师一般只能到所在的生产大队拿工分，此外，小学民办教师每月有 6 块钱的津贴，初中民办教师每月有 9 块钱的津贴。所有教师星期六下午才放假。

1984 年实行土地承包政策，村办小学不得不取消工分制度，改用工资等形式支付教师的报酬。村办小学教师的工资分为公办和民办两类，公办教师的工资每月 60 元，由国家拨款支付；民办教师的工资每月 30 元，由学生学费和村里拨款支付，校办工厂补贴。当然，在过年过节时，所有的教师也都会有发钱发物这样的福利形式。

1984 年开始实行民办教师转公办教师的政策，即民办教师可以通过考试转为公办教师。YGX 等两名教师就是在 1984 年成为第一批通过考试转为公办教师的民办教师。讲述人孙老师是在 1985 年通过考试转为公办教师的。

20 世纪 80 年代中期以前，由集体实质上是村民来负担教育经费，由村里给工分，国家会给若干的补助和补贴，学生也需要交钱。在分田到户后，教师在下班后也会参加农业生产，“亦教亦农”。当时，也有教师主动退出教师队伍回归农民角色。后来实行 9 年义务教育制度，教师全部由公办教师组成，教育经费由国家负担。

YGX 是龙霓山村 3 组的一位村民，当民办教师多年，妻子原在小队务农，生有三个小孩，大的是女儿，两个小的是儿子。据村民讲，此人性格耿直、刚烈，但在数学教学上确实有自己的办法，他所教的班级的数学在全镇多数情况下得第一，在当地小有名气。因为能力强的原因，这位民办教师在率先转为公办教师不久后，就调到蔡甸城区一小学当数学教师了，退休后居住在蔡甸城区。他的妻子和两个儿子的户口跟着转到了蔡甸城区，过着城里人的生活。女儿出嫁了，大儿子在蔡甸街当老板，小儿子在政府部门当公务员。两个儿子最近还合伙在村庄的老宅基地上建起了两层楼的楼房。两老领着丰厚的退休金过着幸福的小日子。与 YGX 有着相似经历的孙老师，也退休了，只不过，孙老师一直工作在乡村，和老伴一起住在乡村。孙老师虽然年岁已高，但记忆依然很好，所有关于村庄小学教育的事，能不带间断地一一道来。平和乐观的性格，是孙老师仍然保持良好精神面貌的根本原因。

20 世纪 90 年代有关政策规定，1986 年以前从事教育工作的民办教师，可以通过考师范函授并在毕业后直接转正为公办教师。村办小学的 YWD、HYM、CSQ、XQY 等都是通过这个途径转为公办教师的。图 6-4 是国家与龙霓村合资建的龙霓小学的全体教师的合影。

后来武汉市在 2004 年出台新的规定，1986 年以前从事教师工作的可以全部转为公办教师，1986 年以后才从事教师工作的则“一刀切”离开教师队伍。人的命运就是这样不可测，在时间节点前和时间节点后参加民办教师工作的村民的命运发生了变化。1986 年后才从事教师工作的村民无奈地离开了教学岗位。对于普通村民来说，教师工作岗位虽然没有丰厚的待遇，但是比较稳定，是仍然留在村庄的农民的上佳选择。所以，离开教师工作岗位的民

图 6-4　龙霓小学全体教师合影

办教师们都是非常遗憾的。他们中大多数逃不开打工的命运。龙霓山村 3 组的 YSH，曾是号称“五杨”（小学时成绩比较好的五个杨姓子弟）之一的一杨。读小学时非常出色，读初中时很优秀，读高中时成绩也不错，高考未能考取本科院校；据说其成绩达到了专科院校的成绩，因家人未予关注而没能抓住机会。在村庄领导的引荐下，成为一名绝大多数村民羡慕的教师，尽管还只是民办的。离开民办教师岗位后，他先后去多个地方打过工，留着妻子在家照顾儿子生活和读书，妻子在村庄劳保厂上班。经过若干年的积累，他们在村庄很好的地段建起了楼房，在蔡甸街购买了商品房，儿子正在圆父亲的大学梦。妻子做了村庄的妇女主任，他本人也固定地在一家大型私人企业打工，退休后有退休工资。对于人生幸福来说，确实是条条大道通罗马。龙霓山村 5 组的 CXD，高中毕业后没考上大学，到城里打了两年工后，回到村庄当上了民办教师，同样是因为时间节点的原因离开了教学工作岗位。重新捡起了原来打工时学的油漆工手艺，经过多年的积累，养大了两个儿子，并在石山街上购买了小产权房，过着比较幸福的小日子。

（三）村办小学学生学习积极性的变化：由跳龙门到顺其自然

“穷则思变”，受访的孙老师认为村办小学的学生的学习积极性与家境有一定的关系，也与成绩有相关关系，还和家庭因素、社会因素有关。就家庭教育来说，农村现在比以前更加重视家庭教育，家庭教育的方式也有了很大的改进，毕竟，村民向往的职业主要是教师和公务员，因为是铁饭碗（村民是这么认为的），对教师的看法可以归结为“羡慕、嫉妒”，主要是针对教师的职业特殊性和较高的社会地位及薪酬。

以前的村民顾不上教育，现在则出现了很大的变化，许多村民给自己的孩子请家教或送出去培优。大集体时期，学生的入学率较高而且态度很好，一般很少有上课时出现吵闹的情况。如果出现吵闹的情况，当老师对学生施用口头或体罚等形式的惩罚时，学生一般没有还手的情况。师生之间有矛盾，但没有什么大的矛盾，一般都是一些小的矛盾，老师对学生也会有体罚措施，家长一般也持支持态度。现在不一样了，大部分小孩都是独生子女，即使家里有两个小孩的，家庭也都将他们看作是宝贝。不要说老师惩罚、体罚了，就是孩子在学校受了其他什么委屈，家长们都要上学校弄个一清二楚。

家庭过去一般没有条件过多地从物质上激励学生，现在一般则是不计代价地激励学生，家庭对教育的投资有了很大的提升。如果有学习不好的学生，家长也会对学生施加压力，但是一般不会强求，当然也不轻言放弃。

村民GZJ介绍，小学生的学习积极性与家长的态度有很大的关系。大集体时期，乡村和城镇的差别很大，就是同在乡村的半边户（一般是父亲在城镇工作），与纯粹的村民家庭之间的差别也是非常明显的。半边户家庭的孩子可以拥有更多的玩具、学具、课外书籍，可以不用做更多的农活如打猪草、捡稻谷等，可以在寒暑假时进城玩耍……这些给纯粹农户家庭的孩子以巨大的刺激，再加上家长们不停地唠叨，“不好好读书只能在农村一辈子赶牛（既指放牛，更指耕田时挥鞭赶牛）”，“只有努力学习，才能考读大学，才能不在泥土地里摸爬滚打一辈子，才能一辈子不受苦受累”，所以，乡村的孩子们自觉不自觉地将压力转化为动力，将“跳龙门”作为自己读书的梦想。改革开放以后，尤其是打工经济的兴起，乡村经济条件有了明显好转，城乡差别不是那么明显了，许多没读多少书的村民靠打工也发家致富了，家长对子女读书的态度不像原来那么积极了，孩子们也没有了原来那种不同家庭不同“待遇”的切身体验了，孩子们的读书积极性明显下降了些，家长们忙于打工也无暇顾及。整体上讲，孩子们的读书学习进入了一个顺其自然的状态。孩子们读书积极性高，成绩好，家长当然高兴，也愿意付出更多的读书成本；如果孩子们读书积极性不高，成绩不好，家长觉得也没有什么不好，只要身体好，将来哪里不能打工活命，即使觉得不好，也没有什么改变的办法。应该说，村民们对于孩子们读书的态度是十分矛盾的。一方面，人人都希望自己的孩子学习好，只要孩子有能力，他们就会辛辛苦苦地供孩子上学，用他们的话说，就是“只要孩子能考上大学，就是砸锅卖铁，都要供他上”；另一方面，家长又觉得学习是孩子自己的事，家长无从插手，孩子假如学习不好只能证明他不是读书的料，不适合学习，“那就随便上上得了，上到哪我供到哪”。

原村办小学教师孙老师指出，村庄小学的学生整体学习积极性是有所下降，这与乡村整个文化环境、精神环境的变化有关。人往高处走，村庄精英不断流出村庄，村庄文化环境和精神环境可以说是不断下降，这些对学生整体学习积极性的下降有着重要影响。毕竟，现在村庄的孩子们缺少可亲可敬的榜样了，书本上有，报纸上有，广播里有，电视里有，但那都缺少真情实感。你看，以往，如果哪家的老大考上大学了，老二、老三多半要考上大学，相邻的几家的小孩考上大学的概率也比较大。其实，村民根子上还是希望自己的子女能够通过读书融入城镇化进程的。每个村民都希望自己的孩子学习好，将来有机会上大学，找个好工作。做父母的，无论是过去还是现在，就是希望儿女以后能够有出息，人前人后像个样，像你们（调研者），都读到研究生了，都做到大学教授了，工作、家庭、房子、车子都有了，父母不用愁了，说出去父母脸上也有光彩。我认为，农村孩子要想有点出息，比较好的出路还是读书考大学。不读书，你一辈子就在社会上没地位，没人高看你。读了大学，机会就相对多了许多，发展前途也广一些。虽然现在大学生比以前多了，工作也不太好找了，但是再怎么着也比一般村民外出打工强。在农村，让孩子考上大学是每个父母的期望，自古以来都是望子成龙、盼女成凤，城里人不也是这样。所以啊，只要孩子能读进去，做父母的就一定会供他读书，砸锅卖铁都干！

（四）课程与教学方式的变化：由粗放变精细

国家规定的课程各个时期各个阶段，村办小学一般都开齐了。音乐、美术、体育没有专职的老师，一般是由其他任课教师代课，教师的任课任务比较重，一个星期有20多节到30节课，5个老师负责4个班或3个班的教学。后来情况有些好转，8个班有六七个老师，再到后来8个班有二十多个老师，师资情况大大改善。课程专业化开设的情况也明显好转。大集体时期，村庄小学的教师只有校长是公办教师，其他的教师都是民办教师，民办教师都是从有一些文化或学历的村民中抽调出来的。对于语文和数学这种通用性的学科来说，民办教师虽然缺乏教师专业化素养，但对于学科知识、技能还是基本能够掌握的。事实上，由于当时选拔机制的单一和缺少，村民中抽调出来的民办教师有少部分还很擅长教学，教学效果也非常好。然而，对于音乐、体育、美术这些特殊的学科来说，民办教师不仅缺乏教师专业化素养，而且根本不具备学科知识、技能。一方面，上级教育行政部门要求村庄小学尽量开齐各门学科，另一方面，村庄小学的师资专业化程度又不够。村庄小学的校长没办法，只好让这些民办教师赶鸭子上架，这个语文教师兼美术课，那个数学教师兼体育课……总体上说，课程都基本开设下去了。这种兼课的状况一直持续了很长时间，直到20世纪90年代，课程开设的专业化程度才慢慢得到提高。

传统的教学方式也有了很大的变化，由“灌输”到“启发引导”，由应试教育到素质教育。图6-5是国家与龙霓村合资建的龙霓小学的课外活动一景。这种变化既得益于国家不断倡导的教改观念，也得益于教师们对自己功课的不断熟练。具体到龙霓山村村办小学，小学一般分为1～3年级的低教组和4～6年级的高教组，教师在教学方面采取的是小循环惯例。在1～3年级的低教组任教的教师和在4～6年级的高教组任教的教师在各自组内分别循环。主要原因是因为教师水平参差不齐，或者有些人教不了高年级。当然，教师们也会通过自考之类的形式自费给自己的“充电”。在各自的任教组内，任课教师之间一直有传帮带，不懂的问题之间可以相互询问。教师们还有一个相互学习提高的途径是公开课，一般是一个季度一次，互相评价，共享经验，共同提高。村民回忆，当时小学升初中是要经过考试的，有的同学没有经过初中考试那一关，后来真的就辍学了，值得庆幸的是，那个辍学的同学在社会上学得很好，当上了老板。为了备考，语文教师给每个同学油印了大量的范例作文。语文教师认为，最重要的是能抓住作文题的精髓。每天上语文课，都抽出大量的时间让同学们背诵范例作文。如果论教学方式，这当然是灌输，但是比纯粹的教材知识灌输又有些进步。毕竟，在学生还没有完全学会表达自己思想的时候，帮助学生使用某些框架来表达自己的思想或情感，是必要的。也许在当时学生们会觉得很枯燥，但是也潜移默化地提升了学生们的素养。若论教学方式，最令人难忘的是数学教师。数学教师具体怎么上课，都记不清了，只是一次复习课后的练习课让同学们记忆深刻。复习课按照惯例是讲题，这没有什么新鲜的。复习课完成后，还剩下一点时间，这个数学教师在黑板上出了三道题，出完题后说，“这些题很难，班上大部分同学可以不用思考，也不用做了，哪些同学必须思考、必须完成呢，我来点几个名……”听完数学老师的点名，点到名且成绩好的同学非常高兴，因为被老师点名事实上是一种肯定、认可和鼓励；没有点到名且成绩差的同学也非常高兴，因为自己不用思考和做这些难题，可以先行离开了；没有点到名且成绩中等的同学心情复杂，以前一直认为自己还不错，结果老师并不认可，连名都没点自己的，觉得心情沮丧，想尝试思考和做一下这些题向老师证明自己吧，又觉得无从下手，题目确实很难。从今天来看，这个教学方式有些类似分层教学，但又不完全是，它漠视了一些同学的成长要求，它损害了一些同学的自尊心，当然它也激励了一些同学的上进心。或许这个老师是无心的，但它事实上确实给学生们带来了多样的心理感受。相比于语文老师的灌输式的教学方式，数学老师的愤青式的教学方式难以评价。

图 6-5　龙霓小学的课外活动一景

（五）教学效果的变化：由家庭学校社区一体化到学校单兵作战

各个时期各个阶段，村办小学对教师都会有考核方式。村办小学对教师的考核方式主要是量化评分，即通过比较本校同一年级之间教师所带学生的成绩来评判教师的教学质量，通过比较本镇不同学校同一年级之间教师所带学生的成绩来评判教师的教学质量。每个学期或每个学年，镇教育行政部门都要对村办小学进行量化评分，村办小学都要对所属的教师进行量化评分，主要的评价标准是总成绩，及格率，优生率，生均分等。当时学校或教师对学生的评价确实是一好代三好，只要某个学生的成绩好，就意味着其身体与品德也好，就能当三好生。分数或教材知识的掌握程度是教师关注的中心，而学生的身体和品德发展只能留给学生家长来关注，事实上，学生的家长们因为生存的艰辛也很难去关注。不过，公平地说，绝大多数乡村少年的身体与品德都是非常好的。这些少年很小的时候就参加适合的生产劳动，既锻炼了身体，也养成了品德。

早期，村办小学的教师只有校长一个人是公办教师，村办小学的绝大部分教师是民办教师，他们的待遇差不多，努力程度没有什么差别；要说教学效果的差别，那可能主要来自于能力素质和教学方法的差异。你得承认，虽然大家都是民办教师身份，都没有受过专业化的训练，但能力的差异是客观存在的，悟性不同导致教学方法的差异也是不可否认的。后来，国家政策的变化导致部分民办教师转成了公办教师，村办小学的教师分化成了民办教师和公办教师两个群体。关于民办教师与公办教师教学效果的问题，尽管民办教师与公办教师之间因为待遇差别会影响教学效果，但是不会有很大的影响。在某些情况下，民办教师由于竞争压力的问题，所带班级的学生成绩反而会更好。一方面是因为民办教师更加珍视教师这个身份，毕竟，教师是村民向往和敬佩的职业；另一方面是因为这些民办教师希望用自己的教学效果证明给学校或上级教育行政部门看，如果哪天有民转公的指标，自己是最有资格或最有资格之一的。民转公的孙老师介绍，村办小学的“累活”“脏活”，公办教师们没有积极性干，但民办教师却抢着干。后来一段时间，带毕业班的教师一般都是民办教师，这就是一个明显的例证。

关于学生成绩差异的问题，受采访的孙老师认为，学生之间成绩的差异主要是由个体差异引起的，遗传因素与后天的努力勤奋等因素成3∶7的比例，当然也与家庭教育，教学方法，教育技能，心理教育，班级管理等问题息息相关。

在大集体时期，一般高考或者中考考得好的学生，村里或镇政府会通过“敲锣打鼓”等形式给相关学生的家庭送奖状或者礼品。这客观上促进了同学之间的互相比较和赶超，对教学效果也能起到促进或激励作用。接受采访的孙老师表示，教学效果的变化不仅受村办小学内教学质量的影响，而且受整个村庄社会教化状况的制约。个人始终是离不开环境的，村庄重视教育，村办小学的教学效果就会更好一些。比较过去与现在，村办小学的教学专业化程度肯定是提升了，但是教学效果可能下降了，这里面的原因就是现在社会教化弱了。村庄精英不断流出村庄，现在因村小合并连教师也流出村庄了，这对村庄的社会教化水平产生了重要影响。教师作为村庄少见的“文化人”，在乡村中可以起到引领文化和文明的作用。乡村教师不仅影响着孩子们，而且影响着村民的言行。乡村教师是文化与文明的传播者，乡村教师如何讲话，怎样做事，时时刻刻都在影响和感染着学生，学生虽然不能天天照着教师的方式说和做，但久了必然会形成密切相关的语言和行为习惯。乡村教师的素质修养和举手投足往往也会成为村民学习的榜样。乡村教师可以结合乡村实际，不断审视乡村现存的规范、制度与道德准则，指出其不合理之处，提出改进策略；乡村教师也能运用自己的知识对乡村生活进行反思，对其中存在的问题进行批判，并在批判中传递自己的价值判断和思维方式。乡村教师的这些影响都是社会教化的途径。村小合并后，乡村教师远离了村庄，学生们虽然仍能在学校感受到教师的影响，但缺少了乡亲感觉的影响，教学效果无疑要大打折扣；乡村教师远离了村民，村民失去了懂他们的批判者和亲他们的示范者，村庄社会教化大受影响。

（六）伙伴关系及其变迁：由丰富到单一

改革开放以来，乡村经济发展从稳步前进到高速推进，乡村物质生活在迅速提高，精神生活在飞速变化。伙伴游戏的变化作为伙伴精神生活变化的一个小小的缩影，集中体现了伙伴关系的变化。20世纪60年代和70年代出生的小孩多少还记得跳方、踢毛儿毽、玻璃弹子、滚铁环、躲迷藏、爬树、打泥仗、射弹弓、玩火柴枪、游泳……这些陪伴着小伙伴长大的游戏，这些伙伴游戏至今仍令人回味无穷、甚至有些怀念和感动。虽然生于20世纪60—70年代小孩的童年时代，没有玩过后来出生的小孩所玩过的四驱车、卡通片、变形金钢、电脑、电子等游戏，但是，他们有着弥足珍贵的儿时玩乐画面和令人难忘的记忆。

1. 从课间自由游戏到班级集体整齐划一的体操活动

20世纪80年代，龙霓山村读书条件很简陋，村庄小学就几间教室、一个土操场、一个水泥台的乒乓球台、几个单杠和双杠，这就是孩子们在学校活动的主要条件。课堂学习虽然没有现在这么紧张，但也是比较严肃的，灌输式学习与现在基本上也没有什么区别。区别大的是课间活动方式。限于学校条件，原来的课间活动方式多是自由游戏，现在的课间活动方式多是整齐划一的体操活动。

据45岁左右的男性村民介绍，当时的课间游戏非常自由。两手空空的小学生玩得最多的游戏是“顶拐拐”。说起顶拐拐，乡间男孩子是最熟悉的了。顶拐拐具有“因地制宜”的特点，一般是年龄相仿的两人对玩。先在地上画一个直径为两米左右的圆圈，两人都站在圈内，并都把左脚抬起（各人的特点可能不一，有的是左脚，有的是右脚），用右手搬住左脚，仅以右腿来支撑身体，使自为拐子状。摆好造型后，两人用左膝在圈内互相碰撞，直到将对方撞出圈外，或因一条腿支撑不住，迫使左脚落地才告结束，被撞出圈外或双脚落地者为负。这个游戏也可以是两群人对玩。两群人同时摆好拐子状，向对方人群发起“冲锋”，一个人找一个人，当一个人“干掉”另一个人之后，就帮助自己这边的同伴“干掉”同伴的对手，直到将对方的人全部“干掉”，自己这边获胜。打弹珠，又称“打玻璃珠”，也是男孩子们经常玩的课间游戏。弹珠的常见材质是玻璃，也有合金铁做材质的。对于乡间儿童来说，这些都是买不起的，他们更多的是用黄泥巴搓的泥巴弹珠。即使是黄泥巴搓的，他们也非常珍视。一个村民回忆，说有一次他借同学的黄泥巴弹珠来玩，不小心将弹珠弹到水沟中去了，结果两个人打了一架，为此还遭到了老师的责罚。弹珠玩法的基本原理是玩的人各出数枚，输者将丧失对弹珠的所有权。玩法通常是“出纲”或“打老虎洞”：在地上画线为界，谁的玻璃珠被打出去就输，叫“出纲”；或在地上挖5个小圆洞，谁先打完5个洞（弹珠要刚好进洞），就变老虎，然后打着谁，就把谁的玻璃珠吃掉，这叫“打老虎洞”。

据45岁左右的女性村民介绍，女同学玩得比较多的是跳皮筋儿和踢毽子。课间从书包里拿出皮筋儿，喊上几个小伙伴，按人数平均分成两队，轮流跳，技术好的就能多玩一会儿，技术差的就只有撑皮筋儿的分了。皮筋儿大多是用废旧自行车内胎为材料，用剪刀转着剪成长长的条，或者用几条结成长长的绳。按照皮筋儿的长短，跳皮筋儿分为跳单筋和跳双筋两种，跳双筋需要皮筋儿更长一些。跳皮筋儿时，高度从脚踝处开始到膝盖，到腰到胸到肩头，再到耳朵头顶，然后举高“小举”“大举”，难度越来越大，跳者用脚不许用手钩皮筋儿，边舞边唱着自编的歌谣。如：你跳一我跳一，马兰开花二十一，二五六、二五七，二八、二九、三十一……开始跳时，跳的一人先站在皮筋儿的一侧，用右脚勾住皮筋儿并压下，左脚从皮筋儿的一侧跳到另一侧，脚尖稍点地，再把脚放回原侧，然后再跳到另一侧，用脚压筋再放筋，让皮筋儿弹起。这时跳皮筋儿的人已由原来的一侧站到了另一侧，而后再勾筋、压筋，用同样的跳法再回到原来的一侧，如果全部顺利完成，为跳完了一级。接着再以同样的方式跳第二级、第三级……就这样一级一级地加高，直到因皮筋儿太高而抬脚够不着为止，就算作“坏了”。在跳前几级时，如果脚下的步伐紊乱，偏离了游戏规则，也视为“坏了”，就要让撑皮筋儿的人跳，自己换成了撑皮筋儿的人。踢毽子也是最常见的课间游戏。踢毽子一般是两人或三四个人一起玩，玩的种类也很多。左腿支撑住身体，用右脚的内脚背把毽子踢起，脚落地后再把毽子踢起，称为“踢”；左腿支撑身体，将右脚抬起不落地而不停地踢毽子称为“撩”；用脚尖踢称为“蹦”；用外脚背踢称为“外拐”；右脚连续地踢，偶尔间用左脚踢一下称为“过海”……

据村民回忆，中午时分，几个伙伴聚在一起听评书，是常有的事。这也为课间增加了谈资，可以看成是一种语言游戏。一张大脸吊着嗓子讲评书的刘兰芳是我们小时候的偶像。那时候我们看不着刘兰芳，刘兰芳的声音从收音机里传出，传出一个英雄故事，传出一个是非观念。所有人都小心翼翼地听着收音机里时断时续的刘兰芳的评书。下午一群小孩子在一起分享故事，分析下文，当然，我们学到的更多知识是朱仙阵、是挑滑车、是十二道金牌、是把你这奸臣杀了、是哇呀呀呀呀呀呀、是刀枪剑戟斧钥钩叉。我们打架时不再只是把对方当成美蒋特务，他们还是秦桧还是完颜阿骨打还是哈米嗤，我们又多了一种乐趣。说到听评书时，这个村民还讲了一个有趣的故事。一天，小哥俩正听着爸爸刚托人买的收音机播放的评书，忽然，小弟弟被同伴邀请早些去学校玩，小弟弟坚持临走时要将收音机关掉，理由是下午回来接着听。小弟弟天真将收音机当成了“录音机”，以为，听到哪，停下来，放学回来后可以自然接着听。

20 世纪 90 年代，尤其是 21 世纪以来，乡村小学的规章制度与城里的小学一样，都变得越来越规范了。小学孩子们的课间活动变得更整齐划一，中小学普遍推行广播体操，各个班级的孩子站成整齐的队形，随着广播的口令一起做相同的动作；即使没有整齐划一的统一行动，一般来说，自由的嬉戏追打在学校是绝对不被允许的，文明、有序、讲究规则、有组织的活动取代了以前的自由游戏。此外，乡村公共生活的缺乏，劳动体验的减少，客观上也造成了乡村小伙伴们谈话内容的贫乏与单调。

2. 从放学后的打猪草、放牛、干农活到完成学校布置的繁重课业

20 世纪 70 年代末期，龙霓山村仍处于大集体时期，每家每户为了挣得更多的工分，分得更多的粮食，家庭所有成员都承担着力所能及的生产职能。孩子们放学回家后要帮大人做农活，比如在农田里捡稻谷，论重量积工分；帮大人打猪草喂猪，以完成家庭生猪派购的任务；帮老人放牛，以获得有限的工分。干农活、打猪草、放牛是绝大多数家庭的小孩子们必须要做的事。在这些活动中，小孩子们结成了亲密的伙伴关系。

伙伴关系免不了冲突，甚至可以说，冲突是常态。因为某些小冲突，今天和你好，明天不和你好是常有的事情。小伙伴们为了建立“统一战线”，拉拢一些小伙伴，排斥另一些小伙伴，可能会使尽浑身解数。为了达到自己的目的，有的小伙伴拿出自己珍藏的“小人书”，即带图画的故事书，有的小伙伴拿出自己平时都舍不得玩的新玩具，有的小伙伴拿出大人送给爷爷奶奶的零食给大家分享。“曲线救国”也是常有的事。据一个村民介绍，自己的哥哥与另外两个同学是朋友，自己的哥哥比较温和，另两个同学则比较强势，经常闹出矛盾；闹出矛盾后，都想拉拢自己的哥哥。有一天，自己去水塘洗衣服，半路上就被哥哥其中的一位同学拉住了，许诺只要弟弟能劝说哥哥跟他好而不跟另一个同学好，就能享用几本“小人书”的阅读。为了能享用“小人书”，自己假装答应了，回去也没有跟自己的哥哥细说。

伙伴关系免不了打架。对于40岁以上的村民来说，男孩子们之间的打架通常是具有回味绵长价值的回忆话题。当男孩子们打起来时，有闲着的大人在旁边笑眯眯地看，不到万不得已绝不会去拉，哪怕双方脸红脖子粗怒不可遏。失败的哭着回家的孩子大多不会得到父母的声援，相反，他们还会大声呵斥：又“出去被人欺负了，你可真窝囊”。于是，孩子的哭声更响，但可能是过了一个小时，也可能是过了一天，他又会跑出去，打呀杀呀的了。

伙伴关系更多的是一块儿做游戏。打猪草、放牛、干农活时的间歇时间是有限的，所以，这个间歇时间的游戏必须简洁快速。“打片儿”（家乡俗语，即用纸折成的方形纸块）和“下方”正符合这种要求。小孩的片儿多数是用旧书本里面的纸或已经用过了的作业本折成的，也有用报纸或者牛皮纸折的。玩法有两种：一是在光滑的地面上玩，二是在土窝里玩。一人或多人都可以玩，用石头、剪子、布来决定谁先打，谁的片儿被打翻，那个片儿就归别人所有。要说好玩一点的就是玩土窝的那种，撺一小堆土，用脚踩一小坑，将片儿放到里面，越难打越好，但不可用手推，对方找好角度，抡起胳膊使劲往对方的片儿下面打。记得在打片儿时候，为了顺利将对方的片儿打翻，有的小孩甚至穿上爸爸或者妈妈的大褂子，为的是袖子宽大可以扇风助力。更多的时候，小孩不小心会将自己的手指触到地上，极端情况下甚至打翻手指甲，手指甲受伤或充血则是很常见的。下方可看成是乡村围棋。下方时先用横竖各六条线画成方格，由两人对玩。每人拿九颗子，第一次把自己的子摆于每一方格的顶点处，如若一方的四子正好摆成一个小正方形时，就可吃对方一子。所以，每一方在设法使自己的子摆成小正方形的同时，尽力扼制对方的四子摆成正方形，直到一方把对方的子吃得剩下三子时，对方告负。打猪草和放牛时，下方的游戏玩得最多。

随着乡村生产方式的转变，也随着计划生育的深入人心，乡村的孩子们越来越宝贝，父母越来越舍不得自己的小孩吃苦，于是，乡村的小孩既离农活越来越远，也离伙伴越来越远。与此同时，应试教育的重心逐渐下移到乡村小学、中学，造成留守在家里的小孩子的学业繁重的问题也渐渐凸显。据村民介绍，乡村已经有不少的家庭小孩以各种方式在培优。我们在驻村观察和访谈的过程中了解到，由于农村许多家长文化水平低，教育方法简单、粗暴，对子女的过错、学习成绩不理想，不是打就是骂，不尊重孩子的人格，这种“高压”造成了孩子的心理畸形。加上双亲都外出打工，把孩子留给爷爷奶奶或其他亲属抚养，更造成了留守儿童心理上出现了许多问题。大多数爷爷奶奶非常溺爱自己的孙子孙女，最多照料照料他们的衣食生活，对于学习及道德品格上的教育可以说是一项空白。

乡村现在的小孩在成长的过程中需要完成繁重的课程任务，包括语数外、政史地、理化生，升学的压力，中考、高考，上重点中学，读名牌大学，在学习的重压之下，现在的孩子们很少有 70 年代和 80 年代时的孩子们一起放牛，一起追打，一起嬉戏时的乐趣。

3. 从晚饭前的乡间玩伴游戏到电视、网络

20 世纪 70 年代末期，龙霓山村正处于大集体的晚期，虽然计划生育从政策层面已经开始倡导，但由于劳动力的多少对于家庭生活改善的意义重大，所以，每家每户孩子多，平均 3 个是不夸张的。以每个小队 25 户左右来计算，居住在一个小队的小孩估计有 70 ～ 80 人。以三个年龄段来区分，每个年龄段的小孩得有 25 人左右。每个年龄段的小孩有每个年龄段的玩法，但不管怎样，在一起玩耍是孩子们的天性。到了傍晚，夕阳炊烟，暮色渐浓，以小队为单位的乡村开始热闹起来。干农活、打猪草、放牛的小孩全部集中到了一起，不知是哪个小孩率先引入了各种各样的游戏和游戏规则，层出不穷、花样繁多的游戏成为乡村小孩枯燥单调生活的重要调味品。

个体展示性很强的游戏中，滚铁环算是代表。滚铁环是 20 世纪 70 年代男孩子的炫技宝物，拥有铁环就如同现在的孩子带着滑板上学一样，非常风光。玩法是用铁勾推动铁环向前滚动，以铁勾控制其方向，可直走、拐弯。滚铁环的动作有一定的难度，需要一定的技巧。技术好的小孩子能把铁环从家一路滚到学校，绕过各种障碍，别的孩子只有在一旁艳羡的分。那时候在放学的路上，经常可以看到一群背着书包满头满脸脏兮兮的男孩子，手里拿着铁钩，推着铁环奔跑在马路上，哗琅哗琅的声音响成一片，场面颇为壮观。除了上楼梯，只要是人能行走的路，就能滚铁环。滚铁环的速度快慢均可，但太慢会倒下去，像骑车一样。快到什么速度，你能跑多快都行。滚铁环的技术一学就会，又熟能生巧。为了能够跟小伙伴们同玩同乐，或者至少不落后，每个小伙伴都尽全力缠着大人或哥哥做一个，哪怕粗糙一些，但必须有一个。所以，傍晚时分，村民们就可以看见排成一纵队或排成圆圈的小孩们玩滚铁

环的“人文景观”了。

群体参与性很强的游戏中，男孩子的集体游戏是躲迷藏。龙霓山村的房屋大多依地势而建，众多房屋排列一点也不规整，甚至可以说有些零乱。虽然从建筑的角度来说，一点也不美观，但从孩子们的躲迷藏来说，是天然的好地方。再加上，20 世纪 70 年代末期，每家每户的房前屋后都有用作菜园的自留地，为了防止牲口破坏，每家每户都用土墙将菜园围起来了，这些围起来的土墙和周围茂盛的树木都为躲迷藏游戏提供了天然的场所。躲迷藏的通用规则是必须由一个人当捉人者（捉人者通常称为“兵”“鬼”），其他人则当匿藏者，被捉到的人必须跟在捉人者的后面，捉到所有的人才算胜利。这种游戏当然不会只玩一盘，有时天色近晚，有的扮演捉人者角色的小伙伴，或者开玩笑，或者被大人逮回了家，让那些躲着的小伙伴一直躲着，直到有人猜疑，“是不是某某某回家了？”于是小伙伴们才骂骂咧咧地各自回家去。如果说，躲迷藏的游戏还有这种那种误会的话，“拍一二三”就很“光明正大”的了。一群小伙伴首先推出两个跑得最快的首领，然后，这两个首领轮流选拔自己的队员，当所有的人都成为队员后，两个首领在距离 100 米的地方分别画个圈作大本营。在圈内，队员是自由的，对方队员无权进来抓人，在圈外，只要被对方队员追着在背上连续拍了三下，那么，这个队员就“死了”，不能再作为队员了。为了鼓励竞争，每个队员不能在大本营停留太长时间。一方面，小伙伴们为了一试身手，都纷纷跑出圈外逗引对方队员来抓自己；另一方面，自己也不能在大本营停留太长时间，所以不得不稍作歇息，便外出奔跑。当某方所有队员都被对方拍了三下，就分出胜负了。

女孩子们也不甘示弱，除了踢毽子和跳皮筋儿这些常见的游戏，傍晚时分玩得比较多的是跳方。女孩子们几乎每个人都有好几个用两块长方形的花布围缝成一个拳头大小的方状袋，里边装入一些粮食或沙粒纱布袋，那是跳方方的工具。跳方是女孩子们经常玩的一种游戏，两人或三人都可以一起玩。玩时在平地上画下一组组合方块。因为这组方块很像一架飞机，所以，女孩子们也通常称之为跳飞机块。在玩之前，一般先用“石头、剪刀、布”的办法确定跳的先后顺序。先跳的一人由近到远，把沙包小心地投入第一个方格内，而后依次跳到第九个方格内，再返回第一格中，捡起沙包跳出来，称为“跳一”。再把沙包投入第二个方格内，和前次一样地跳，称为“跳二”。就这样一直把九个方格跳完，然后背对方格，从头顶把沙包向后抛出去，沙包落入哪个方格，这个方格便是自己的“油房”。当锁住“油房”之后，另一个人就无权进入这个方格。如果沙包没有落到方格内，就不能锁“油房”。在跳的途中，如果沙包没有投进方格内，或者跳得不规范都为“坏了”，就轮到另一个人从“一”跳起。在单行方格内要用单腿跳，碰到并列两个方格时要“蹲”，就是能双腿叉地。当两人都锁了“油房”时，就为玩了一盘。

随着计划生育的实施，也随着人口流动的加速，乡村的小伙伴越来越少，玩游戏的小伙伴越来越难找了。随着网络的发展和信息化的加速，乡村现在的小孩子每天放学后主要是回家看电视，有条件的会上网，玩小游戏和浏览网页，还有的小孩拿着爸爸妈妈的手机玩，一玩就是半天，户外的活动时间很少。现在待在家里的小孩，完全没有了 20 世纪 60—70 年代小孩子在一起玩耍时的童真和乐趣了。

孩子们的成长环境从田野、河流、山坡变为了电视机前、游戏机前、网络世界面前，孩子们的谈话内容从如何捉鱼、哪里打草、哪有鸟蛋变成了什么电视剧最火、哪首歌好听、哪个游戏好玩。

据龙霓山村 1 组的肖爹爹说，我家的孙子（5 岁半的兵兵）现在回家就打开电视，看动画片，喊他吃晚饭都要叫好几遍，星期六和星期天有时候看一天，他的爸爸妈妈在外面打工，我们两老不识字，只能保证孩子吃饱穿暖，村里和他年级差不多的小孩就 3 到 4 个，其中的两个暑假到爸爸妈妈打工的东莞去了，村里同龄一起玩耍的小孩子基本很难找见。

二、村庄医疗卫生事业及其变迁

新中国成立初期，中国政府就致力于农村卫生保健网的建立和完善，1956 年，全国人大一届三次会议通过《高级农业生产合作社示范章程》，规定合作社对于因公负伤或因公致病的社员要负责医疗，并且要酌量给以劳动日作为补助，从而首次赋予集体承担农村社会成员疾病医疗的职责。随后，许多地方开始出现以集体经济为基础，以集体与个人相结合、互助互济的集体保健医疗站、合作医疗站或统筹医疗站。1959 年 11 月，卫生部在山西省稷山县召开全国农村卫生工作会议，正式肯定了农村合作医疗制度。此后，这一制度遂在广大农村逐步推广。1965 年底，全国已有山西、湖北、江西等 10 多个省、自治区、直辖市的一部分农村建立起农村合作医疗制度。至此，中国初步形成了以集体经济为依托的农村初级医疗卫生保健网，县设医院，公社设卫生院，大队（今村）设卫生室。[1] 龙霓山大队正是在 1965 年开始建立大集体背景下农村合作医疗制度，设立大队保健室。

随着人民公社制度在 20 世纪 80 年代的解体，与集体经济密切相关的龙霓山村的合作医疗制度解体了，乡村的基本医疗保健服务陷入自发状态。在党中央、国务院的领导下，通过各级政府的艰苦努力和广大农民的积极参与，到 2004 年底，全国有 31 个省、自治区、直辖市的 333 个县（市）开展了试点工作，龙霓山村所属的蔡甸区成为武汉市最早实施新型农村合作医疗的城区。新型农村合作医疗是以大病统筹为主的农民医疗互助共济制度，主要补助参加合作医疗农民的大额医疗费用或住院费用。其筹资方式是市、区财政补贴一部分，农民缴纳一部分，实现自助互济。

（一）集体经济时期：赤脚医生

1965 年以来，索河镇各村相继建起保健室，配保健员 1 ～ 2 人，索河镇最早的保健员是龙霓山村的 YYS。该村民出生贫寒，其父亲在 26 岁左右就因病去世，其母亲一人含辛茹苦地抚养两个小孩成人。据其母亲介绍，儿子之所以能成为保健员，一方面是儿子本人的初中学历在当时村民群体中相对较高，另一方面是自己乐于助人、乐善好施，以至于感动了推荐者（实质上是地区卫生机构的正式医生）。

1969 年，全镇各村普遍办起合作医疗，其医疗机构为“医务室”，配“赤脚医生”两人，其中一人为妇幼保健员。赤脚医生由大队物色并选派到公社卫生院接受专业培训，培训合格后回大队行医。那个时代，国家贫穷，医科专家奇缺，一时培养不出那么多有医学方面专业的医生，只有培训一批略懂医术的赤脚医生来应急所需。赤脚医生为解救中国一些农村地区缺医少药的燃眉之急作出了积极的贡献。作为保健员的 YYS 同志自然成为龙霓山村的赤脚医生。据 YYS 同志介绍，当时，参加培训的还有一人，只不过，那位村民

[1] 左停、唐丽霞主编:《变迁与发展：中国农村三十年》，中国农业出版社 2009 年版，第 319 ～ 320 页。

适应不了，主动放弃。经过为期一个月的培训，保健员自然转变成为赤脚医生。早期的医务室设在龙霓山大队第二生产队肖湾边上的抽水机房内，妇幼保健员兼职护士。

赤脚医生是农村合作医疗制度的产物，是农村社员对“半农半医”卫生员的亲切称呼，他们没有固定薪金。无医事时，医生赤着脚下田当农民，有医事时，正在田地干活的农民赤着脚“上岸”洗净双手当医生，赤脚医生正是对这种半农半医的特殊村民角色行为的形象描述。所谓农村合作医疗，指由社员和集体共同出资所建立的集体医疗互助合作服务制度。当时，大队的社员每人每年向集体缴纳 0.5 ～ 1.5 元钱，大队再从公益金中给每个社员每年补助 1.5 ～ 2 元钱作为合作医疗的运转资金，以购置必要的器具和药品。合作医疗制度建立以后，除了“五类分子”之外，一般社员看病，只需花 5 分钱的挂号费，药费全免或减半。

赤脚医生，只受过极短期的不系统的学习和训练，医学、病理等知识是比较低的，大病、重病治不了，复杂的病更不用说了。赤脚医生能解决的问题，通常是一些头痛身热，擦损外伤等小病而已。虽说是小病，但能及时救治，也大大方便了村民群众。一是他们没空到大医院去看病，二是到大医院看病交通也十分不便，三是到大医院看病费用高。因而，村民群众十分敬重赤脚医生。即使是日常疾病和简单救治，赤脚医生也要不断提高自己的医疗和救治水平，为了提高自己的水平，赤脚医生不得不经常学习《赤脚医生手册》。《赤脚医生手册》，出版于 1969 年，由上海中医学院、浙江中医学院等集体编著。它不按照传统的做法先讲解剖学、生理学、生化学、药理学，而是以问题为中心，清晰明了、简单易行、务求实效，成为医学教育成功的案例。据龙霓山村的老赤脚医生 YYS 同志介绍，在乡村当赤脚医生很辛苦，因为赤脚医生没有固定的薪金，只有微薄的工分补贴，所以，自己不得不白天赤着脚参加生产队劳动，不得不夜晚挑灯自学医学知识；一旦遇到医事，还要经常出诊，无论是白天还是晚上。在老年村民印象中，装着几片普通的药片，几支针药、一个针筒、几块纱布的醒目的印着红十字的药箱，就成为赤脚医生的典型形象。

医务室除了方便农民就地诊病之外，还同时承担起大队范围内的卫生防疫和妇幼保健职责，尤以卫生防疫职责为重。龙霓山村虽然地处山区，但因为大队行政建制归属于湖区，所以，一方面，村民要参加湖区的一些公益性劳动任务，如挑堤造河等，另一方面，为了积肥，村民们不得不轮流到湖里打草。湖里的劳作造成许多村民感染上了血吸虫病，赤脚医生的一个重要任务是配合上级卫生院预防和诊治血吸虫病。

总体上说，大集体时期农村合作医疗制度的建立对于龙霓山村医疗卫生条件的改善，科学卫生知识的传播以及政府对村庄公共卫生事业的规划与督导等都具有划时代的作用。

（二）土地承包时期：个体兼职行医者

1983 年起，各村医务室采取承包责任制，就医者皆全费，取消了合作医疗，“赤脚医生”改称“乡村医生”，“医务室”改称“卫生室”。原来集中在大队医务室的药品和设备最终都折价卖给了赤脚医生个人，赤脚医生转变成为乡村的个体行医者，个体行医者在自己的住所内行医。因龙霓山村原来的赤脚医生住在第三生产队杨湾里面，所以，龙霓山村的卫生室自然设在了杨湾 YYS 同志的家里。

或许是就医者皆全费带来的自由感，或许是设在杨湾的卫生室对于大多数村民来说不方便，或许是周边村庄的卫生室更加便利，或许是杨湾离石山街上镇卫生院的卫生所比较近，总之，龙霓山村卫生室的病人并不是很多。仅靠卫生室的收入显然无法保证正常的生活水平。于是，YYS 同志将行医只看作“副业”，而将主要精力放在了其他的生产方面。第一个方面是种田。种田是分田到户初期大多数农民首选的谋生方式，然而仅靠集体分得的全家 3 亩田地，显然只能管饱；为了能在田地这种自己熟悉的谋生方式上获得更多的利润，YYS 及其家庭租种了他人闲置的 5 亩田地。第二个方面是养猪。生猪派购既是集体规定的任务，又是农户比较熟悉的副业，所以，养猪自然成为获取利润的主要渠道。对于 YYS 及其家庭来讲，养猪有两个有利条件，一个是其妻子原来就在生产队养过猪，有很好的养猪经验，另一个是自己的行医经验能确保猪的生长过程少生病。第三个方面是种花。经朋友介绍，在自家菜园里种茉莉花，送到收购人（收购人再将茉莉花集中送到制茉莉花茶的商人手上）家里，就能获得一些收入。基于以上三个方面的情况，土地承包后很长一段时间内，龙霓山村的乡村医生只能算作是个体兼职行医者。

虽然，YYS 只将行医看作是一个不太重要的副业，但是，他也希望自己的这个谋生方式能得到子女继承。他有三个子女，老大是女儿，在镇卫生院的卫生所里当护士，吃商品粮，不需要另外的谋生方式；老二是儿子，在汉阳县一中读高中，成绩也不错，估计考大学的可能性比较大，有自己的发展前途；老三是儿子，正值初中毕业，眼睛不好，成绩也很一般，亟需长远的谋生方式。所以，他想将自己的行医技能亲自传授给自己的大儿子，让大儿子能接自己的班。大儿子，名叫 YZX，踏实肯干，勤奋好学。YZX 从其父亲那里也学到了众多的行医技能，只是因为其父亲的亲授观点影响了病人的认同（病人觉得医生还必须有正规的学历），也丧失了及时的发展机会。在 20 世纪 80 年代中期，政府卫生部门为配合赤脚医生向乡村医生的转变，为在任的赤脚医生提供卫校三年学习的机会，YYS 得到了这个机会，也得到了一个“指标”，这本可以给自己的大儿子提供一个非常好的发展机会；但是，YYS 坚持认为自己的儿子可以跟着自己学到很好的行医技能，主动将这个机会和指标让给了邻村朋友的儿子。正是这个决策失误，不仅延误了自己儿子的发展机会，而且也让邻村朋友的儿子学成归来后在影响力方面超过了自己和自己的儿子。

YZX 虽然跟着自己的父亲学到了比较好的行医技能，但因为没有正规的学历，得不到广泛的认同，因而，龙霓山村的卫生室近乎形同虚设。除了少数村民仍然在村卫生室就医，大多数村民寻求周边卫生室就医。在这种状况下，YZX 在黄石湖北师范学院教书的兄弟的介绍下，向生物系的老师学习种蘑菇的技术，学成后回家边行医边种蘑菇。随着蘑菇市场的饱和，种蘑菇的利润空间逐渐缩小，亟需寻找新的谋生方式。是继续寻找新的谋生方式，还是在行医技能上取得更大的进展？在 YZX 妻子的倡导和支持下，在亲戚朋友的帮助下，YZX 先后到黄石、蔡甸等地自行学习行医技能，到卫校系统学习医学知识，到医院全面观摩名医就诊技能。这些学习和经历不仅大大提升了 YZX 的医学水准和行医技能，而且扩大了在村民和就医者中的影响力，慢慢地，YZX 在村卫生室中的地位超过了其父亲。据说，原来村里来就医的病人来看病时，都要老医生，也就是 YZX 的父亲来诊断和治疗，后来，都要小医生，也就是 YZX 本人来诊断和治疗。慢慢地，YZX 的村卫生室的地位超出了周边的村卫生室的地位。伴随村卫生室地位的提升，在村书记和卫生院院长的倡导和帮助下，村卫生室从 YZX 自己家里搬到了公路边的房子里。可以说，经过周围朋友的帮助和 YZX 本人的努力，龙霓山村的卫生室用 20 年左右的时间真正实现了从赤脚医生向乡村医生的转变。只不过，医生角色从父亲 YYS 换成了儿子 YZX。

（三）新型农村合作医疗时期：乡村医生

1. 新型农村合作医疗制度

根据《中共中央国务院关于进一步加强农村卫生工作的决定》（中发〔2003〕13 号）和《国务院办公厅转发卫生部等部门关于建立新型农村合作医疗制度意见的通知》（国办发〔2003〕3 号）及湖北省新型农村合作医疗试点工作有关要求，结合武汉市实际，武汉市卫生局拟定了《武汉市新型农村合作医疗试点工作方案》。2003 年 8 月 29 日，武汉市人民政府办公厅转发了《武汉市新型农村合作医疗试点工作方案》。

这个方案提出了新型农村合作医疗制度，即实行个人缴费、集体扶持和政府资助相结合的筹资机制。具体说来，首先，个人缴费。参加新型农村合作医疗的农民个人缴费标准由各区根据实际情况确定，但每人每年不得低于 10 元。乡镇企业职工和外出打工人员（不含以农民家庭为单位参加新型农村合作医疗的人员）是否参加新型农村合作医疗由各区人民政府确定。农村五保户参加新型农村合作医疗个人缴费部分，从税费改革五保户供养转移支付资金中缴纳；特困户个人缴费部分，从扶贫资金中解决。其次，集体扶持。有条件的乡村集体经济组织应对本地新型农村合作医疗制度给予适当扶持，扶持新型农村合作医疗的乡村集体经济组织类型、出资标准由区人民政府确定，但集体出资部分不得向农民摊派。鼓励社会团体和个人资助新型农村合作医疗制度。第三，政府补助。市级财政参加新型农村合作医疗的农民按每年人均 10 元安排补助资金，区级财政按每年人均 10 元安排补助资金。在实际中，这个方案所提出的新型农村合作医疗制度的操作方案是：农民以家庭为单位全员自愿参加，每人每年缴纳合作医疗基金 15 元（五保户个人免费，由民政部门出资），市、区两级政府财政给予每人每年补助 20 元。农民缴费中的 10 元直接划入家庭合作医疗账户，专门用于家庭成员的门诊补助；其余 5 元与市、区两级财政的补助资金捆绑，用于参保者的住院补偿。补助金额按实际住院费用的一定比例报销，最高者可获 3000 元补偿，个别特困户重病患者最高可获 1.5 万元补偿。

2011年8月2日,《区人民政府关于调整蔡甸区新型农村合作医疗实施办法的通知》指出,为进一步提高参合农村农民的医疗保障水平,提高新农合基金使用效率,根据上级有关意见精神,经区人民政府研究同意,并报市合医办批准,现对《区人民政府关于印发蔡甸区新型农村合作医疗实施办法的通知》(蔡政〔2011〕3号)有关政策作如下调整:"一、提高筹资标准。个人缴费标准,参加新型农村合作医疗的对象个人缴费标准由每人每年30元提高到每人每年40元,2012年起缴费标准每人每年为50元。政府补助标准,中央及各级地方财政加大对参加新型农村合作医疗的农民补助资金,其中,中央财政每人每年补助108元,省级财政每人每年补助64.2元,市区财政每人每年各补助31.4元。同时,政府积极支持低收入重病患者、重度残疾人、低收入家庭老年人等特殊困难群众参加合作医疗,并加大资助力度。""二、新型农村合作医疗门诊统筹基金的提取由每人每年30元调整为按人均筹资标准的20%,以街乡镇为单位包干使用。""三、加大参合农民的补偿。参合农民住院发生的医疗费所获得的补偿实行年度封顶与比例控制相结合,年度补偿封顶数为每人每年8万元。街乡镇卫生院起付线为100元,补偿比例为85%。区级医院起付线为200元,补偿比例为80%。转诊到市属二级定点医院起付线为800元,其中,800～5000元,补偿比例为60%;5000元以上部分,补偿比例为65%。转诊到市属专科定点医院起付线为1000元,其中,1000～5000元,补偿比例为60%;5000元以上部分,补偿比例为65%。转诊到市属三级定点医院起付线为1200元,其中,1200～5000元,补偿比例为60%;5000元以上部分,补偿比例为65%。转诊到省属三级定点医院起付线为1500元,其中,1500～5000元,补偿比例为55%;5000元以上部分,补偿比例为60%。""四、凡错过当年个人缴费时限出生的新生儿,出生时发生的医药费用,可合并在其参合母亲发生的医药费中补偿。""五、参合农民因患重症或慢性病(符合规定病种)的门诊费用纳入门诊统筹基金支付范围,年度封顶数为每人每年15000元,补偿比例为50%。""六、街乡镇卫生院统一配备和使用国家基本药物目录和湖北省增补的177种基本药物目录内药品,药品监管部门要加强药品质量监管。""七、按照《卫生厅人社厅民政厅财政厅残联等五部门关于将部分医疗康复项目纳入基本医疗保障范围的有关要求》(鄂卫发〔2011〕10号)精神,将9类残疾人康复项目纳入新型农村合作医疗支付的诊疗项目范围，并严格按其申报程序审批。”“八、本通知从2011 年 6 月 1 日起执行。”

2. 新型农村合作医疗带来了优质的医疗服务

新型农村合作医疗制度给广大村民带来了福音，村民们都说：“有了自己的医疗保障，心里踏实多了。”新型农村合作医疗制度重构了村民、乡村医生、医疗系统和各级政府的关系，这既是对传统农村合作医疗制度的创新，也是对乡村卫生室管理的科学化与规范化。在新型农村合作医疗制度的框架下，龙霓山村卫生室得到了规范化管理。就服务地点来说，龙霓山村卫生室由原来乡村医生 YZX 自家的房屋搬到了村里新建的党员群众服务中心处，位于龙霓山村第一小组肖家集的公路旁。就服务时间来说，乡村医生 YZX 每天 5 点起床，不到 6 点打开卫生室的大门，等候病人来就医；每天晚上 9 点 30 左右关门回家，为了不影响病人就诊，大多数时候由家人送饭到卫生室不定时就餐。就服务态度来说，乡村医生 YZX 不仅得到了龙霓山村男女老幼的喜爱，而且得到了索河镇内其他村民的认可。“轩子、轩子（医生的小名）”，不仅成为索河镇男女老幼的口头禅，而且也成为龙霓山村卫生室的代名词。

龙霓山村的优质医疗服务，得到了周边来龙霓山村卫生室看病的病人们的认可，并被这些病人们传诵。这些病人宁可放弃自己所在乡村卫生室的新型农村合作医疗优惠（新型农村合作医疗制度的实施基本单位是各乡村的卫生室），也要去龙霓山村卫生室享受优质的医疗服务。对于大多数周边乡村的病人来说，事实就是这样，而对于横岭村的病人来说，则既是事实，又是不得不如此。因为乡村医生行医压力太大，横岭村卫生室的乡村医生放弃了行医资格，主动外出打工，所以，横岭村的村民事实上处于有新型合作医疗制度但却无享受在本村卫生室就医有报销部分药费的机会。在横岭村村民的广泛要求下，横岭村的村支书和主任多次来龙霓山村沟通，希望能将横岭村的新农村合作医疗并入龙霓山村，然而，因为压力大，事务多，龙霓山村的医生 YZX 断然拒绝了。横岭村要求将新型农村合作医疗并入龙霓山村而不是其他邻村的事实，从侧面也说明了龙霓山村医疗服务确实比较优质。

3. 乡村医生“训中学”的制度保障了新型农村合作医疗水平不断提升

为了保障新型农村合作医疗水平的不断提升，卫生主管部门建立了比较完善的乡村医生“训中学”制度。“训中学”的制度主要包括两类：一类是日常的年度岗位培训，一类是再注册培训（实质上是资格培训）。下面以两个通知为例具体予以说明：

关于开展2012年度乡村医生岗位培训工作的通知

各街、乡、镇卫生院：

根据2012年度医改五项重点工作安排，《湖北省2011年中央农村卫生人员培训项目实施方案》、《武汉市2012年农村卫生人员培训项目实施方案的通知》等文件要求，结合本区实际，开展农村卫生室人员岗位培训工作，现将有关事项通知如下：

一、培训对象：在册乡村医生（分批名册附后）。

二、培训形式：采取课堂教学与远程教育相结合的方式进行，远程教育与“好医生医学教育中心”合作进行，学员持卡上网自学，时间一周。课堂教学以医学理论知识强化学习为主，拟分批交替轮训，每轮一周，直至完成全部课程学时。

三、培训教材：由武汉市第二卫校组织编印、免费发放给受训学员；“好医生医学教育中心”另提供网络教学配套设施方面的支持。

四、培训经费：全免。

五、培训时间：第一批：2012年8月10上午、9月24—28日、10月15—19日；第二批：2012年8月11日上午、9月17—21日、10月8—12日；第三批：9月17—21日、10月8—12日；第四批：9月24—28日、10月15—19日。

六、培训单位：武汉市蔡甸区卫生学校。

七、其他事项：①凡参加岗位培训的乡村医生，请交身份证复印件一份（18位数），并带武汉市乡村医生继教培训证书原件用于事后登记；②要求每批学员于当批首日上午8:30前到区卫校签到报名；③凡不参加岗位培训的乡村医生，将不能参加乡村医生执业注册。

附：蔡甸区2012年度乡村医生岗位培训分批次名单

武汉市蔡甸区卫生局

二〇一二年八月八日

附件

蔡甸区2012年度乡村医生岗位培训分批次名单

第一批:（113人，要求在8月10日上午、9月24—28日、10月15—19日期间参加培训）

参山:（16）略

永安:（11）略

索河:（9）略

蔡甸:（19）略

消泗:（14）略

侏儒:（17）略

大集:（7）略

张湾:（13）略

玉贤:（6）略

桐湖:（1）略

第二批:（114人，要求在8月11日上午、9月17—21日、10月8—12日期间参加培训）

参山:（16）略

索河:（8）略

蔡甸:（20）略

消泗:（13）略

侏儒:（17）略

大集:（8）略

张湾:（12）略

玉贤:（7）略

洪北:（1）略

第三批:（49人，要求在9月17—21日、10月8—12日期间参加培训）

参山:略

永安:略

索河:略

蔡甸:略

侏儒：略

大集：略

张湾：略

玉贤：略

第四批：（49人，要求在9月24—28日、10月15—19日期间参加培训）

奓山：略

永安：略

索河：略

蔡甸：略

消泗：略

侏儒：略

大集：略

张湾：略

玉贤：略

通　知

各街乡镇卫生院：

根据《湖北省乡村医生执业证书有效期满再注册工作实施方案》（鄂卫生计生通〔2014〕65号）的通知精神，结合我区实际，经研究决定，拟对全区乡村医生执业证书有效期满再注册的乡村医生进行培训考核，现将有关事项通知如下：

一、培训考核时间：

2014年9月23—25日（培训时间：上午9:00-12:00；下午13:30-15:30考试时间：16:00-17:00）

分三批进行，每批培训一天。

二、培训考核地点：

蔡甸区卫生学校

三、培训考核内容：

2012年5月武汉市卫生局、武汉市第二卫生学校编写的《武汉市乡村医生培训教材》。

四、参加人员：

凡取得《乡村医生执业证书》有效期满再注册的乡村医生，不包括取得执业（助理）医师的乡村医生。各街乡镇需参加培训人员名单见《蔡甸区村卫生室人员基本情况表》（发至医政群共享），仅供参考。

五、工作要求

1. 根据省市文件精神以及委领导意见，凡不参加培训考核的或参加培训考核不合格者，不得按期予以注册并发放《乡村医生执业证书》。各街乡镇卫生院要高度重视此次乡村医生执业证书有效期满再注册工作，特别是培训考核工作。

2. 本次培训考核分三批次，每批次培训考核时间为一天。各街乡镇卫生院要安排专人负责此项工作，做到精心安排，通知到位。

3. 本次培训乡村医生交通费、中餐生活费自理。

蔡甸区卫生计生委

2014年9月11日

第一批7人：

袁某某／刘某某／吴某某／熊某某／樊某某／黄某某／吴某某

第二批7人：

周某某／吴某某／晏某某／辜某某／杨某某／李某某／屈某某

第三批7人：

李某某／蒋某某／黄某某／肖某某／王某某／尹某某／杨某某

4. 乡村医生“做中学”的态度或精神保证了新型农村合作医疗水平不断提高

在乡村所属卫生部门的组织下，现在所有的乡村医生都拥有了中专文凭，再加上周期性的资格培训和日常性的岗位培训，乡村医生们都经受了基本的医学培养和技能训练。在这个意义上，现在的乡村医生医学素养和诊治水平已今非昔比，拥有了足够处理日常疾病的知识、技能和能力。但是，现在的乡村医生也面临诸多的困境，首先，他们所面对的病人，既有刚出生的婴儿，又有虚弱的老人；既有各个年龄段的男病人，又有各种类别的女病人。这些人生病的病因千变万化，疾病的表现多种多样，集中学习或培训所获得的医学知识、技能和能力肯定难以充分应对。其次，他们所用的诊断疾病的医疗器械极为简单，主要是听诊器和血压计，这些简单的医疗器械显然无法准确地帮助乡村医生诊断病情。为了提出医治对策，乡村医生又不得不像所有的医生那样对病情进行诊断，这样，乡村医生只能凭经验对各种疾病进行诊断。疾病的病因是多样的，诊断疾病的经验是有限的，解决这个矛盾的办法只有一个,那就是乡村医生不断地“做中学”。龙霓山村的乡村医生 YZX 正是“做中学”的典范。据龙霓山村第三小组的一个村民介绍,村里有几个中风的村民，大医院都不愿意收治，龙霓山村乡村卫生室的 YZX 却将其治好了；不是因为 YZX 水平有多高，而是因为他能不断学习各个中风者的以往治疗方案并不断观察、不断交换和改善治疗方案。另据该村民介绍，自己曾经身患泌尿系统疾病，到乡村医生 YZX 那里就诊，没有多大效果；YZX 劝该村民去城里用先进的仪器或器械检查，并获得城里大医院的医生的治疗方案；回乡后，该村民继续到村卫生室治疗，YZX 因此而学到了城里医生治疗该疾病的优选方案；后来过了许久，该村民又犯病了，到村卫生室看病，YZX 凭记忆用城里医生的优选方案治疗，果然很快治愈；再后来，其他村民也犯类似的疾病，YZX 采用前面那个优选方案来治疗，效果依然显著。正是类似的做中学的态度或精神，保证了新型农村合作医疗水平的不断提高。这也是 YZX 赢得村民广泛认可的重要原因。

5. 乡村卫生室与村级组织的关系

新型农村合作医疗制度虽然明确规定了乡村卫生室与村级组织的关系，但实际中，村级组织限于自身的财力和其他影响力的原因，往往自觉不自觉地撇开与乡村卫生室乡村医生行为的关系。下面一个服务合同（见图 6-1、图 6-2）足可证明这一点。服务合同中虽然也明确了村级组织与乡村卫生室的监管和服务的权利、义务关系，但是，着重撇清了村级组织与乡村医生行医行为的关系。村级组织名义上是场所提供、精神传达和服务监督的管理机关，但事实上，一句“如发生医疗事故，由乙方负担全部责任，甲方概不负责”，足以表明村医的行医风险有多大。如果不降低村医的行医风险，或者说，如果不对村医的行医行为进行保障，乡村医疗体系就比较脆弱，新型农村合作医疗制度就难以深入实施并取得长效。

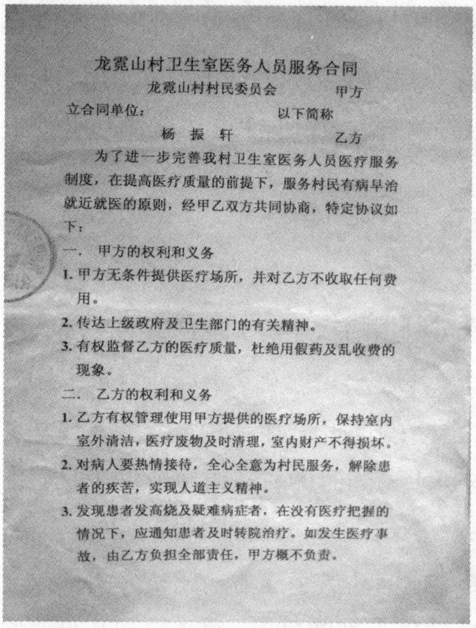

龙霓山村卫生室医务人员服务合同

龙霓山村村民委员会　　　甲方

立合同单位：　　　　　　以下简称

杨　振　轩　　　　　　乙方

为了进一步完善我村卫生室医务人员医疗服务制度，在提高医疗质量的前提下，服务村民有病早治就近就医的原则，经甲乙双方共同协商，特定协议如下：

一、　甲方的权利和义务

1. 甲方无条件提供医疗场所，并对乙方不收取任何费用。
2. 传达上级政府及卫生部门的有关精神。
3. 有权监督乙方的医疗质量，杜绝用假药及乱收费的现象。

二、　乙方的权利和义务

1. 乙方有权管理使用甲方提供的医疗场所，保持室内室外清洁，医疗废物及时清理，室内财产不得损坏。
2. 对病人要热情接待，全心全意为村民服务，解除患者的疾苦，实现人道主义精神。
3. 发现患者发高烧及疑难病症者，在没有医疗把握的情况下，应通知患者及时转院治疗。如发生医疗事故，由乙方负担全部责任，甲方概不负责。

图6-6　服务合同

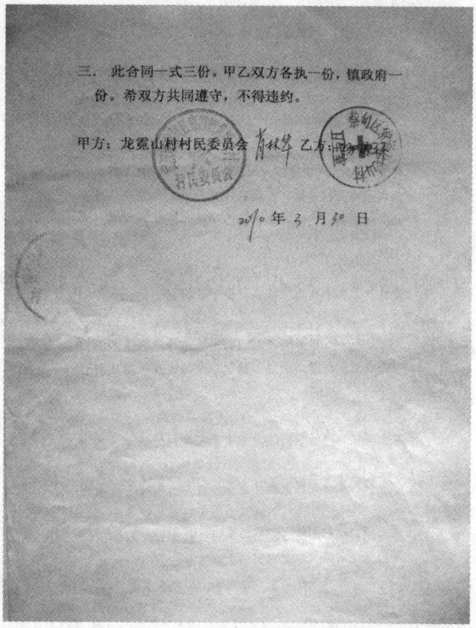

三、　此合同一式三份，甲乙双方各执一份，镇政府一份。希双方共同遵守，不得违约。

甲方：龙霓山村村民委员会　　乙方：

2010 年 3 月 30 日

图6-7　服务合同

三、水、电、路等基础设施建设及其变迁[1]

早晚偷空摸空挑井水、电断煤油灯续上、“晴天一身灰、雨天一身泥”的乡村景象早已消失。

龙霓山村通自来水、通低压电和建乡村公路均比较早，这主要得益于临近省会城市武汉市和蔡甸区的区位优势。

（一）自来水建设：井水变自来水

大集体生产的时候，村里每家每户的生活用水大都集中在村组的一个公共池塘边。事实上，就是在公共池塘的角落里专门用石头垒成一个微型池塘，以用作水井。大多数微型池塘或水井跟公共池塘一样，天干时水会变浅，但一般不会影响村民使用。这可能是村民的精明之处。他们在池塘边所围的水井，一般有充足的地下水源，总是能够保持水位和清澈度。大集体时期，村民

[1]　本节宏观数据均来源于汉阳县志编纂委员会编纂《汉阳县志》，武汉出版社 1989 年版。

们为了不影响正常出工或做饭，总是起得很早去挑水。后来，村民之所以弃用水井，主要原因不是不方便，而是水源受到污染。水井的上游有水田，水田因为农作物生长不得不使用农药和化肥，这样，水田的水有可能流到水井中去，残留有农药的水井当然不能再用了。

分田到户以后，每家每户在自家的院子里打井以解决吃水用水问题。水井可能残留有农药的说法，被村民们广泛接受。为了解决这个问题，村民们纷纷在自家的院子里或厨房附近打自家可以用的水井。水井打出的水洗衣没问题，但喝起来、吃起来总觉得不对口。所以，村民愿意集资修建自来水厂。

到了 2002 年，村里成立了水改办（全称：龙霓山村生活用水改造办公室），试图建设村庄水厂。为了建成村庄自来水厂，当时的村庄领导不仅在龙霓山村自筹了款项，而且主动向政府相关部门申请了款项。据当时村里书记介绍，龙霓山村最早想建水塔的是 7 组和 8 组，他们动员宗族力量凭私人关系找上级政府水改办的领导申请项目和经费。村里干部知道后，给 7 组和 8 组的水改组织者做工作，表明一个态度：要搞自来水，全村一起搞。预算后发现，整个管网费用需要 30 ～ 40 万元。上级政府水改办只能拨款 6 万元，通过不断努力，拨款增加到 14 万，加上村庄自筹经费，不到 20 万元。为了解决资金仍然不足这个问题，村庄领导动足了脑筋。据当时的书记介绍，当知道有一天政府相关部门的领导要去宜昌开会，自己也马上赶到宜昌，亲自向那个政府相关部门的领导汇报自己的想法和工作。当时，制造自来水厂的相关设备的厂长也在场。村庄书记借助政府相关部门领导的面子，当场向制造自来水厂的相关设备的厂长订购设备，意在借政府领导的面子暂时“空手套白狼”。事情真成了，村庄从宜昌那家设备厂赊购了大量设备给龙霓山村建自来水厂，当然，龙霓山村后来也陆续付清了款项。自来水厂建成（见图 6-8）后，村里每家每户自己出劳动力安装通往村庄各个村组主干道的自来水管。主干道的自来水管通了以后，各家各户自家出钱连通自来水管。自来水的确是通上了，但是，水质不是很好，一吨水的价格是一块贰角钱，每个月用自来水的基础费是四块钱（每家每户只要通了自来水必须要出的费用，相当于自来水基础设施维护和保养费）。

2006 年，龙霓山村和其他石山片村庄合资修建石山水厂，现在石山水厂由政府出资维建、私人承包管理。据村民反映，为了控制成本，自来水经常断水，

图 6-8　龙霓山水厂建成

而且后来修的自来水管道经常由于承受的水压过大而涨破，造成大面积停水。现在石山水厂的自来水水源是索子长河，水质一般。村民说，自来水是直接从长河里抽出来的，根本没有进行净化或过滤。为了能够使所使用的自来水更干净些，村民介绍了自己的经验，那就是闲时将水管开得很小，让自来水慢慢滴下来，用水缸储蓄着，这样，所使用的自来水就会稍干净些。不知道这个经验管不管用，反正这个做法在村民中非常盛行。

另有村民抱怨，储缸盈水容易滋生各种细菌，长此以往，总会对村民的身体不利。村庄自来水的源头——长河的水也不断地受工业废水、农药化肥污染残留、生活垃圾等多种形式的污染，如果不净化就直接饮用，最终会损害村庄居民的健康。如果不净化就直接将河水接到村庄居民家中，跟使用井水、池塘水有什么区别？只不过省去了人力的搬运（事实上村庄居民也付出了水费的代价）。希望当地政府尽快采取措施净化水源，净化抽上来的河水，让村庄居民喝上干净的自来水。

（二）电网建设：短缺变充足

1963 年，全镇通电，1970 年，形成供电网，1977 年，镇变电站建成。到 1990 年时，全镇共有 6 ～ 10 千伏以上的电压线路 48.32 公里，380 伏低压线路 60.32 公里，每平方公里有电压线路 1.96 公里，当年的通电率达到近 100%。1985 年，全镇全年用电 168.7 万度，日平均用电 4620 度。农村生产用电每度 0.058 元，生活用电每度 0.20 元，照明用电每度 0.25 元。

在 20 世纪 60 年代的时候，大队里集体组织每家每户用做好的水泥模子做水泥电线杆，每家每户对于能够通电持积极支持的态度，那个年代国家的生产力水平比较低，每家每户安装的电表只有 5 ～ 10A，而且电压不稳，电灯不亮，电扇不转，还经常停电。

进入 90 年代，全国农村地区进行低压电改造，龙霓山村 70 年代以前修建的电线杆全部替换成国家统一标准、质量更好的水泥钢筋电线杆，同时电线换成容量更大，承载力更强的电线，用以确保村里用电的稳定与安全，每户人家安装的电表换成更大容量的新一代产品。

进入2000年，用电需求不断增长，传统的电力传输基础设施已经无法满足村里工业生产和每一户人家生活用电的需求，因此大范围的电力基础设施更新换代势在必行。在索河镇政府的统一组织下，所有的电线换成现在防水、防恶劣天气和防漏电的包皮线，但是那个时候仍然存在电压局部时间段不稳定的情况。据村民回忆，那个时候家里只能用15W的电灯泡，农业生活用电要首先满足工业用电的需求。村里已经退休的电工回忆说，2012年7月份起实行的是阶梯电价制：180度以内0.56元/度，180—400度这个阶段0.61元/度，400度以上，0.76元/度。

2014年，每家每户装了智能电子电表，改变了传统的由电工抄电表并挨家挨户收电费的麻烦。从2014年3月安装电子电表后开始实行“电卡制”，每月预交三百块钱，如果用光了就再交。欠费就断电。现在村里电工也没有了，村里的电线线路维护、修理均由镇供电站负责。

60年代的时候整个龙霓山村只有2座变压器（一台变压器大概是人民币两万元），后来根据不断扩大的用电需求村里又扩建了4座变压器，村里现在总共有6座变压器。以前村组里都有电工，现在村里的用电管理由镇上的供电公司统一维护和管理。

（三）公路建设：泥泞小路变水泥大道

乡村公路是村民与外部世界的主要通道之一。便利的乡村交通有利于更好地促进村民与外部世界的人员交流、信息交流、物质交流和科技传播。“要想富，先修路”，交通基础设施的建设与村庄经济社会的发展息息相关。在这个意义上，相比于周边村庄，龙霓山村之所以村庄经济社会发展状况更好些，主要是因为村庄处于路路通的地方。

建国以来到改革开放初期，索河镇境内共复修和兴修了省、县、乡公路及大道、田间道约48条，长约75公里。这些公路是龙霓山村连贯周边村庄，周边乡镇，周边城市的主要道路。这些公路主要包括：

（1）城蔡公路（省道）：由汉川县（今汉川市）城隍庙起，过官桥、龚家渡,到蔡甸止,全长31.54公里,境内段长7公里。该条公路最早建于1931年,当时名为汉马公路,1975年进行全线改造,建成宽7米的沥青油渣路面。这条道路是龙霓山村进入蔡甸城区或武汉市区的必经公路。

（2）侏马道（县道）:始建于1956年,由侏儒镇起,经虎圻、辜湾、石山堡、新庄和彭新集,至汉川马口镇,全长18公里,境内段长7公里。1972年,修建了横跨旧港长河的马赛桥,路面加宽到3～4米。这条道路是龙霓山村进入周边乡镇和汉川市区的必经公路。

（3）梅马道（县道）:始建于1971年,由梅池村穿梅子洞,至汉川马口镇,全长8公里,境内段2公里。这条道路是龙霓山村进入周边乡镇和汉川市区的必经公路。

（4）同彭道（乡道）:由同仁庵至彭新集,全长5.4公里,宽约2.5～3米的土面道。这条道路是龙霓山村进入周边乡镇的必经公路。

（5）彭肖道（乡道）:彭新集至肖家集,全长5公里,宽约2～2.5米的土面道。这条道路是龙霓山村进入周边乡镇的必经公路。

（6）龚石道（乡道）:由龚家渡纵贯镇境至石山堡,全长10.5公里、宽6～8米的随时公路,是境内公路主干。也是现在的龚侏公路的前身。始建于1958年,1971原路段仅从龚家渡到索河集,1971年扩建至石山堡。这条道路是龙霓山村进入蔡甸城区或武汉市区的必经公路。

（7）嵩莲道（乡道）:嵩阳寺至嵩阳林场,全长11.5公里,宽3～4米的土石公路。这条道路是龙霓山村进入周边乡镇的必经公路。

（8）横索道（乡道）:1985年修建,由横岭村至索河集,全长2.5公里,宽4米的碎石道。这条道路是龙霓山村进入周边乡镇的必经公路。

索河镇的汽车客运始于民国时期。1958年10月汉阳县汽车站建立,城蔡线开通客运运输,每日停官桥站两班次。1975年,龚石公路通车,镇内设立了龚家渡、索河、龙潭和石山堡四个站点。改革开放前,每天只有4班客车,老百姓抢上挤下,固定站点上下车。改革开放后,汽车客运逐年改善,现在发展到每天58班客车,在“石山—蔡甸—汉口”往返,平均每15分钟一班客车,抬手即停,就近下车。总之,公路交通便捷程度与城镇无异,除大的节假日外,公路基本不堵车。

村庄内部道路也是村庄公路建设的一部分,是村民生产生活中最重要的公共基础设施。良好的村级道路能够给村民的生产生活提供极大的便利，并促进村民之间的相互往来。村民表示：以前是泥泞小路，下雨天必然带上一脚泥巴回家，现在都是水泥路或沥青路，出行非常方便。村庄道路硬化后，户户通、村村通，与城镇通、与市区通，促进了村庄工业的发展，促进了村庄经济的发展和物质信息的交流。龙霓山村在大集体生产的时代和分田到户二十多年以来一直是泥巴小路，随田埂以弯就弯，弯弯曲曲，雨天出去要穿套鞋（胶鞋）。2003 年左右村里经过商议，每家每户的户主签字后，动用国家粮食直补款，统一铺碎石路，在一段时间内改善了村里的交通条件。2008 年国家"村村通"——乡村公路建设在龙霓山村实施，国家财政资金拨款 80 万，然后村里集资一部分，全部用于龙霓山村约 4.2 公里的乡村公路建设，现在村里宽度为 3.5 米的主干道和宽度为 2 米的支道极大地方便了村民的日常出行。村民介绍，无论是泥巴路、碎石路，还是现在的沥青路，固然有政府的支持和资助，但是不可否认，村庄居民一直是乡村公路建设中的主体力量之一，有时候是出钱，有时候是出力，有时候是既出钱又出力。此现象说明，村庄居民对村庄公共事务的参与，有利于加速相关基础设施的建设速度，有助于为村庄经济社会发展奠定更好的基础，在今后的村庄公共设施建设中应该继续发挥村庄居民在其中的贡献。

2013 年索河镇人民政府出资 14 万安装路灯，其中主干道上的路灯是索河镇政府出资修建的，而村子里面的路灯是村里通过集资的方式修建的，现在村里各湾各个交通路口都有路灯，晚上村民不管是步行还是开车都很安全。

（四）邮政网点建设：增长变下降

民国 14 年（1925 年），镇内石山堡、肖家集、彭新集、索河镇和李家集等五处设有邮政代办点。民国 27 年武汉沦陷，各代办点同时关闭停业。次年，石山堡和彭新集两个代办点恢复营业。民国 35 年又恢复了索河、肖家集两个代办点。

建国初，汉阳县邮电局分别在索河、官桥、石山堡、肖家集、彭新集等五处设邮政代办所或邮票代售点，有信箱（筒）八个。1965 年，取消肖家集代办所，1970 年又取消彭新集邮政代办所。1975 年索河代办所升格为索河邮电支局，辖官桥、石山两个邮电代办所。1976 年元旦，按邮电部对农村支局划分等级所做的规定，索河邮电支局被列为三等支局，有服务网点28处。1985年，邮电业务总量1.87万元，业务收入2.75万元，邮政储蓄余额15.6万。

目前，随着电话和网络的兴起，随着农村商业银行的布点，邮政业务和储蓄业务大幅下降。

（五）电话建设：管制变普及

1956年2月，全镇开始大规模的电话线路建设，完成电杆工程65公里。在1958年的"大跃进"中，电话线路比1957年增加19公里，有总机2台，电话单机由7部增加到28部，但耗资多，质量低，通话效果差。1962年，农话通话收缩。70年代初，开通蔡甸至索河的载波线路。1976年，更新蔡甸至索河线路15.4杆程公里，20线对公里。1985年电话线路已达34.1杆程公里、49.8线对公里、电缆15.2皮长公里，有电话交换机1台，计100门，电话单机48部，话通49个行政村和企业事业单位。

改革开放初期，私人装一部座机（固定电话）要4000元的初装费，单位装一部座机要10000元的初装费；现在装一部座机完全免费，家家户户通了固定电话，几乎每个成年人和初中以上学生都备有手机。一方面是方便家里与打工的家人之间的联系，另一方面是方便乡邻之间的互通有无，尤其是照顾留守老人、孤寡老人。据新妇女主任介绍，由政府出资给孤寡老人安装了联系电话，并且有意安排相邻十户用自家的号码加#键互联，即，当这十户中某家有紧急情况时，某家只要输自己家的号码再按#键，其他九家就知道谁有事了，既防生病无人知晓，又防火防盗。

（六）民宅建设：土房变楼房

就城镇的街道民宅来说，20世纪50年代，全镇新建街道民宅5900平方米；20世纪60年代，全镇所建街道民宅增长为1.2万平方米；20世纪70年代，全镇所建街道民宅增长为1.96万平方米；20世纪80年代，全镇所建街道民宅增长为3.7万平方米。到1985年，全镇共有街道民宅楼房185栋，共计1.573万平方米，人均拥有楼房面积14.8平方米。时至今日，全镇所建的街道民宅不计其数，稍有市场眼光和经营头脑的村民都在街道及其附近自建或购买了楼房。

就农村民宅来说，新中国成立初期，农村民宅多为土砖布瓦房，其次是砖木结构房。20 世纪 60 年代，原有的四户头（长方形的户型，一进有两间房，中间有个天井，天井后面有两间房，共四间房）、六户头（长方形的户型，一进有两间房，中间有个天井，天井两边有两间厢房，两间厢房后面有两间房，共六间房）的旧房多改建为三间的“硬山搁檩”（硬山即墙体为砖墙、混凝土墙等刚性材料的山墙，山墙高出屋面，并作压顶，而屋面不悬出山墙，硬山搁檩是一种檩条设计方式，屋面檩条直接搁置于山墙之上）20 世纪 70 年代，农村开始兴建起了楼房，到 80 年代，农村大兴土木，许多人家开始建楼房。到 1985 年，整个索河镇共有农村民宅楼房 1003 栋，占地面积 9.08 万平方米，人均占有楼房面积 18 平方米。随着打工经济的兴起，村民的建房热情逐渐高涨，将楼房兴建作为家庭的头等大事。直到今天，几乎家家户户都在街道边或原来的宅基地上兴建了楼房。楼房兴建的资金也越来越大，随机调查村民建房费用如下表 6-1。由于楼房建造面积不一样，建造标准不一样，不同年代的数据未必能准确反映楼房兴建资金的整体状况，但是，村庄居民一般是按照相似的面积和标准来建造楼房，因而其大概数据能够反映楼房兴建资金的整体趋势。

表 6–1 龙霓山村村民不同年份兴建楼房的资金量

年 份	住房兴建花费
1980	1800 元（平房）
1982	2000 元（平房）
1990	30000 元（两间两层）
1996	30000 元（两间两层）
2000	40000 元（两间两层）
2004	50000 元（两间两层）
2007	150000 元（两间两层）
2010	170000 元（两间两层）
2013	200000 元（两间两层）

相比于自来水、电网、公路等基础条件建设，民宅建设在村庄居民心中占有更重要的地位。在改革开放初期，建筑新居与婚嫁直接相关，有物质性意义；在改革开放近期，建筑新居与生活质量、家庭状况直接相关，有精神性意

义。正因为建筑新居既有物质性意义又有精神性意义，所以，新居落成往往伴随着专门的风俗。在新居落成的后期即上梁（主要是指安装建筑物屋顶最高一根中梁的过程，这里所谓的“中梁”除了建筑结构实用上的重要位置外，同时更有其无形的连接天地、神灵与人的宗教层面的意义）时，主家都要庆祝一番。中梁上用红布（亦可用红纸）写上“紫微高照”或“福星高照”，两边中柱贴对联如“上梁恰逢黄道日，竖柱又遇紫微星”之类吉庆辞，由木匠师傅用红布或绳将中梁扯上屋安好，此时鞭炮齐鸣，木匠在屋顶向围观的人群扔包子、糖果、喜饼。这天东家办丰盛酒席数桌来庆祝，也有犒劳工匠之意。有的地方在新屋前摆上一桌“祭祖酒”，告慰祖先并祈祖先保佑子孙平安。亲友来客送对联、匾额、鞭炮等祝贺。上梁的旧俗今仍沿用，而且盛况更加宏大。不仅亲友来祝贺，而且一个村组内的甚至是不同村组一个同姓的宗族都来祝贺，后者不用送礼，只道贺，谓之“接百客”。

第七章 村庄居民生产、生活、经营、组织方式及其变迁

改革开放初期，村庄基本上就是一个封闭的自给自足的地域性社会，村庄居民与外部世界是相对隔绝的，村落就是他们的“整个世界”。随着家庭联产承包责任制的实施，随着打工经济方式的兴起，村庄越来越开放，村庄居民也越来越广泛和深入地进入或者卷入到一个高度开放、流动、分化的社会里，他们的生产方式、生活方式、经营方式、组织方式日益社会化，不再局限于村落世界。

一、村庄生产方式及其变迁

（一）大集体生产时期的生产方式

1. 劳动主体：男女分组

大集体生产犹如一台精确运转的机器，作为其中各个生产部件的个人，或者说当时的社员，在大机器中承担着各自不同的生产任务，小队队长直接决定着当时社员的生产任务分工。据当时的小队长回忆，每天晚上，自己都想着明天的事，想着哪些事分给哪些人干或者说哪些人干哪些事。当时也没有做笔记的习惯，离开自己家后，家家通知，走到哪家就跟哪家的劳动力直接分配生产任务。比如，哪家的男劳力去耕田或者铲田埂上的草，哪家的男劳力去挖沟，哪家的女劳力去栽秧，哪家的女劳力去除草或者采摘棉花……

任务繁忙时，小队长将一个小队的所有劳力进行分组是很常见的。比如小队长将从事集体生产的所有队员分为 4 个小组，男的 2 个组，女的 2 个组，每个组一个组长，组长不固定。出于竞争的需要，男或女的 2 个小组分配相似的任务，出于协作的需要，男的或女的 2 个小组分配互补的任务。随着任务的结束，组长的责任就结束了。比如说，一起栽秧的几个女同志就是一个扯秧小组或栽秧小组，扯完秧或栽完秧了以后就干别的事，扯秧或栽秧小组组长的任务就结束了，做别的事再成立其他的小组。当然，即使分组，小队长头天晚上也要把小组的工作分好，比如十人一组，妇女跟妇女一组，男同志跟男同志一组，妇女扯秧、栽秧，男同志整平水田、挑秧。不同人之间的能力不可能完全相同或相似，不同任务之间的复杂程度也不可能完全等值，因此，也会有村民对小队长的任务分配有意见。少部分情况下，小队长会略作调整；大部分情况下，没有意见得干，有意见也得干，毕竟，任务是工分的依据，工分是口粮的依据，口粮是生存的必须。比如说每户人家的基本口粮分了之后，其余的粮食必须依据每户人家的总工分来分。[1] 那个时候人们为了吃饱肚子，每个人的生产积极性都很高，每个人都是起早贪黑地在劳作，女人即便怀身孕快要临产了也仍然在劳作，比如说下午生小孩，上午还在田间地头里干活，由此可见，大集体生产时期挣工分在大家心目中有多么重要的地位。整体上说，小队长的分工是公平的，有时小队长在安排工作时会有点偏向，但那会儿工作都不轻松，都累。

与任务分工相关联的是，不同能力的人，从事不同复杂任务的人，所得的劳动酬劳（按工计酬）是不一样的。那会儿工分计算方式是凭“底分”记工，底分分成 5 分、8 分和 10 分（根据劳动强度来推算，比如劳动强度低的算 5 分，劳动强度高一点的算 8 分，劳动强度最大的算 10 分），妇女的工分总体上低一点，大体上是 5 ～ 8 分，男同志的工分总体上高一点，大体是 8 ～ 10 分。

---

[1]　人民公社时期，农业生产一般由生产队组织，社员以生产队为劳动单位进行劳动并取得报酬。但农业劳动通常在广阔而分散的土地上进行，对劳动者努力程度的监督十分困难。因而，在最终产品收获之前，难以判断每一个工序的劳动质量。所以，生产队普遍采用了“工分制”作为劳动的计量和分配依据。这种“工分制”，以潜在劳动能力为依据，根据性别、年龄为每一个社员指定一个工分标准，按工作天数记录工分数，年底根据每个人的工分数进行分配。

一年工分的多少决定了年底粮食分配的多少。据村民孙婆婆介绍，大集体时期，自己家里总共有七姊妹，家里排行老三，自己上面有两个姐姐，下面三个妹妹和一个弟弟；自己上学上到四年级，之后中断了半年的时间，后来一直读到六年级。当时，家里靠父亲一个人挣工分，家庭负担重，母亲有病，枯瘦如柴，每天只能早上起来给全家人烧个早饭就瘫倒在床上。由于家庭负担太重，不得已，孙婆婆退学后就跟着大人做事，凭自己的努力和大人们挣得一样的工分。

2. 劳动工具：精耕细作的传统工具

村庄所使用的劳动工具与水稻的种植密不可分。水稻的耕种从传统的人工耕种方式来看，主要包括如下步骤：

首先是整地。种水稻之前，村民们必须先将稻田的土壤翻过，使其松软，这个过程分为翻土、碎土和找平三个阶段。用牛拉犁来翻土，用牛拉耙来碎土，用牛拉放置挡泥板的耙来找平。其次是育苗。村民们先在某块水源比较好的田中培育秧苗，此田往往会被称为秧底田，在撒下稻种芽后，村民多半会在土上洒一层草木灰，在秧苗长高约八公分时，就可以进行扯秧了，其间可能要打药除虫。第三是插秧。将秧苗仔细地插进稻田中，间隔有序。手工插秧时，会用左手来分秧，用右手将秧插进土里。第四是除草除虫。秧苗成长的时候，得时时照顾，并拔除杂草，有时也需用农药来除掉害虫。第五是施肥。秧苗在抽高，长出第一节稻茎的时候称为分蘖期，这段期间往往需要施肥，让稻苗成长得健壮，并促进日后结穗米质的饱满和数量。第六是灌排水。水稻比较倚赖这个程序，一般都需在插秧后到幼穗形成时，还有抽穗开花期加强水分灌溉。第七是收成。当稻穗垂下，金黄饱满时，就开始收割，村民们一束一束地用镰刀割下，捆起后用冲担挑到禾场，利用牛拉石磙使稻穗与稻茎分离。第八是干燥、筛选。收成的稻谷需要干燥，过去多在禾场晒谷，需时时翻动，让稻谷干燥。筛选则是将瘪谷等杂质筛掉，用风车或手工抖动分谷，利用风力将饱满有重量的稻谷自动筛选出来。

（1）用于耕田的木犁及使用。

图7-1　木犁

图7-2　木犁的使用

（2）用于碎土的耙及使用。

图7-3　方耙

图7-4　方耙的使用

（3）用于平田的耙及使用。

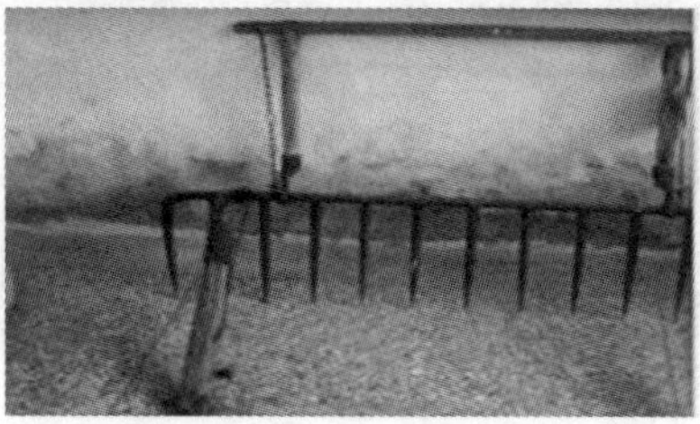

图7-5　而字耙

图7-6　而字耙的使用

（4）扁担及其使用。

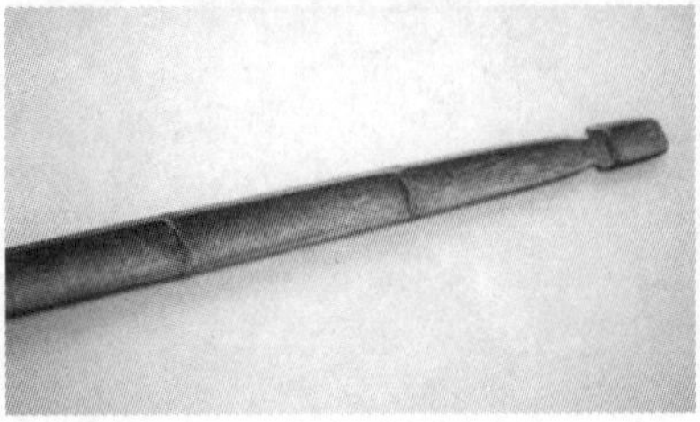

图7-7　扁担

图7-8　扁担挑秧

（5）水车及其使用。

图7-9　水车

图7-10　水车的使用

（6）镰刀及其使用。

图7-11　镰刀

图7-12　使用镰刀割谷

（7）冲担及其使用。

图7-13　冲担

图7-14　冲担挑谷

（8）石磙及使用。

图7-15　石磙

图7-16　牛拉石磙打谷

（9）风斗及使用。

图7-17　风斗

图7-18　风斗的使用

3. 劳动内容：农田种植、水利兴修、放牛和打猪草

农田种植是大集体时期的主要劳动内容之一。那个时候的农田种植是两季稻谷和一季油菜，村民在春季的清明节之前育秧苗，在夏季的 7 月 10 号左右割谷，紧接着马上栽种第二季的秧苗，即进入所谓的“双抢”（抢收抢栽）季节，在冬季二十四节气的寒露之前收割秋谷，霜降的时候种下麦子，其余的时间要备耕、选种、积肥（当时主要使用农家肥和割草沤肥）、兴修水利，一年四季都是在劳作中度过。

对于成年劳力来说，劳作按照季节来分：春季主要是备耕，整秧田，整棉田和各种旱田；夏季主要是育秧栽秧，除稗草和治虫；夏季和秋季主要是收获第一季的粮食和播种第二季的粮食，很赶，需要抓紧每一天的劳作时间；秋冬季主要是搞水利建设，修堤造河，修池塘和水库，为第二年的生产做好准备。

相比于后来的农田种植，兴修水利和用作肥料的打青草是额外的任务。

水利兴修采用的是家庭轮流派工的方式。如果家庭实在派不出劳力，就出钱让别人代工。说起修堤造河，现在人们不一定懂，实际上就是修水利工程。现在都是国家出资用推土机、挖掘机等现代化机械；但那时一是没有这种机械，二是国家拿不出专款来做这件事，修堤造河完全得靠人用铁锹挖土，再用肩膀挑着泥土爬上几米高的大堤。有人计算过，一条扁担两个土篮，一个壮汉每立方米必须挑二三十担，身体弱一点的人就得挑三四十担，而且不是在平地走，需要爬大堤高高的坡；每人一天的土方有定额，挑不完不给记工分，往往早上五点起床吃早餐即上工地，到下午五点才收工，中途只有半小时中餐时间，活计相当累。因为活计累，所以，一般是各小队集体专门下拨粮食，比较充足，至少能让参与的村民吃饱饭。村民讲过两个浪费粮食的小故事，一个是堂哥教训堂妹，堂妹每天在自己蒸缽饭的饭碗里盛入过量的米，每次吃不完，就扔掉，堂哥就教育堂妹，说你们家里每天只能喝稀饭！你就不能每次放适量的米，留一些带回家给家人吃？从此，堂妹学会了节约；另一个是村民乱扔米锅巴，村民将最接近锅的米锅巴扔在地上，当时的小队长没有用言语大声来批评村民，而是当着村民的面从地上捡起那被扔的米锅巴放到嘴巴里吃掉了，从此，村民不敢浪费粮食了。

庄稼一枝花，全靠肥当家。千百年来，农民都用粪肥和割草沤肥当作主要肥料。受村庄人口和各种牲畜数量的影响，粪肥总是有限的。为了增加庄

稼的肥料，各小队组织村民们在农闲时节去很远的湖里打水草以作肥料，因为湖底长出的湖草是农民种田的好肥料。村民们往往起早床花大约1个小时步行到湖边，驾船打草后再用肩膀挑回，那个苦痛直到今天，人们仍然心有余悸。

对于老人和小孩来说，放牛和打猪草是日常劳动内容。牛是传统精工细作的主要工具之一，除了冬天吃稻草之外，其余时间都吃青草。为了不让牛破坏稻苗或稻谷，总得有人看着，于是老人或小孩成为辅助劳力，牵着一根绳子放牛。另外，家庭为了增加收入，也为了完成国家规定的生猪派购任务，小孩不得不每天打猪草，因为当时人都吃不饱，哪来的粮食去喂猪，为了喂猪只得打猪草。大集体时期，打猪草是农村小孩童年生活中无法逃避的农活。打猪草要利用上下学的空闲时间，一般是下午放学后。刚开始，小孩跟随父母或村里年龄稍大的哥哥姐姐去打猪草，好积累一些关于打猪草的经验，比如猪最喜欢吃哪些野草，哪些地方的野草最茂密鲜嫩……每年春暖花开时候，小孩们常常会在雾气弥漫的早晨，三五成群地挎着筐头，匆匆走向田野，一个个瘦小的身影渐渐消失在白色的雾霭中，挑起了顾家的责任，也给自己的童年留下许多厚重的记忆。春末夏初的五月份，各种野草疯长。小孩子们打猪草的时间久了，对每种野菜或野草的习性也逐渐熟悉和了解。富秧草和萋萋芽是最早破土的猪草，猪在春天最爱吃；灰条菜、牛精草长得慢，要到四月底才能长大。马菜和猴子眼要到盛夏时节才可以见到。猪夏天爱吃马菜，可以祛暑；猴子眼很少碰到，这种野菜因叶片长得像猴子的眼睛而得名，粗实的茎蔓里有黏黏的白色浆液，沾到身上就会红痒难忍。小伙伴们最喜欢星期天出去打猪草，几个要好的小伙伴会一起约定星期天什么时候汇合去村外哪块地方割草，然后晚上守着秘密回家。这些秘密可能是下水游泳（为了安全，家长原则上都是禁止自家的小孩去游泳的）、可能是烧野草、可能是下象棋……那时候，只要一从家里出来，小孩们就仿佛成了无绳的风筝。割草经常是突击性地搞一阵，割累了顺身在麦地头一躺，或几人围坐在干燥的垄沟里，掐着顺手割来的指甲草，做着只有孩子们才懂的游戏。

水稻种植工序复杂，生猪生长周期长，村民无论老幼，都加入进来，周而复始，年复一年，劳动内容不断重复。

4. 劳动时间：定时定点

男的每月劳动三十天，女的每月劳动二十八天。有农闲的时候，村民要去打草、修堤。有特殊情况要请假，但请假没工分，而工分与村民的口粮密切相关，所以，不到万不得已村民不会请假。村民如果不做工，小队要扣工分。每个劳动力每年能挣得约290个（10分为1个）工分。大集体时代，村民的思想觉悟都比较高，偷懒、磨洋工的现象也有，但很少。为了挣工分，即使是阴天下雨，村民也不会停工。

村民一般是早上六点多钟开始干活，到九点钟回家做早饭，平时一个半小时，忙时只半个小时，再接着干，干到下午两点钟做晚饭，再干到傍晚才收工。当时一日两餐，收工后一般人家都不做霄夜饭。农活特别忙时，村民们晚上还要去开夜工。农业最繁忙的时候，也就是俗称“双抢”（抢收抢栽）时，村民们往往从早晨5点多钟就起来开始一天的劳动。所有人都要参与生产，队办企业职工、学校民办教师、赤脚医生、生产队会计等都将手上的活放一放。集体生产采用分工合作的形式，分工根据个人的能力大小和任务的复杂程度，相同或相似能力的村民或从事相同或相似任务的村民，他们所得的工分一样多。在队办企业做工的社员和从事农业生产的农民一样，都是采取记工分的形式。村民们回忆，“那会儿天天劳动，天天开夜工，从早上干到晚上，累得很；那会儿家里一般只有两个劳力，工做少了就没饭吃，那真是过的不是人过的日子”。

（二）分田到户时期的生产方式

1. 劳动主体：全家总动员

1978年，新中国迎来了改革开放的春天。1979年初，一场分田到户的改革正在悄悄进行。这场旨在解决群众温饱问题的改革，虽然没有安徽小岗村18户农民按“生死手印”那样惊心动魄，但其影响力同样值得村民们铭记在心。村里各小队按照人口规模和田地多少及优劣进行了划分，各家各户遵照规则分得了自家应得的土地。由于龙霓山村整个土地不多，每家每户分得的田地也不多，成年劳力8分田左右，老人和小孩4分田左右。少部分村民一等到大集体解散，就利用分田到户所获得的自由离开了乡村，去城镇或城市打工或经商去了。

大部分待在乡村的村民仍然重复着原来的生产方式，从劳动主体来说，主要由集体生产转变为家庭生产。农田还是原来的农田，方式还是原来的方式，只不过，劳动的主体变成了总动员的每个家庭。每个家庭的每个成员，根据自身的特点选择或安排自己的工作，比如老人多半负责做饭、放牛，小孩除了原来的打猪草之外，也被安排了些合适的任务，成年人则干着原来一直干着的工作，只不过，原来是与村民一起干，现在是夫妻一块干。分田到户早期，也有许多农户之间相互帮助种田的，但慢慢地，总动员的全家成为了新的劳动主体。

由于化肥、农药以及新种子的使用，单位面积的农田收获的粮食虽然比大集体时有了较大的增加，但毕竟有限田地所获得的增产也是有限的，除去上交的公粮水费，所剩也只够温饱。所以，村民们慢慢地在种好自家田的同时，也寻求种其他离开乡村的农户的闲置田，也在原来的稻田上种些经济作物。“见缝插针，寸土必争”是分田到户后村民们的主要想法和做法。随着水稻种子的改进，肥料的改进，村民们比原来有了更多的闲暇和自由，为了增加收入，村里的男人们开始想着农闲时外出打点短工，村里的女人们或老人们在家做点手套加工，总之，分田到户后家庭及其成员的积极性得到了最大限度的调动和发挥。

2. 劳动工具：精工细作的传统工具加上简单的加工业的工具

（1）一家一套精工细作的传统工具。水稻的种植工序是相似的，分田到户以后，虽然从整个国家来说，农业机械化水平有了很大的提高，但是就处于丘陵地区的龙霓山村来说，这些机械化的农机具用不上。因为每家每户分得的田地不多，又不能成片，这里一块那里一块（分田时根据远近和好坏的规则搭配来分的），而且因为山地农田呈不规则的梯田状，机械化的农机具一是展不开，二是成本高。所以，各家各户仍然使用原来的精工细作的传统工具。大集体时期分给几家农户共用的一套传统工具显然不够用，所以，除了耕牛以外（一般五、六家共养一头牛，原因是养牛成本比较高，得天天喂养；另外，一家一户田地有限，也用不了一整头牛的牛力），各家各户自己添置了不少传统工具。从数量上讲，传统工具的数量应该是大为增加，几乎达到一家一套的地步。

（2）新添置的手套加工工具。副业，主要是手套加工，是龙霓山村所在地区的传统加工业。大集体时期也是有手套加工的，但其从业者只是从各生产小队选拔出来的专门的社员，绝大部分村民是不从事手套加工的，生产队的生产劳动占用了绝大部分村民的几乎所有空闲时间。分田到户以后，水稻种植效率提高了，村民有了更多的农闲时间，各家各户的老人、尤其是妇女开始加入到手套加工业中来。为了加入到这个加工业中来，各家各户都购置了老式的缝纫机，购置了简单的手套切板工具。

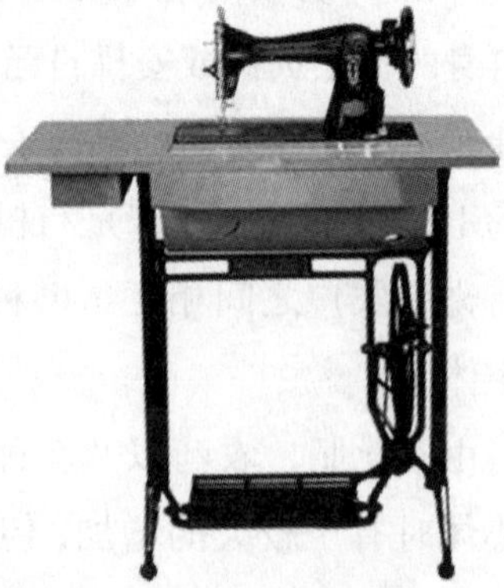

图7-19 老式缝纫机

3. 劳动内容：种田、养猪、种菜、加工手套、种西瓜、养鸭

分田到户初期，虽然有少部分村民离开了乡村，但大部分村民仍然在乡村种田，毕竟农田是乡村重要的生产要素。就种田本身来说，其劳作程序与原来大集体时期没有什么两样，但是，随着行政区划的改变（龙霓山村原来划在侏儒行政区，修堤造河的任务很重要），水利任务大幅减少；随着农药化肥和新型种子的使用，除草、积肥、栽种的任务也大为减轻。工序的简化、效率的提高，无疑为仍然留在乡村的农民从事其他的工种攒下了空闲时间。

图7-20 老式缝纫机的使用

养猪和种菜是大多数村民熟悉的乡村传统工种。大集体时期国家生猪派购的任务让村民积累了养猪的经验，这种经验使得大多数村民将养猪作为种田以外的首选工种。另外，各种粮食和经济作物剩余量的增加也为养猪积累了饲料基础。大集体时期自留地的设置让村民积累了种菜的经验，这种经验也使得大多数村民将种菜作为种粮、棉以外的必选工种。少数村民甚至将农田改造为菜园，将卖菜作为家庭收入的重要来源。当然，限于有限的技术，龙霓山村当时并没有发展起养猪场和大棚种植。

做手套是大多数妇女种田之外的首选工种。大集体时期的劳保厂（大部分产品是做手套且采用分包的方式、极少部分产品是在厂里集中做工作服）

承包给个人以后，规模不断扩大。因为做手套的技术相对简单，而且可以采用个人接包的方式来完成，所以，大部分村民都愿意从劳保厂拿回半成品在自己家里加工。虽然每双手套的加工费很有限，据说当时只有几分钱，但是，因为加工时间自由、加工数量不限，所以，加工手套成为大部分家庭的劳动内容。家庭里的男同志负责接送手套半成品和照着模具切板，女同志负责缝纫，老人和小孩负责翻手套（手套是反面做，做好后再翻过来）。年轻的女青年往往在劳保厂里集中做手套、织布或做工作服，一方面可以消除单调感，提高效率；另一方面也可以保证劳保厂的基本产量。

少部分村民为了谋求新的财路，对农田种植进行了改造，有的村民将农田改造成西瓜田，可能是技术有限，也可能是土壤不适合，西瓜田的种植面积非常有限，只能算是一个小尝试。有的村民在种好自己田的同时，空闲时间以打短工的方式帮助其他村民种田。有的村民在自己的农田上搭起棚架，集中养鸭。在固定的时间，有老板将鸭仔送到村民的棚架，并提供饲料，再在固定的时间，老板派人回收这些成熟的鸭子。据说初期挣了一些钱，后来因为不挣钱都放弃了。龙霓山村 1 组村民 XXG 是率先养鸭的村民之一，他详细地介绍了这件事。养鸭的信息来自于政府相关部门组织的农民致富讲座。他在一次农民致富讲座中，听到了这个消息，并参加了相关考察，很快决定参与。回村后，他按照要求搭建了鸭棚（当时政府为鼓励村民创业致富，搭鸭棚政府给补贴）；鸭老板如期送来了鸭苗，并定期配送饲料。为了养好鸭子，他几乎整天与鸭子待在一起，密切观察鸭子的生长状况，并对鸭子的生长环境和饲料作出调整。因为他的有心付出，他所养的鸭子不仅存活率高，而且个儿比别人养的大。大概养了四年左右就没有养了，原因是打工的工价提高了，单位时间内养鸭的收益与打工的收益相当，但养鸭存在一定的风险，所以，村庄养鸭的现象慢慢消失了。这个村民是一个村庄的民间带头人，非常大度、聪明、智慧。因为他养鸭的经验好，所以，同时养鸭的那些人经常向他请教，他也知无不言，言无不尽。凡是相信他的人，凡是真心向他学习的人，在养鸭子方面都取得了成功。其中一个村民后来加入养鸭子的行列，也向他取经，但不完全相信他，经常凭一些小道消息随意增减圈养措施。一次，他擅自提前增加鸭子的营养水平，鸭子过于兴奋，死了很多，请技术员来诊断也没有用，鸭子的死亡率仍然在增加。后来，XXG 凭借自己的经验告诉这个村民，一定是提前增加了营养，违背了圈养鸭子的生长规律，只要减少营养就能缓解鸭子的死亡率，果然，鸭子的死亡率得到了控制。另一个村民最后加入，认为只要有足够的养鸭规模，收益仍然可以超过打工收益，XXG根据自己的经验判断，认为过于冒险，极力劝阻这位村民加入。他告诉这位村民，原来养鸭，固定的时间里鸭老板都会准时来收鸭子，但市场化以后，鸭老板来收鸭子的时间是不固定的，这带来了巨大的风险。因为鸭子后期生长速度很慢，不长肉只长毛，但每天还是需要大量的饲料来维持生存。3000只鸭子（这是村民养鸭子的平均规模）每晚卖一天，就要多耗费3000元左右的饲料，但事实上鸭子后期少长肉多长毛，饲料钱抵不过鸭子长肉所卖的钱，这意味着养鸭子的村民每晚卖一天鸭子，就损失部分收益。这位村民不听从这个道理，坚持养鸭子，结果亏了不少钱。绝大多数村民听从XXG的意见，从养鸭子中挣了不少钱。市场化的力量是巨大的，它引导着村民的各种经济行为。

4. 劳动时间：自由安排

劳动时间与劳动内容密切相关。农田种植有季节性，菜园种菜有季节性，西瓜种植也有季节性，与之相应，村民不得不在相应的季节从事相应的劳动。当然，就每天的具体劳作时间来说，村民可以自由安排。

养猪养鸭有时间性，在固定时间里喂食，原料准备时间是自由安排的。

做手套时间是自由安排的，空闲时间打短工是自由安排的。

虽然在村办企业轴瓦厂里上班是有固定时间的，但那只涉及到极少数的村民。整体来说，村民在分田到户以后，劳动时间是自由安排的。

（三）打工经济时期的生产方式

1. 劳动主体：家庭中的老人、极少数留守的中青年妇女

20世纪90年代末期至今，龙霓山村的人口流动与迁移达到高峰，大多数中年以下的年轻人离开了龙霓山村，他们中绝大多数已经在城市购买了房屋；即使没有购买房屋的，他们也因子女读书的需要而在城市租了房屋。留在龙霓山村的人群主要包括三类：60岁以上的老人、因子女（相对于60岁以上的老人而言）打工太忙而留下来待照顾的孙子或孙女、因种种原因留守的极少数中青年妇女。除去正在读书的小孩外，龙霓山村的劳动主体主要是家庭中的老人和极少数留守的中青年妇女。家庭中的老人既没有精力也没有经验外

出打工，所以留守。极少数留守的中青年妇女多因小孩太小或需要在乡村读小学而又缺少老人照顾，所以留守。

前几年，因大部分人离开乡村去城里打工而造成许多农田荒芜，为了提高农田的利用效率，由政府出资对龙霓山村的农田进行了平整。因为是丘陵地区，分给各家各户的农田东一块、西一块，而且高低不平，所以，平整是提高利用效率的必要手段。平整后的土地，根据留守人群的意愿，极少数农田仍然分给家庭耕种，大部分农田集中承包给了苗木公司。具体情况见图 7-21、图 7-22、图 7-23、图 7-24、图 7-25、图 7-26、图 7-27、图 7-28。在土地平整和流转的过程中，龙霓山村的党支部充分发挥了战斗堡垒作用。于是，家庭中的老人主要成为了极少数农田的耕种者，成为了树木养护公司的打工者。极少数留守的中青年妇女成为了乡村劳保厂的打工者，有老人照顾小孩的中青年妇女在劳保厂集中时间上下班（仍然采用记件制，但因为简单劳动在集中劳动的情境下能提高效率，所以在劳保厂集中劳动），没有老人照顾小孩的中青年妇女在自己家里做手套。

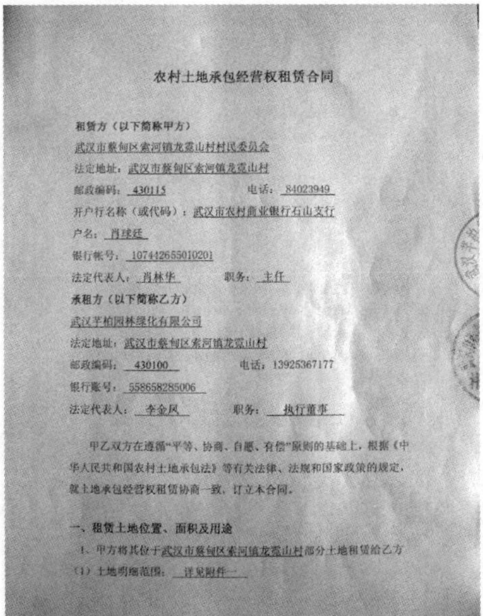

农村土地承包经营权租赁合同

租赁方（以下简称甲方）
武汉市蔡甸区索河镇龙霓山村村民委员会
法定地址：武汉市蔡甸区索河镇龙霓山村
邮政编码：430115　　电话：84023949
开户行名称（或代码）：武汉市农村商业银行石山支行
户名：肖绿廷
银行帐号：107442655010201
法定代表人：肖林华　　职务：主任
承租方（以下简称乙方）
武汉芊柏园林绿化有限公司
法定地址：武汉市蔡甸区索河镇龙霓山村
邮政编码：430100　　电话：13925367177
银行账号：558658285006
法定代表人：李金凤　　职务：执行董事

甲乙双方在遵循“平等、协商、自愿、有偿”原则的基础上，根据《中华人民共和国农村土地承包法》等有关法律、法规和国家政策的规定，就土地承包经营权租赁协商一致，订立本合同。

一、租赁土地位置、面积及用途
1、甲方将其位于武汉市蔡甸区索河镇龙霓山村部分土地租赁给乙方
（1）土地明细范围：详见附件一

图7-21 租赁合同

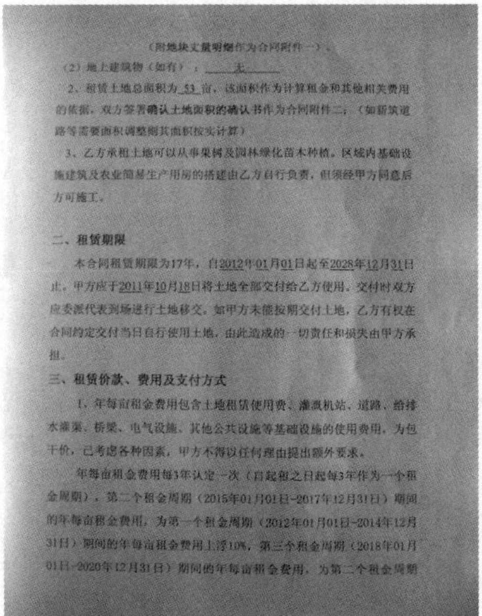

（附地块丈量明细作为合同附件一）。
（2）地上建筑物（如有）：无
2、租赁土地总面积为 53 亩，该面积作为计算租金和其他相关费用的依据，双方签署确认土地面积的确认书作为合同附件二；（如新筑道路等需要面积调整则其面积按实计算）
3、乙方承租土地可以从事果树及园林绿化苗木种植。区域内基础设施建筑及农业简易生产用房的搭建由乙方自行负责，但须经甲方同意后方可施工。

二、租赁期限
本合同租赁期限为17年，自2012年01月01日起至2028年12月31日止。甲方应于2011年10月18日将土地全部交付给乙方使用。交付时双方应委派代表到场进行土地移交。如甲方未能按期交付土地，乙方有权在合同约定交付当日自行使用土地，由此造成的一切责任和损失由甲方承担。

三、租赁价款、费用及支付方式
1、年每亩租金费用包含土地租赁使用费、灌溉机站、道路、给排水渠渠、桥梁、电气设施、其他公共设施等基础设施的使用费用，为包干价，已考虑各种因素，甲方不得以任何理由提出额外要求。
年每亩租金费用每3年认定一次（自起租之日起每3年作为一个租金周期），第二个租金周期（2015年01月01日-2017年12月31日）期间的年每亩租金费用，为第一个租金周期（2012年01月01日-2014年12月31日）期间的年每亩租金费用上浮10%，第三个租金周期（2018年01月01日-2020年12月31日）期间的年每亩租金费用，为第二个租金周期

图7-22 租赁合同

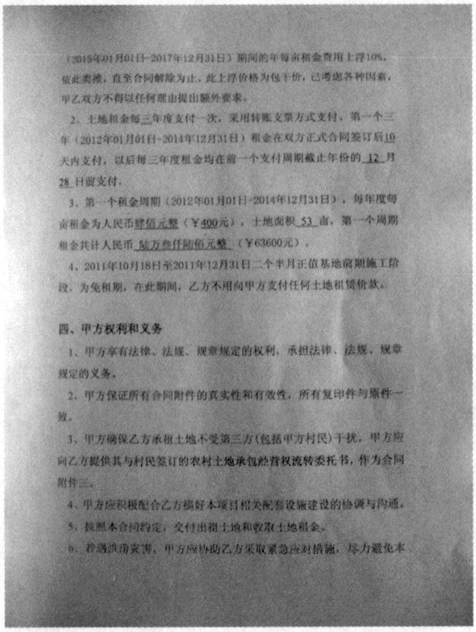
（2015年01月01日-2017年12月31日）期间的年每亩租金费用上浮10%，依此类推，直至合同解除为止，此上浮价格为包干价，已考虑各种因素，甲乙双方不得以任何理由提出额外要求。

2、土地租金每三年度支付一次，采用转账支票方式支付，第一个三年（2012年01月01日-2014年12月31日）租金在双方正式合同签订后10天内支付，以后每三年度租金均在前一个支付周期截止年份的 12 月 28 日前支付。

3、第一个租金周期（2012年01月01日-2014年12月31日），每年度每亩租金为人民币肆佰元整（￥400元），土地面积 53 亩，第一个周期租金共计人民币 陆万叁仟陆佰元整 （￥63600元）。

4、2011年10月18日至2011年12月31日二个半月正值基地前期施工阶段，为免租期，在此期间，乙方不用向甲方支付任何土地租赁价款。

四、甲方权利和义务

1、甲方享有法律、法规、规章规定的权利，承担法律、法规、规章规定的义务。

2、甲方保证所有合同附件的真实性和有效性，所有复印件与原件一致。

3、甲方确保乙方承租土地不受第三方（包括甲方村民）干扰，甲方应向乙方提供其与村民签订的农村土地承包经营权流转委托书，作为合同附件三。

4、甲方应积极配合乙方搞好本项目相关配套设施建设的协调与沟通。

5、按照本合同约定，交付出租土地和收取土地租金。

6、若遇洪涝灾害，甲方应协助乙方采取紧急应对措施，尽力避免本

图7-23 租赁合同

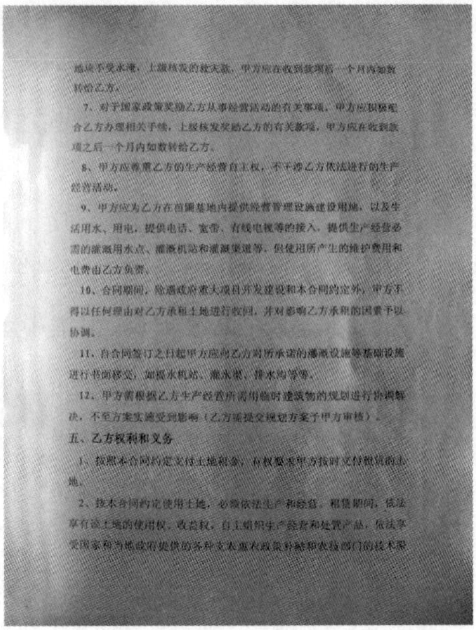
地块不受水淹，上级核发的救灾款，甲方应在收到款项后一个月内如数转给乙方。

7、对于国家政策奖励乙方从事经营活动的有关事项，甲方应积极配合乙方办理相关手续，上级核发奖励乙方的有关款项，甲方应在收到款项之后一个月内如数转给乙方。

8、甲方应尊重乙方的生产经营自主权，不干涉乙方依法进行的生产经营活动。

9、甲方应为乙方在苗圃基地内提供经营管理设施建设用地，以及生活用水、用电，提供电话、宽带、有线电视等的接入，提供生产经营必需的灌溉用水点、灌溉机站和灌溉渠道等，但使用所产生的维护费用和电费由乙方负责。

10、合同期间，除遇政府重大项目开发建设和本合同约定外，甲方不得以任何理由对乙方承租土地进行收回，并对影响乙方承租的因素予以协调。

11、自合同签订之日起甲方应向乙方对所承诺的灌溉设施等基础设施进行书面移交，如提水机站、灌水渠、排水沟等等。

12、甲方需根据乙方生产经营所需用临时建筑物的规划进行协调解决，不至方案实施受到影响（乙方需提交规划方案予甲方审核）。

五、乙方权利和义务

1、按照本合同约定支付土地租金，有权要求甲方按时交付租赁的土地。

2、按本合同约定使用土地，必须依法生产和经营。租赁期间，依法享有该土地的使用权、收益权，自主组织生产经营和处置产品，依法享受国家和当地政府提供的各种支农惠农政策补贴和农技部门的技术服

图7-24 租赁合同

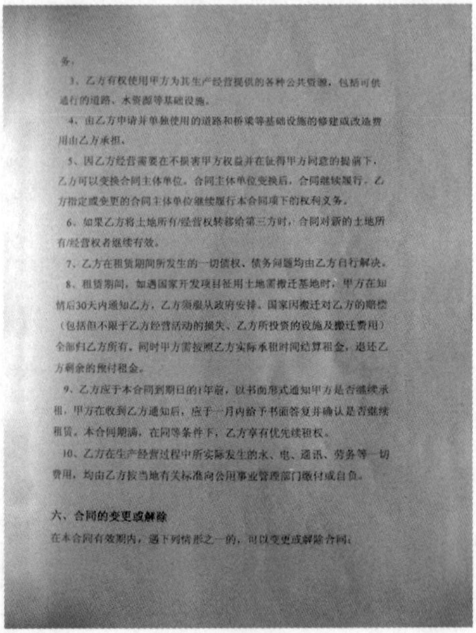
务。

3、乙方有权使用甲方为其生产经营提供的各种公共资源，包括可供通行的道路、水资源等基础设施。

4、由乙方申请并单独使用的道路和桥梁等基础设施的修建或改造费用由乙方承担。

5、因乙方经营需要在不损害甲方权益并在征得甲方同意的提前下，乙方可以变换合同主体单位。合同主体单位变换后，合同继续履行。乙方指定或变更的合同主体单位继续履行本合同项下的权利义务。

6、如果乙方将土地所有/经营权转移给第三方时，合同对新的土地所有/经营权者继续有效。

7、乙方在租赁期间所发生的一切债权、债务问题均由乙方自行解决。

8、租赁期间，如遇国家开发项目征用土地需搬迁基地时，甲方在知情后30天内通知乙方，乙方须服从政府安排。国家因搬迁对乙方的赔偿（包括但不限于乙方经营活动的损失、乙方所投资的设施及搬迁费用）全部归乙方所有，同时甲方需按照乙方实际承租时间结算租金，退还乙方剩余的预付租金。

9、乙方应于本合同到期日的1年前，以书面形式通知甲方是否继续承租，甲方在收到乙方通知后，应于一月内给予书面答复并确认是否继续租赁。本合同期满，在同等条件下，乙方享有优先续租权。

10、乙方在生产经营过程中所实际发生的水、电、通讯、劳务等一切费用，均由乙方按当地有关标准向公用事业管理部门缴付或自负。

六、合同的变更或解除

在本合同有效期内，遇下列情形之一的，可以变更或解除合同：

图7-25 租赁合同

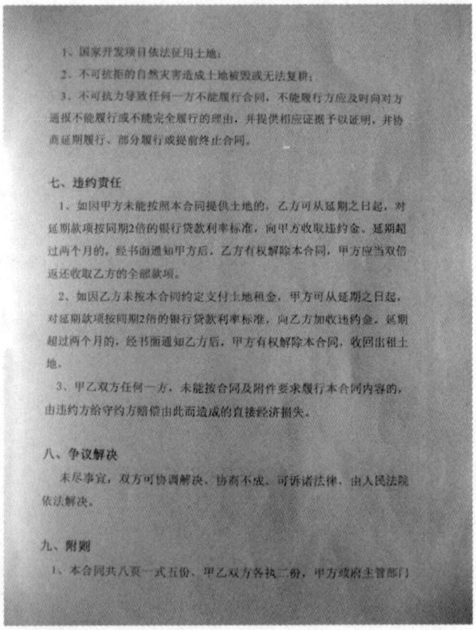
1、国家开发项目依法征用土地；

2、不可抗拒的自然灾害造成土地被毁或无法复耕；

3、不可抗力导致任何一方不能履行合同，不能履行方应及时向对方通报不能履行或不能完全履行的理由，并提供相应证据予以证明，并协商延期履行、部分履行或提前终止合同。

七、违约责任

1、如因甲方未能按照本合同提供土地的，乙方可从延期之日起，对延期款项按同期2倍的银行贷款利率标准，向甲方收取违约金。延期超过两个月的，经书面通知甲方后，乙方有权解除本合同，甲方应当双倍返还收取乙方的全部款项。

2、如因乙方未按本合同约定支付土地租金，甲方可从延期之日起，对延期款项按同期2倍的银行贷款利率标准，向乙方加收违约金。延期超过两个月的，经书面通知乙方后，甲方有权解除本合同，收回出租土地。

3、甲乙双方任何一方，未能按合同及附件要求履行本合同内容的，由违约方给守约方赔偿由此而造成的直接经济损失。

八、争议解决

未尽事宜，双方可协调解决，协商不成，可诉诸法律，由人民法院依法解决。

九、附则

1、本合同共八页一式五份，甲乙双方各执二份，甲方政府主管部门

图7-26 租赁合同

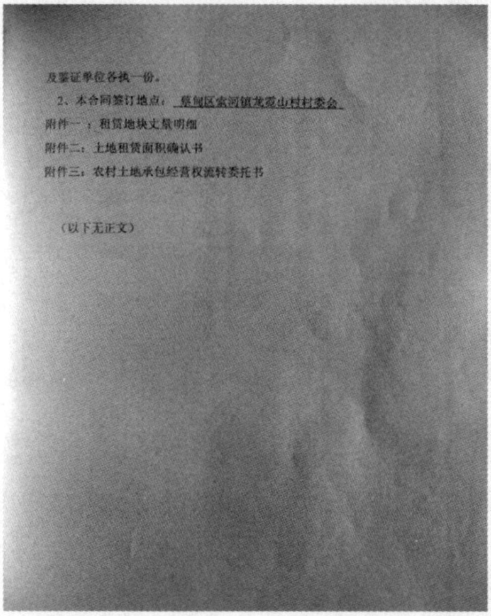

及鉴证单位各执一份。

2、本合同签订地点：蔡甸区索河镇龙霓山村村委会

附件一：租赁地块丈量明细

附件二：土地租赁面积确认书

附件三：农村土地承包经营权流转委托书

（以下无正文）

图7-27　租赁合同

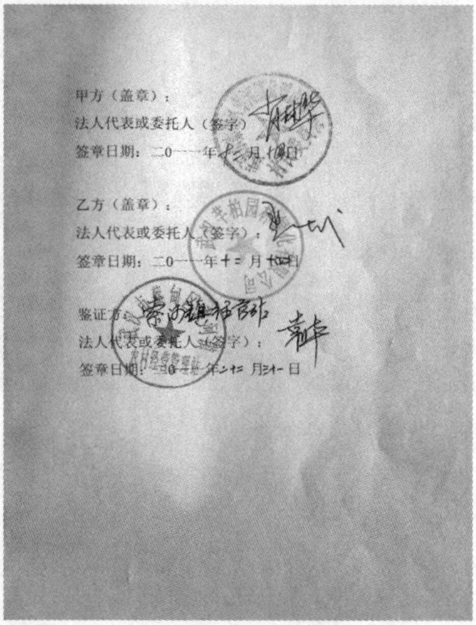

甲方（盖章）：

法人代表或委托人（签字）：

签章日期：二0一一年十二月[illegible]日

乙方（盖章）：

法人代表或委托人（签字）：

签章日期：二0一一年十二月[illegible]日

鉴证方：

法人代表或委托人（签字）：

签章日期：二0[illegible]年十二月三十一日

图7-28　租赁合同

2. 劳动工具：农用机械和半自动化缝纫机

近5年来，乡村已经看不到传统的精耕细作的耕种场面了，因为土地平整后，农用机械有了施展“才华”的舞台，而且效率更高，所以，伴随农业社会的耕牛消失了，伴随乡土社会的传统耕种工具用不上了。另外，随着土地流转，劳保厂的规模比以往有了扩大，新型的半自动化缝纫机走进了龙霓山村的几乎每个留守家庭。

（1）旋耕机及其使用。

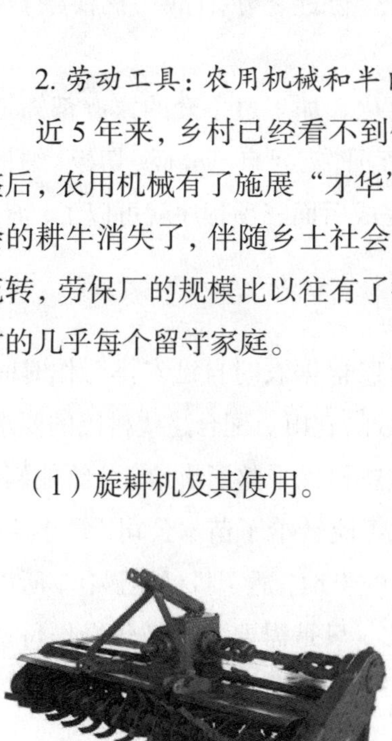

图7-29　旋耕机

图7-30　旋耕机的使用

（2）电动缝纫机。

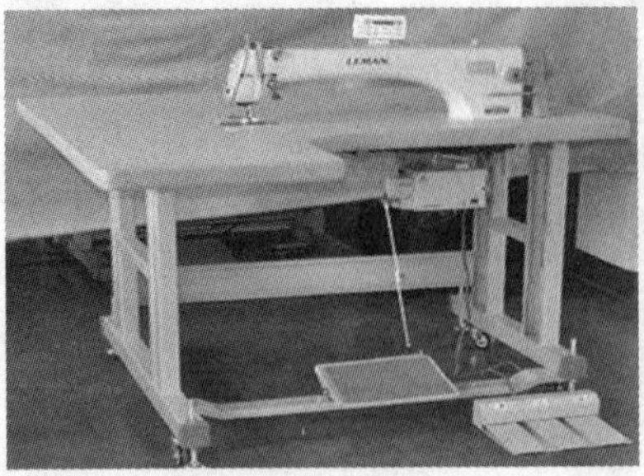

图7-31 电动缝纫机

图7-32 电动缝纫机的使用

3. 劳动内容：农田种植、手套加工

较之以前，农田种植的程序已经大为简化。土地平整后，耕田、耙田、平田完全为机械所代替；收割也基本为机械作业。除此之外，育秧、插秧、打药、田间管理等程序基本与以往相同。

较之以前，手套加工的程序已经大为简化。加工过手套的家庭都知道，原来做一双手套，需要自己加工的程序超过五项，需要自己叠板、切板、纳板、缝合、上大姆指、翻过来等。现在，只需要完成后面三项程序就可以了，前面两项程序由厂家使用机械化完成。

4. 劳动时间：自主安排和定时打工

种自家农田的村民比较自由，基本上可以根据农时自己安排劳作时间。土地流转后，少数老年村民坚持种植自家少数的农田。配合这些村民的要求，村级组织在每个小组最方便的位置集中给这些村民平整了土地，分给他们在使用权内所要求面积的农田，其他多余的农田流转给了苗木公司，每年从苗木公司领取每亩四百元左右的补助。平整后的土地，适于机械化操作，所以，这些农户在农田种植上也比原来方便了许多，只是需要为机械化操作付费。另外，为了减少农田种植的成本，所有的农户都集体行动，选择一年种植一季水稻，育秧苗和插秧时也都互相帮助，其乐融融。由于水稻种子的改进，一季水稻种植的产量也不亚于原来种植两季水稻的产量。这些农户种植的水稻除了养殖少量的鸡鸭外，主要用于自家食用，很少售卖。

在自家加工手套的村民比较自由，有空闲时间才动手加工。

在劳保厂和苗木公司上班的村民，正常情况下每天在固定的时间里上下班。特殊情况下，比如天热、下雨等，可能有所变动。当然，请假也是允许的。

二、村庄生活方式及其变迁

物质贫乏，思想封闭，生产劳累，生活单调，可能现在的很多年轻人对20世纪60—70年代都带有这样的刻板印象，更不用说那时极度落后的中国乡村了。但对于很多经历过那个时代的人来说，那样的生活却带给了他们不一样的、乃至最珍贵的记忆。在我们的乡村调研过程中，在谈及大集体时代的生活娱乐方式时，人们总是有说不完的话，讲不完的故事，内容尽管大同小异，但听者却从中听出了不一样的乐趣。

现代科技带来了娱乐方式的大众化，传统的电影、电视已经很难满足当代人们快餐式的娱乐需求，3D电影、4D电影、数字电视、网络电视、智能电视，电影电视技术越来越呈现出复杂化、概念化的发展趋势。生活在科技繁荣时代的人们或许早已忘却了三十多年前单调、落后，甚至现在看来有些好笑的娱乐方式，但就是这些简单的娱乐方式支撑起了那个时代的身躯，构成了那个时代人们的共同记忆。随着时代的变迁，村庄生活方式经历了从露天电影、村广播到露天电视，从集体乘凉到大妈广场舞的特殊印记变迁。

（一）从露天电影、村广播到露天电视的变迁

1. 露天电影：一个时代的印记

（1）新中国成立后汉阳县电影放映发展概述。

龙霓山村当时所属的汉阳县（今武汉市蔡甸区）于1956年成立了第一支电影放映队，称之为汉阳第一队，并相继成立二、三、四队，在全县城乡巡回放映。到1970年，全县共建电影放映队9个，另外，县科协还成立了科教电影队。

1971年5月，将9个放映队下放到8个区和三线工地，按所在地区命名，属当地与电影公司双重领导。到1972年，全县9个区都建立了国营电影队。1973—1974年，为方便开荒垦地的需要，汉阳县又成立了7个放映队。1975

年撤区并社，并为侏儒、邓南、索河等地各增加社办电影队一个。1980年后，随着经济体制改革的进行，又出现了个体电影放映户。到1985年，全汉阳县有国营放映队6个，乡办11个，村办33个，单位办4个，个体办3个，共计57个。

电影放映队为每个单位或村镇放映并不是免费的，需要收取一定的放映费。这一费用在不同时期也有所差异。建国初期，汉阳县农村地区放映电影一般收费每场20元。1956年，一般地区每场收费45元。1960年，一般地区每场收费35元。1971年，农村地区收费每场45元。到了1984年，随着放映技术的进步，农村电影放映开始使用35毫米、55毫米的放映机，银幕也有了普通银幕和宽银幕之分。价格从每场30元到85元不等。这一费用由单位或村委会支付，面向村民免费放映。露天电影的放映场所正如字面意义所言，多在露天开阔地带进行放映，但在阴天下雨时会转移到公社礼堂进行。

（2）乡村记忆中的露天电影。

在我们大量的访谈过程中，在谈及大集体时代的娱乐方式时，露天电影往往是人们绕不开的一个话题。作为那时的“稀罕东西”，露天电影不仅是人们繁重劳作之余的重要放松方式，也是闭塞的乡村中人们接触外来新鲜事物的唯一途径。在闷热潮湿的南方乡村，露天电影也是人们乘凉、休闲、与邻里交流感情的好机会。

电影放映队多由公社或乡所有，一个电影队的服务范围往往要覆盖整个乡的十几个行政村，因此每个村一个月最多只有一到两次放映机会。这对于村民来说，露天电影更显珍贵，跟随放映队流动的“大军”也就形成。电影放映的消息会迅速在乡村中传播开，因而往往是电影放映到哪，人们就跟到哪。当然，“大军”的主力是小孩子，这一来可以脱离父母的约束，任性妄为，二来对于年纪尚小的儿童来说，露天电影还仍然是个新鲜事物。

露天电影一般选取在空旷地带来放映，南方农村的禾场（即打粮晒谷的场地）成为了最佳地点。每到放电影的当天傍晚，下工的人们匆匆吃过饭，有的甚至端着饭碗来到放映片场，只为占据一个“有利位置”，若来晚的话，只能在视线不好的最后面、甚至是树上、房顶来观看了。在盛夏时节，露天电影一般在七点到八点之间开始，因此在电影放映前的一个多小时，带着板凳陆陆续续赶来的人们就几乎把宽阔的禾场填满了。随着夜色降临，放映员开始调试灯光，聒噪的禾场上顿时更显热闹，小孩子的嬉笑打骂、大人的放声交谈、狗吠牛叫充斥在整个禾场上。而当电影开始放映，音乐响起时，禾场霎时间便会安静下来，人们中断交谈的话题，孩童停止无端的打闹，甚至连小狗也会安静地蹲在主人旁边静静地观看。随着情节的深入，人群中时不时会爆发出哄笑声、掌声、喝彩声，在那个精神亢奋的年代，人们也会因为某些或感人或愤懑的情节而潸然泪下或高声呵斥。一部电影浓缩了人们各种复杂的情感，又触动着人们的神经，拨动着人们的心弦，使得劳作一天的村民得以尽情地释放心中的情愫。当然对于很多不谙世事的小孩来说，很难老老实实地端坐在那看电影，因此电影开始半个小时就会有调皮的小孩子又开始捣乱，有的跑到荧幕前扮鬼脸、有的遮住放映镜头做手势，有的故意大声叫嚷，这时放映员或者负责维持秩序的村干部就会用扩音器呵斥，呼唤孩子的家长看好自己的小孩，这又在人群中引起阵阵骚动。待到夜深，电影放映完毕，人群渐渐散去，乡村中又恢复往日的宁静。总之，一场露天电影的放映过程往往跟电影内容一样起起伏伏，为仲夏夜的乡村带来几分乐趣。

电影放映的内容很少变化，在文革十年中，样板戏、革命电影成了不变的主题。男同志比较喜欢战斗片，而妇女老人则喜欢戏剧，比如当时的样板戏和湖北当地的楚剧。而像《沙家浜》《智取威虎山》《红灯记》《小兵张嘎》《南征北战》《红色娘子军》等这些耳熟能详、老少咸宜的电影，在年复一年的放映中，人们不仅记住了每个情节，甚至记住了某些台词。“面包会有的，牛奶也会有的”，采访中，时任石山村广播员的袁爹爹就清楚地记得这句苏联电影里的经典台词。

露天电影不仅仅是大家聚在一块看免费电影那样简单，在生活单调、物质匮乏的年代里，露天电影也更多地承担起了村民之间交流感情、沟通信息、了解外面世界的作用。据村民回忆，放电影过程中，人们更多地是聊天、唠家常，小孩之间打打闹闹，也有青年男女之间的相互调情，甚至还有村民因琐事发生纠纷乃至大打出手的情况，但是闹归闹，第二天再见面，人们便忘却了头天晚上的不愉快。当然，露天电影还是村民展示自己的一次机会。比如有的退伍老兵会在放电影时穿上自己的旧军装，20 世纪 80 年代有的年轻人还会穿上喇叭裤、大头皮鞋这些当时时髦的衣服，年轻女子会“涂脂抹粉”，精心打扮一番。这些碎片共同构成了人们对露天电影的记忆，虽经时间的风霜却历久弥新。

（3）乡村露天电影的消失。

露天电影作为物质和文化生活匮乏时代的一种特殊文化传播方式，随着时代的变迁，也逐渐退出了历史舞台。到20世纪90年代，随着电视的普及，几乎很难再现那种万人空巷的盛况。虽然现在乡村里偶尔也有“放电影的”，但无论其放映规模、吸引的人数、在乡村中造成的影响都难以与以前相比。正如村民们所言，“这（放电影）是上面派的任务，必须要完成”。可见，露天电影已经成为了一代人特殊的文化记忆。

2. 村广播：从集体劳作到致富传播

（1）新中国成立后至90年代初汉阳县广播事业发展概况。

汉阳县1950年始建收音站，1956年春，筹办了县广播站，1956年4月，汉阳县开始架设从乡镇到农业生产合作社的广播线路，县到区、乡均利用电话线传送广播信号。1959年时，建成了公社广播放大站6个，并开始试办喇叭入户，发展喇叭900只。到1960年，全县喇叭达到3145只。

20世纪60年代、70年代，汉阳县公社广播站在政策变化中也进行了反复调整。到1980年，全县广播喇叭共有1.5万只，其中入户喇叭1.35万只，高音喇叭1274只，音响喇叭313只，乡、镇广播站17个，村广播室264个。县到乡、镇广播专线143.5杆 / 公里，乡以下专线264杆 / 公里。

经费方面，1956—1958年，县广播站的事业经费由地方财政自筹支出。1969年起列入国家预算，1972年后，区、社（乡镇）广播设备，人员工资由县广播站列支。1980年后，国家实行广播事业经费包干制度。县内农村的广播费用由国家、集体、个人分层负担。即大队广播室的设备、杆线、高音喇叭费用由大队集体负担，入户喇叭费用由个人负担。汉阳县广播站的在编人数，1956年为6人，1985年则增加到79人。

（2）高音喇叭里的时代声波。

“各位村民注意了，各位村民注意了！”想必经历过20世纪90年代以前的农村生活的人都还对每天村里大广播里的这个声音记忆犹新。广播作为新中国成立后的特殊产物，在农村生活中起着很重要的宣传、组织作用，它既是国家政策的传声筒，也是组织、动员村民的旌旗。从20世纪50年代中期到“文革”期间，在整体政策环境下，农村有线广播更加突出它的政治功能，为激发村民的政治斗争热情、开展农业生产建设发挥了很大作用。“文革”结束后，随着改革开放的东风徐徐吹进农村，有线广播在继续行使它的政治宣传、生产组织功能的同时，开始强化其娱乐休闲、信息传播的功能。进入 20 世纪 80 年代中期，电视的普及，农村外出打工人数的增多，以及乡镇政府体制的改革，使得有线广播的信息传播功能越来越弱化，直到 20 世纪 80 年代后期基本瘫痪。如今在中国绝大多数乡村很难再见到“村村通广播，乡乡有放大站”的景况了。可以说，高音喇叭伴随着中国的政治进程，真实见证了农村数十年来的发展变化，传递着时代的悠悠声波。

大多数农民对村里的有线广播都留有深刻的记忆。在很长一段时间内，高音喇叭都是村民仅有的娱乐方式和信息获取途径。村里的 WXZ 老人清楚地记得龙霓山村是在 1976 年由龙霓大队和严岭大队合并而来，因为那一年吴爹爹正是在开群众大会时从村广播里听到了华国锋主席上台的消息。对于普通村民来说，高音喇叭也是每天辛苦劳作中放松和回家后休闲的工具。由于每家每户都有入户喇叭，每天下工后回到家中，听一听喇叭里播放的戏曲、歌曲、新闻，美美地喝上一杯自制茶，都是很惬意的事情。在那个年代里，收音机尽管已经在市面上流通，但对于很多没有什么额外收入的农民来说，购买收音机仍然是相当奢侈的事情，况且当时购买收音机还需要票证。很多农民学会了自制简易收音机，在村里曾做会计的肖爹爹说，以前用一个耳机、一根地线、一个二极管就可以组成收音机。

龙霓山村 4 组的袁爹爹从 1968 年开始就担任大队广播员，此后一直干了 10 年。对广播的时间、内容，老人至今依然清晰地记得。广播从上午六点半开始播放两个小时，主要播放中央人民广播电台的新闻，中午从十二点播放到下午两点，晚上则从六点钟播放到八点钟。后面两个时间段主要播放样板戏、革命歌曲、毛主席语录和毛主席诗词歌曲。其间穿插大队要传达的精神、要通知的事情以及对好人好事和生产先进分子的表彰。“谁家放牛放的好，耕田耕的好，都在大广播里说一说”，袁爹爹这样说道。

（3）广播里飞出的致富经。

1982 年实行的家庭联产承包责任制，把农民从土地里解放出来，农民积极性获得了极大的提升，越来越多的农民开始寻求新的致富途径。作为这时服务农村生产建设的工具，有线广播也开始为农民提供更多的致富信息。

1981 年，为配合农村经济体制改革，汉阳县广播站开办了《谈谈致富经》《承包信息》《科技信息》《农事小顾问》等农业专题节目。1984 年 3 月，县广播站播出了《养猪专业户吴正平的呼吁》一稿，播出后，县公安局连夜派人到广播站抄写了原稿，第二天，公安局与有关单位联合组织了 20 多个调查组，对专业户利益受损情况进行调查，帮助专业户制定了防盗措施。乡、村广播站、室也积极为专业户进行宣传。霞光村广播室为帮助豆腐专业户推销产品，广播员编了个顺口溜："霞光一队队长家，出售豆腐和豆渣，豆渣每斤 3 分钱，豆腐可以卖批发。谁要上门来订货，他还可以送到家，谁家需要磨豆浆，请和他家把钩挂"。经过广播站的反复广播，原来每天只能售出一百多块豆腐，后来则卖到了四五百块。

3. 露天电视：改革开放成果初现

（1）新中国成立后至 90 年代初汉阳县电视业发展概况。

1961 年，汉阳县广播站购置了全县第一台电视机——"北京牌" 820 型 14 寸黑白电视机。在 1978 年以前，电视机作为绝对意义上的奢侈品，在民间保有量是很少的，1978 年全县仅有 374 台，且均系集体购置。到了 1985 年时，整个汉阳县拥有 4.7 万台电视机。

1984 年 6 月，汉阳县开始有了正规的电视录像放映单位。1985 年 9 月，汉阳县电视录像放映进行调整，文化系统 8 个，广播系统 1 个。

1985 年 6 月汉阳县建成了第一座电视广播塔，位于今蔡甸区秦府岭。此外，湖北省广播电视厅在汉阳县永安乡九真山先后建设了"八二一"工程、省广播电视学校以及省电视剧制作中心拍摄基地。

（2）乡村露天电视的昙花一现。

在露天电影大行其道的 20 世纪 80 年代，又一个新鲜事物悄悄走进了乡村生活——露天电视。如果说"三大件"（手表、自行车、缝纫机）在七八十年代的中国乡村乃至城市都是不可多得的奢侈品的话，那么，电视则更是评判一个家庭步入小康的重要标志。因此，如果哪家要是买了电视，那在当时绝对是轰动全村的事件。在三十多年前的龙霓山村，尚未修通公路，跟外界联系闭塞，能买到电视的人家更是少之又少。据村里的吴老会计回忆，他在 1985 年买上电视时，是村里最先拥有电视的人家之一。十二寸的黑白电视机，吴爹爹仍然清晰地记得价格是 220 元。这在当时是个很大的数目了。此外，吴爹爹家还添置了一台电扇，76元。吴爹爹买上了电视，这在全村引起了不小的轰动，很多同组的村民前来“看稀罕”，看了电视节目后，人们不忍离去。此后每天来吴爹爹家观看电视的人络绎不绝，吴爹爹的家几乎成了一个小型剧院。人多的时候，不仅堂屋里坐满了人，甚至连大门外也站着很多人。至于那时看的电视节目，吴爹爹还清楚的记得，像《排球女将》《霍元甲》《西游记》等。露天电视的悄然出现，丰富了村民的精神文化生活，与一个月放映一两次的露天电影相比，每天都能看到的露天电视显然更合村民每日休闲放松的需要。因此，到有电视的人家看电视也成为一种新的娱乐方式。这从一个侧面也可以反映出当时的乡邻关系是融洽、和谐的。电视作为一种耐用消费品在乡村中流行也很快，在一些先富起来的农民的带动下，越来越多的村民开始买上了电视。看电视不再是富裕人家的专利，而逐渐成为寻常百姓家的普通娱乐方式。

通过电视，封闭的山村一点点打破了与外界的隔阂，乡村不再是与外面世界隔绝的孤岛，乡村与城市的联系因为新传播工具的应用开始愈发紧密。此外，电视所带来的就业、创业信息开始像雪花一样飞进村子，外出打工开始有了更多的选择，信息层面也不再是“一穷二白”的状况，这对乡村的生产和生活都产生着极为重要的影响。

（二）从集体乘凉到大妈广场舞的变迁

村庄是社会化的，是由人组成的整体。人们在这一社区内不仅要进行个体的或集体的生产劳动，还要进行社会化的人际交往。就村庄的生活娱乐方式来说，任何时候的生活娱乐都不是单个存在的，从大集体时代的集体乘凉，到如今风靡的大妈广场舞，无论不同时期的生产方式和生活水平如何，村民的娱乐方式都明显体现着集体的特征。从集体乘凉到广场舞的变迁中，我们可以窥探出乡村内部一些不易察觉的变化。

1. 集体乘凉：仲夏夜的趣事

（1）集体劳作后的放松方式。

试想一下，闷热的三伏天，村民经过一天辛苦的劳作之后，回到家中，冲个凉水澡，美美地吃上一顿晚饭，与家人或乡邻三五成群地聚集在树下、路边，聊天说笑，吹风纳凉，这是何等的惬意！大集体生产时期，人们每天担负着繁重的劳动任务，面临着沉重的生活压力，每天都要为工分努力劳动，年复一年，日复一日的重复劳作使人们的生活愈发单调，村民们每天下工后所盼望的事就是好好休息一下。然而在物质匮乏的七八十年代，普通人家没有电视，即便是电扇也是稀有的奢侈品，这样一来，酷热难挨的夏天能放松身心又能避暑纳凉的唯一方式就剩户外乘凉了。

乡村的集体乘凉既包括傍晚到晚上村民下工后的集体乘凉，也包括中午饭后的短暂休息，当然也有工作时几个人聚在一块的简单小憩。但从人数规模和休息作用上来讲，主要是指第一种。集体乘凉的地点不固定，但主要是选在阴凉、通风好，平坦开阔，且地面干净、少有水潭、草丛的地方，一来可以避免蚊虫叮咬，二来干净的地方可以直接席地而坐，也方便孩童玩耍。在乡村里，这样的地方主要是村大路两旁、禾场。每到傍晚时分，太阳挂在西面山头，凉风开始徐徐吹来时，吃过晚饭的村民陆陆续续从各自家中出来，手中或拿着小板凳，或带着草席，有的甚至搬出自家的竹床。此外，像水壶、蒲扇、毛巾等也是户外纳凉必不可少的物品，有的家庭条件比较好的人还会带着收音机这种“高档产品”。人们拖家带口，来到大路边或禾场，由于乘凉的人很多，提早占一个比较好的位置也是很关键的。

乘凉时人们的聊天内容可谓海纳百川，无所不包。男人们谈论庄稼，预测收成，你一言我一语，好不热闹。说话总是有一搭没一搭的，晃晃悠悠，全然没有了白天的忙碌急促。谈完农事，又谈起广播里的国家大事，还有各种奇闻趣事，反正谈天说地，无话不说。女人们则喜欢讨论家常琐事，东家长李家短，“刺耳”的吵闹嬉笑经常能盖过男人们的嗓门。男女之间也会来几场“互动”，开朗的妇女主动与男人们逗趣，打情骂俏，即便开个恶俗的荤笑话也无伤大雅。

孩子们是待不住的，到处嬉戏打闹，在熙熙攘攘的人群中钻来钻去，跑累了，便依偎到父母、爷爷奶奶的怀里，吵着闹着要听故事。单调的生活里故事少，但应付这些小孩子们还是绰绰有余，长辈们摇着扇子给孩子们讲三国水浒、田间趣闻，引得小孩子一惊一乍，也引得旁人哈哈大笑，为乘凉平添了几分乐趣。四周虫叫蛙鸣，配上人们的嬉笑怒骂，奏出了一曲和谐的仲夏夜奏鸣曲。

（2）集体乘凉中的趣事。

集体乘凉为繁重的大集体劳动以及单调的物质生活带来了很多乐趣，这其中也不乏一些趣事。我们在调查过程中就听到了一些有关集体乘凉的趣闻。

龙霓山村3组的袁婆婆说，记得一个特别闷热的夏夜，在家中实在是辗转反侧，难以入眠，于是决定和一已婚女伴去村东头的大路边睡。简单清扫下地面，耳朵上插上艾叶，摇着扇子，睡在草席上的两人很快就进入了梦乡。谁知，半夜醒来，袁婆婆忽然发现旁边的女伴不见了，瞬间大惊失色，卷起草席就跑回了家中。次日干活时，袁婆婆看到了昨晚的女伴，便斥声道，为什么不叫上我？这时一旁的丈夫回击，我叫我媳妇回家睡觉，叫上你干吗！听此，众人哈哈大笑。

乘凉虽好，也有手忙脚乱的时候。夜深了，小孩子们都酣然入梦了，这时候突然雷声大作，乌云遮蔽。可是贪凉的小孩睡得正香，任凭大人怎么拼命地摇晃、叫喊都无动于衷，没办法大人狠狠地在屁股上打了两巴掌，疼得"哇"一声哭了起来，揉着惺忪的眼睛大声嚷着"怎么……？"还没等说完，一个雷在头顶上轰然炸响，几颗雨滴砸了下来，于是拽着席子跟着大人急急忙忙往家赶，还好，刚一到家，大雨就倾盆而至。

（3）集体乘凉下的乡邻关系。

集体乘凉作为物质匮乏时期人们主要的娱乐休闲方式，在很大程度上也承担起了村民之间、家庭内部成员之间交流感情、调节关系的任务。集体乘凉的过程也可以看作是乡民之间增进感情的过程。在繁重的集体劳动中，人们多忙于挣工分，很难有闲暇时间聊天，最多只是工作之余几个人聚在大树下、阴凉地抽抽烟，喝口水，其他时间都在紧张地忙碌着。因而，每晚的集体乘凉便为村民提供了这样一个妥善处理乡邻关系的机会。

可以说，从大集体时代一直到20世纪80年代初的乡村，村民之间的关系因为缺少物质利益上的冲突，还是比较和谐融洽的。在调查过程中，很多村民都表达了对那时乡邻关系的怀念。集体乘凉给村民们提供了聚集在一起的机会，提供了调节冲突、消除隔阂的平台，村民们既然能聚在一块儿聊天说笑，正说明了村民之间纠纷、冲突较少的良好关系。设想村民之间若存在很尖锐的利益冲突，就很难在一块儿正常说笑了。改革开放尤其是分田到户以后，大集体生产变为各家各户独立生产，传统的"大锅饭"式分配变为村民的各自为政，利益分配上的均衡被打破，贫富差距开始在乡村中出现，村民间的利益关系越来越复杂化。电视、电扇的普及加速革新了村民的娱乐休闲方式，往日那种万人空巷、集体乘凉的盛况在乡村中消失不见。取代集体乘凉背后良好乡邻关系的，是村民与村民之间、村民与村委会之间越来越多的矛盾冲突。调查中，许多村民就表达了对分田到户后集体企业经营、分配以及村土地承包、流转的不满，还有一些村民对部分村民“靠关系”“靠手段”致富的不满。集体乘凉下的淳朴民风和和谐乡邻关系正渐渐消失，取而代之的是与外面世界越来越“接轨”的复杂利益关系。

2. 大妈广场舞：城市化的休闲

（1）广场舞与城市化。

集体乘凉的乐趣很值得去回味，但它毕竟是物质匮乏时代人们的不得已之举。随着经济发展和村民生活水平的提高，村民的集体娱乐方式也在发生着变迁。乡村的大妈广场舞便是这一新的产物。

近年来，关于大妈广场舞的争议越来越多，扰民与休闲之间的冲突也是愈加频繁。“中国大妈”越来越出名，甚至成为了牛津大词典的词条。但是，不得不看到，大妈广场舞的出现是城市公共文化发展的结果。在 20 世纪 90 年代，随着各城市“造广场”运动的兴起，市民的休闲娱乐有了更多的去处，生活富足、追求更高生活质量的中老年人开始更多地利用广场进行健身、娱乐，广场舞应运而生。从这个意义上讲，大妈广场舞也是城市化发展所催生出的文化标签。

广场舞是文明社会的产物，对于大妈们来说，更是物质生活水平逐步提高后，老有所养、老有所乐的需求满足的体现。这是物质文明带来的精神文明，是一种社会福祉。反过来说，中老年人如果还在温饱线上挣扎，每天为了生计累得筋疲力尽，还有什么心思和精力去跳广场舞？能够享受到这种精神文明，必须依托物质文明，在物质的极大丰富下，才能积累社会和家庭的物质财富，才能满足人生各个阶段的物质和精神享受。

（2）农民广场舞下的农村城镇化。

农村广场舞在一定程度上受城市的影响。随着城乡之间的交流互动愈发频繁，城市公共文化也在影响着乡村的生活。而乡村经济的快速发展、村民生活水平的提高，也为这种新的娱乐方式的传入提供了坚实的物质保障。从侧面看，越来越多的农民爱上了广场舞说明农村的城镇化进程也在悄无声息地进行着。它代表了一种新型的生活方式。

龙霓山村从2013年6月份开始也兴起了大妈广场舞，地点主要是在村“党员群众服务活动中心”（村委会）前的小广场上，面积只有200平米左右，虽然地方不大，但对于村里的妇女们健身娱乐来说还是绰绰有余。据了解，广场舞最开始是由村妇女主任发起，为了教没有舞蹈基础的妇女们跳舞，村里还专门从镇上请了一位舞蹈教师培训了一段时间，舞蹈教师走后，妇女们便从网上学习创新了很多新的舞蹈技巧。广场舞的出现给单调乏味的农村生活带来了一丝生气，村里有很多妇女都加入到广场舞的队伍中，人数最多的时候有二十多个人，以四五十岁左右的妇女为主，也有少部分六十岁以上的老年妇女。如果考虑到龙霓山村大部分妇女都在外打工，还能有二十多位中老年妇女跳广场舞，可见，新颖的娱乐方式在农村中还是有着很强的吸引力。

近年来，龙霓山村村民外出打工为家庭带来了丰厚的收入，使家庭生活水平日益提高。留守村庄的一些中老年人通过在附近企业打工或在家从事加工业（加工手套）也为自己的生活提供了殷实的保障。一些衣食无忧的中老年人开始寻求更加健康的生活方式，通过回乡的村民介绍，或通过电视、网络，广场舞受到更多中老年人的青睐。广场舞既可用于健身，又能在盛夏方便纳凉，还能同其他中老年人交流健身经验、填补情感空虚，对于上年纪的中老年人来说，可谓一举多得。这种愈发城市化的集体娱乐方式在改变着乡村与城市的对比，农民与市民之间的差距越来越小，起码在生活娱乐方式上，我们已经很难看出农民与市民的区别。这种变化带来了村庄居民生活方式的丰富性和多元化，但同时，一些传统的村庄居民生活方式以及传统的生活习惯也在逐渐地消失。

三、村庄工业经营方式及其变迁

随着政策环境、经济环境的变化，龙霓山村的乡村工业经历了队办企业、个人承包企业和个人举办企业三个阶段。在改革开放初期，队办企业率先在村庄开展多种经营，发展非农产业，提高了队集体的资源分配能力；在改革开放中期，个人承包企业转变企业经营方式，转移农村剩余劳动力就业，率先为村庄居民提供工资收入，改变了农户收入增加的比重；在改革开放近期，个人举办企业率先完全进入市场，就地取材，就地生产，全国销售，最大限度地消化了由土地流转带来的村庄空闲劳力，尤其是老年劳动力，为村庄老弱病残居民的正常生活提供了不可或缺的经济基础。

（一）队办企业：从无到有

据汉阳县志记载，1958 年，人民公社以下的个体手工业和为数不多的队办企业均列为农村副业，当年有社办企业 21 个。1965 年，社办企业又发展到 95 个。1976 年，社队企业管理局成立后，除蔡甸镇的集体工业外，均划为乡村工业，1978 年有企业 1323 个，从业人员 30685 人、年产值 7378 万元，利润 1842.12 万元，连同其他乡村企业，产值突破亿元，名列全省县级第一名。社队企业管理局对乡村工业实行三个一条边的管理办法，即干部管理一条边，全县 22 个乡（镇）均设企业管理委员会，由县企业管理局配备专职干部 200 余名，对乡村工业企业统筹规划，综合平衡，处理宏观控制和微观搞活的关系；财务管理一条边，主要是对乡（镇）村企业财务进行指导、监督、服务，帮助建账建制，培训会计、统计人员；生产计划管理一条边，对乡（镇）村企业管委会分年、季、月下达生产及各项计划，层层实行承包责任制，指标下达，经济考核，百分制结算，实行定人员、定产值、定销售、定利润、定上交和年终利润指标，建立考核、奖赔制度，并实行利润年初定准，全年不变，年终结算兑现。[1] 这样的宏观政策环境激发了龙霓山大队和各小队办企业的积极性。

据知情人回忆，20 世纪 70 年代末期，国家政策允许也要求集体搞副业（现在叫企业），但私人不能搞。当时几个木匠师傅因“违规打工”还被办过学习班，毕竟，当时的大气候是个人一心为集体。

改革开放前，队办企业主要包括四个，一个是棉织厂（主要产品是布匹），一个是缝纫厂（主要产品是工作服和手套），一个是轧米厂，一个是磨粉厂。其中后面两个小型企业与农民的日常生活密切相关，是必不可少的，因为，农民收的稻谷必须轧成米才能食用，农民收的麦子必须磨成粉才能进一步加工食用。前面两个企业主要是供应外部市场需求，它们有一个共同点，那就是都与布有联系。从这一点来说，这两个企业是成功的，因为龙霓山村地处劳保产品之乡，拥有良好的外部环境和个人技术环境。厂里的职工，来自于各

[1] 汉阳县志编纂委员会：《汉阳县志》，武汉出版社 1989 年版，第 216 页。

个小队，都拥有各自岗位所需要的技能或特长，都回到各自小队拿工分，并作为分配粮食的依据。从这一点来看，他们似乎与其他农民并没有什么不同，但实质上，大集体企业的历练和早期市场关系的建立，为他们以后离开乡村或者在乡村创业奠定了坚实的基础。

大队在自己办企业的同时也提倡小队办企业。当时的大队干部讲，"小队各有门路，自己跳龙门！"纵观大队的 8 个小队，1 小队和 7 小队搞得好一些。据 7 小队的队长 YCT 回忆，因为人均占有田地有限，从种田方面提高效率的可能性不是很大，于是形成抓副业的思路，立足本地优势，开办了以手套和工作服为主要产品的企业，取得了良好的经济效益。其他生产队也各显神通，纷纷寻找商品种类及销路，小试牛刀。据村民回忆，当时，凡是能找到关系，可以销售商品的人，就可以暂时离开繁重的农活田地，出差当销售员，报酬是工分加出差补贴。这样的政策显然很能够刺激村民各寻财路。龙霓山村离武汉市城区比较近，有些家庭在武汉市的政府部门或企业都有亲戚，于是这些家庭的村民率行成为市场公关者，有些成功了，成功了的就转变了角色，即由纯粹的村民转变成队办企业的销售员。队办企业的政策不仅改变了村民个人的身份，而且改变了整个小队的经济面貌。据说，队办企业搞得好的小队的工分都在 1 元钱左右，而队办企业搞得不好或一般的小队的工分只在 5 角钱或 6 角钱左右。据 1 小队的队长 XXG 回忆，自己是因为在小队的农田种植工作中表现非常出色，进而被大队书记看中提拔起来的。一担任队长，利用自己的私人关系，马上筹钱、筹设备，准备企业上马。通过种种渠道打听到一个消息，城里五金设备厂里有机器设备积压，想卖出去但市场缺钱；大队服装厂有工装积压，想卖出去但厂家无钱购买。他马上找到大队服装厂，说自己可以销售工装，但必须过一段时间才能拿到钱，大队服装厂听说后很高兴，本身积压的东西就觉得不值钱，现在有人愿意销售它，高兴坏了。他拿着这些工装，找到了五金设备厂的厂长，说想将这些工装卖给五金设备厂，不要现金，可以将现金折购机器，五金设备厂的厂长也非常高兴，自己多的是机器，就是缺少现金去购买工装，于是这个交易愉快地成交。他将机器运回小队，顺利地开起了小队企业，产品销售后，将现金支付给了大队服装厂。整个过程听起来很是令人兴奋，1 小队 XXG 这个队长确实非常聪明，有天生的管理智慧，有天生的市场智慧。当年，XXG 将小队的工分提升到了 1 元，小队不仅提高了工分值，而且还余下了几百元钱。小队办企业不仅提高了经济效益，而且还培养了一些知市场、懂销售的农民。这批农民因为企业的熏陶和市场的启蒙，成为首批外出打工、经商并离开乡村的人，其中的大多数成为村民所说的有钱人。

（二）个人承包企业与村办企业：一度兴盛

农村实行联产承包责任制以后，原来的队办企业相继由个人承包经营。村民们反映，“国营搞不赢集体，集体搞不赢个人”，队办企业转由个人承包经营，是村庄队办企业的必由之路。

轧米厂和磨粉厂，因为与村民的日常生活密切相关，因而，承包人只是象征性地缴纳一点管理费，机器设备免费使用。随着厂房的破败和机器的陈旧，这两个厂最后都废弃了。后来由个人重新置办机器，办起了私人的轧米厂和磨粉厂。

缝纫厂随着分田到户政策的推进，自然解体。

大队棉织厂自 1976 年龙霓大队与严岭大队合并成龙霓大队一个大队时就开始成立并运转，成为大队企业。1983 年后，大队企业承包给私人经营，后来这个厂长离开了队办企业，开办了自己私人的企业，至此，原来从大集体传承下来的队办企业全部“阵亡”。小队所办企业随着分田到户政策的实施，自然停止生产，其资产平均分给了村民。机器设备和厂房折价甩卖。

村民们熟知的村办企业是“轴瓦厂”。1985 年，龙霓山村创建轧机轴瓦厂，其产品曾被评为省优产品，行销全国，新华社记者曾在《湖北日报》上予以报道。据当事人之一回忆，这个项目最开始是由一个市场自由人（经常跑市场的人）得到的信息，为了达到技术要求，村里组织两个人，利用本村能人天津大学化学系教授陈昌藻的关系，拿到了技术资料；利用本村能人黑龙江政府官员杨光洪的关系，找到相关厂家并学到了技术；为了筹集启动资金，村里跑到了薪火计划贷款、信用社贷款、农业银行贷款、科技贷款。刚开始时，产品供不应求（见图 7-33）。后来因产品升级换代而村办企业又无力创新，所以，这个村办企业于 1996 年正式破产。

图 7-33 龙霓山轴瓦厂九三年产品供货会

（三）个人企业：绿叶常青

现在，提起村里的企业，村民们想到的就是几家个人企业，事实上也只有几家个人企业。一个是主要生产布匹和手套的企业，法人代表姓严；一个是主要生产手套的企业，法人代表姓肖；一个是主要生产手套的企业，法人代表姓肖；一个是主要生产布匹和手套的企业，法人代表姓王；一个是七兄弟合伙开办的主要生产塑形模板等产品的企业，法人代表姓杨。

以上除了最后一家企业主要从外地雇工以外，其他的企业主要雇工于本地人。这些雇工于本地人的企业采取封闭和开放两种方式来进行生产。所谓封闭的方式，就是将雇工请到自己的厂房利用企业的机器设备来进行加工生产，实行计件制；所谓开放的方式，就是将自己企业的产品原料配送到村民家中，由村民在家务之余利用自己的机器设备来进行加工生产，实行计件制。灵活的企业产品生产方式，极大地提高了村民的生活质量。村民们在享受国家免农业税、乡镇搞土地流转后所带来的收益之余，还能在自家门口自由从事打工经济。

下面以王姓法人代表所开办的“四季红织业”为例，介绍个人企业的创建，老板自述如下。

我的父母亲都去世了，我们有五姊妹，三个哥哥一个姐姐，我是老幺。老大和我是同行——在蔡甸做服装生意；老二和我在一起做事，老三在卖“双汇”肉，姐姐在蔡甸卖水果。一开始兄弟四个在一起，后来各自有自己的计划，老大和老三退出去了。

我小的时候，父亲是大队集体企业的会计，一般不用下地做农活，只做会计的本职工作，由厂里计工分回队分配。但是，每年“双抢”（抢收抢栽）的时候，企业里的职工都回到各自小队里去地里帮忙，父亲也要下地劳作。因为父亲在企业上班，所以母亲养育姊妹五个，承担大部分家庭教育的责任。母亲那个时候是家庭的主要劳力，家里的一切开支决定由母亲负责，所以母亲更累一点；但是，当时自己很小，也帮不了母亲。回想起来，当时家庭关系还好。我现在就是和大哥见面少一点，因为我们是同行，同行之间的关系比较微妙，在生意上有些小矛盾，与其他几姊妹之间关系都还可以。

小时候，父母白天一直在地里忙农活，都很累。他们晚上回家对我们的管教主要是催促我们做完作业。我的哥哥姐姐有时候也管我，主要就是检查我的作业。父母和姊妹对我都有一定的教育和影响。有的时候，我跟别人家的孩子闹矛盾了，或者是我闯祸了，人家大人会找到家里来，向我母亲告状。遇到这种情况的话，就要看母亲的心情了，如果母亲当时心情好，就没什么大事；如果母亲当时心情不好，那我就要挨打了。父亲对自己的影响主要是在我下学后支持我出去打工。

1981年，我小学升初中时没考上，再加上心思不在读书上面，一直成绩不好，觉得很没面子，索性决定不读书了。但是，家里人认为我得做点事情，不能待在家里玩，于是就去打工了。一开始是给人家加工服装，做了近十年。因为是学徒，基本上没什么工资，只够糊口。后来，我觉得自己学到了点技术，就出去单独“立户”。当时，我找了几个关系比较好的一起打工的人，合伙做服装生意，这样做了几年，收入还可以。之后，我看见市场在发展，就想着能不能自己开店，加上岳父的资金支持，于是就去汉正街自己开店，这期间亏亏赚赚搞了几年，有了点积蓄，我一直在汉正街做了十年多。后来，由于政府鼓励创业，加上村里学校撤销而闲置（村里适龄儿童减少，学生都到中心小学去上学了），想把我们找回来办厂。我们当时也有在乡村办厂的愿望，但是，最开始是想去汉川市的马口镇，因为那里搞了一个经济开发区，地皮什么的都有优惠。当索河政府相关人员知道我们要去汉川办厂的时候，就让我们村的书记来做我们的工作，村委会书记提出许多优惠条件吸引着我们到家乡来办厂。2004年回来办厂，我们开始做劳保产品的生意，这十年苦中有甜。现在雇了40个工人，年龄偏大，工人工资在三千左右，跟周边企业相比偏高。我现在还有一点点贷款没有还完，但是，这些年政府一直大力支持我们创业。

创业有许多困难，因为我们之前也经历过许多困难，所以，我们有信心、有决心、有能力来克服这些困难。

在汉正街做生意的困难主要来自三个方面：一是差资金；二是不仅要忙生意，还要照顾小孩。老婆主要是在店面负责销售，我负责照顾小孩和进面料及加工。还有一个就是一开始不会做生意，嘴上功夫很差。当时就感觉没生意才干和技能，我觉得真的是寸步难行，做生意很吃力。当时做生意也会遇到人家打欠条的，到现在都没收到货款。

第一次在汉正街开店做生意，就亏了三五万，感觉到压力很大。我认为，主要原因是没有经验，对市场行情没摸清，加上自己运气不好。企业不是雨伞，你说扔就扔了？你想不干不行，现实逼着你干。当时倒闭之后，我想着自己在汉正街干了这么多年，说完就完了？眼泪都快流下来了。你干任何一个行业，如果经验缺乏而选择错了，你这个企业就随时面临着倒闭的危险。一两年之后第二次开店的时候，之前的生意经验和教训起了很大的帮助作用，换了店面，我们就开始盈利了。

回家乡办厂，第一年创业之初，市场行情不好控制，我们四弟兄都差点赔进去了，当时村里领导一直鼓励我们继续办下去，给予我们很多支持，还好，现在都挺过来了。现在，企业面临的困难主要是：90后现在不愿做我们这行了，我们雇佣的都是40岁以上的人，现有的乡村已经招不到人了。外地人我们也想引进来，但是，外地人不愿意来我们这，吃住行都要安排好，他在外面拿2000，就不愿来我们这拿3000。今后要引进外地人，一定要对环境进行改造，环境好了，才能有未来。

四、村级组织方式及其变迁

村级正式组织是国家基层政权组织，但不是政府组织。村级正式组织的政权性主要体现在其组织体制的形成具有一定的国家法律依据，其中，最有制度性意义的是村党支部、村委会、村民小组。

（一）村级组织成员的构成：由多到少

按照党内规定，村党支部委员需由村内全体党员选举并经所在乡镇党委会批准，由乡镇党委从当选委员中确定村支书人选，每届任期三年。在大集体时期，村党支部一般由4位委员构成，包括书记、副书记、组织委员、宣传委员等职务。由于具体负责事务减少的原因，目前龙霓山村党支部虽组织构成上仍然包括4位委员，但在村民眼中只有书记一名正式成员走上前台。

村委会的组织体制实行的是委员制。村委会的委员一般由5～7人组成，包括村主任、副主任、妇女主任、村秘书和其他职务。根据《村民委员会组织法》规定，村民委员会主任、副主任和委员，由村民直接选举产生。在大集体时期，生产大队委员会一般由主任、会计、妇女主任、大队长、民兵连长、治保主任、文书等构成。同样由于具体负责事务减少的原因，村委会中有些职位和功能已经完全消失，如大队长、民兵连长、团支部书记、治保主任等职位当前已经不再存在。目前龙霓山村只有村主任、会计、妇女主任和委员四个职务。

村民小组是大集体时期遗留下来的组织形式，目前仍然是中国乡村社会最普遍的集体经济组织。在大集体时期，村民小组称为"生产队"。在人民公社实行"三级所有、队为基础"的体制时，"生产队"不仅是最基层的政治组织，更主要的是经济组织和基本核算单位。改革开放后，乡村的所有制结构发生了变化，在"公有制为主，多种经济形式并存"的格局下，村民小组成为了具有地缘性的经济共同体。在法律上，村民小组是集体经济组织，是集体土地的所有者，事实上，村民小组对本小组内土地管理仍然发挥着一定的作用，另外，在其他一些公共事务方面，也积极配合村干部组织安排好本小组的工作，如为村庄一些公共事务提供劳动力、统计一些报表等等。[1] 就龙霓山村来说，大集体时期，生产队的干部构成是完整的，小队长、会计、妇女小组长、民兵排长等职务基本上与大队的职位构成是对应的。改革开放后，只保留村民小组长一职，现在各小组名义上有一个牵头人，牵头人一般是各村民小组中辈

[1] 左停、唐丽霞主编：《变迁与发展：中国农村三十年》，中国农业出版社2009年版，第95～96页。

分较高且有声望的普通村民。

在村民心目中，村小组的牵头人是存在的，但他们不是村干部；村党支部和村委会是一个组织机构，村支部书记、村委员会主任、会计、妇女主任和委员五位村民共同构成了村领导班子，统称为“村干部”。虽然每位“村干部”都负责了一些相关职责，但是，村民遇到大事小事，只找村支部书记。

（二）村级组织结构的设置：由繁到简

村级组织结构的设置往往与它所完成的任务直接相关，当它所要完成的任务越多时，它的组织结构设置会越繁杂，反之，则简略。正是因为这个内在因果关系，大集体时期的生产大队级组织结构设置相对比较繁杂，分田到户后的村级组织结构相对比较简单，伴随农业税的取消和土地流转的到来，村级组织结构显得更简单。

大集体时期的生产大队级组织结构十分完整。从大队一级来看，主要包括全面统管的大队书记、管农业的副书记兼大队长、管财经的副书记、管企业的副书记、分管各项工作（包括农业、企业、财经、水利工作）的4个主任、管治安工作的治保主任、管妇女工作的妇女主任、会计、民兵连长、团支部书记。从小队一级来说，主要机构设置与上级机构设置直接对接，主要包括正副队长、会计、妇女组长、民兵排长、团小组长。

人民公社（实质上具体到了管理片区，龙霓大队归属于石山管理片区）召集大队一级的领导开会，传达任务；大队一级负责小队一级的领导开会，小队一级负责开社员会议。会议内容既有政治性质的，如“宣传毛泽东思想”“宣传阶级斗争”等；也有常规性的，如“防火”“防特”；更有应急性的，如“双抢”“挑堤造河”等。

层层负责、层层动员，国家的大政方针之所以能具体落实，全因为上下组织机构的设置比较系统，当然也与人们当时的思想意识比较单纯有关。不仅如此，每个职位具体明确的任务设置，保证了各项工作的落实到位。

以治保主任所负责的社会治安为例，治保主任给每个小队制定的“防火”“防特”袖章。规定每家每户轮流执日，每天晚上放工以后由每家每户的某个成员（可以是学生）戴上袖章，沿着自己的小队范围挨家挨户边走边喊，“防火防特，人人有责”；“火柴顿（音，意即放置）高，不许小伢捞”；“火柴顿矮，恐怕要错拐（音，意即误事）”。

以团支部工作为例，具体工作做得有声有色。团支部书记要召开各小队的团小组长会议，团小组长要召开自己小队的团员会议。会议内容既有常规性的，如过团的生活，发展团员，如何在自己的小队发挥先锋模范带头作用等；也有临时性的，如五四青年节时，排公社或本大队的表演节目。据当年团支部的成员回忆，如果是团员，要缴纳团费，一般 2 分钱到 5 分钱之间；如果是青年群众想加入团组织，要写申请书、自传书，要经过正规的评议。下面分别摘录当时的申请书、自传书和评议会议记录（为了再现当事人的思想或现实，本文对文字和语法不作处理）。

申请书

我志愿申请加入中国共产主义青年团，因为我懂得共产主义青年团，是青年群众的先进组织，是党的得力助手，是学习马克思主义、列宁主义、毛泽东思想的好课堂，是锻炼我们的极好熔炉，因此，我决心要求申请加入中国共产主义青年团。

在团支部领导下，遵守团的一切纪律，坚持无产阶级专政下的继续革命，搞好各项工作，真正取到（应该是“起到”）团员的带头作用，遵守团纲、团章，按期缴纳团费，积极参加团的各项政治活动。我坚决把自己有限的生命投入到无限的三大革命运动中来，为共产主义奋斗终生。

我的申请书如果团组织不批准，这说明我离团的要求还不够，但我决不灰心丧气，一定要继续努力。团组织批准了我的要求，我决不骄傲自满，在认河（应该是“任何”）地方都要做前面，为建设社会主义作出贡献。

申请人：某某某

介绍人：某某某

自传书

我出身于一九五七年一个贫农家庭，现年二十岁。姓名某某某，性别女。

我家在黑暗的旧社会里，全靠我父亲给资本家打工来维护（应该是“维持”）生活。在三座大山的压迫下，不论我父亲怎样吃苦耐劳，还是难免遭受打骂和折磨。我家终年过着半粮半糠菜的艰辛生活。盼星星盼月亮，终于盼来了共产党毛主席。一九四九年霹雳一声春雷响来了救星共产党，毛主席领导人民得解放，驱走了日寇，打垮了老蒋，推翻了三座大山，使我们翻身作了主人，过上了幸福美好的生活。父亲当工人，兄弟在学校读书，生活就向枝麻（应该是“芝麻”）开花节节高。

我一定珍惜幸福生活，每一点时间刻苦学习，在工业学大庆农业学大寨的群众运动中有一分热发一分光。

关于某某某同志入团座谈记要

队长某某某：该同志能服从分配，做事能认真负责。例如：有一次做田壑，有的人做的漏水，他做的田壑确（应该是“却”）一点也不漏。同意该同志加入团组织。

会计某某某：该同志做事踏实，重活张（应该是“脏”）活抢着干。例如：有一天，队里安排他和另外几个同志挑粪，有些同志认为挑粪即（应该是“既”）是重活又是张（应该是“脏”）活，不大怨（应该是“愿”）干，可是他确（应该是“却”）扎扎实实地干了一天。我表示同意该同志参加团组织。

妇女队长某某某：该同志在青年中能起到模范带头作用，时时处处都以一个先进青年的标准要求自己，队长叫他干啥就干啥。例如：有一天队长安排他和几个同志打药，有的同志就不肯去，可以他当时很乐意地去打药治虫。我同意该同志参加团组织。

副队长某某某：该同志一贯表现很好，在劳动上能吃苦耐劳。例如：有一回，他在耙田途中，因挑秧缺人。队长安排他又去挑秧，但他毫无怨言。这个同志符合团员条件，同意该同志加入共青团组织。

民兵排长某某某：该同志能站在三大革命的前列，敢与坏的言论作斗争，生产方面也更是把好手。能积极参加青年的各项活动。例如：不管是开会，或是搞其他活动，他总是到得最早，除不在家外，从不无固（应该是“故”）缺席。时刻以一个团员的标准来严格要求自己。为此，我表示同意该同志加入团组织。

1979.8.18

相比于大集体时期的村级组织结构设置，分田到户后，村级组织结构的设置要简略一些。据2008年从村支部书记岗位退下来的吴书记回忆，村级组织结构岗位设置书记一人、村长一人、会计一人、妇女主任一人、管青年的村委一人。这样的村级组织结构设置延续至今。随着农业税的取消和土地流转的到来，村级组织结构虽然职位未变，人员未变，但职位的工作性质比原来有了巨大的变化。这就涉及下面要谈到的村级组织职能的安排了。

（三）村级组织职能的安排：由强制到服务

村级组织职能的安排与国家对农村、农业、农民的要求和支持是密不可分的。大集体时期，要求多，村级组织职能的安排就多，并呈现出较强的控制性；分田到户到取消农业税这段时期，要求少一些，支持多一些，村级组织职能的安排就少一些，并呈现出半控制性；取消农业税之后的这段时期，要求很少，支持很多，村级组织职能的安排就少，并呈现出服务性。

大集体时期，村级组织结构要组织村民完成“公粮水费”任务、“生猪派购”任务（每户完成一头猪奖一百斤粮食）、“挑堤造河”任务（疏通河道）、“防汛抗旱”任务等。这些任务的完成都是必须的，也就是强制性的。这些任务派生出无数的“工作”，为完成“公粮水费”任务，各小队种粮不得不一年两季，即有所谓“双抢”（抢收抢栽）现象，各小队不得不组织社员冒着得血吸虫病的危险去河里打草（用作肥料）；为完成“生猪派购”任务，各小队农户不得不家家养猪，各家各户的小孩不得不放学后去打猪草；为完成“挑堤造河”任务，刚生小孩的新媳妇甚至挑着摇篮去执行任务，导致“三哭”，即小孩没人照顾而哭，婆婆离开小孩舍不得而哭，媳妇感觉太累而哭；为完成“防汛抗旱”任务，大队的社员早期不得不“一线水”（将低处的水用人工踏水机一处一处地往高处送，每送到更高一处就叫一线水）、“一线水”地往高处田地人工踩水，后期不得不几天几夜地从很远的地方抽水、守水。

分田到户到取消农业税这段时期，村级组织职能的安排相对要少一些。主要任务是完成“公粮水费”任务和计划生育任务。村委会干部戏称自己是“背粮”干部和“杀子”（打胎）干部。大集体时期，由各小队按大队规定的比例和数量上缴“公粮水费”任务，但是，分田到户以后，这个任务分散到各家各户自己去完成。刚开始，比较自觉的农户自己背谷、晒谷、风谷、卖谷。总有个别确实没有能力或没有意愿完成这些任务的农户，拖着赖着不交，怎么办呢？村干部自己组织车子、自己帮农户背谷、晒谷、风谷、卖谷。后来，村民看到，落后的表现还能享有如此待遇，于是更多的农户等着村干部来背谷、晒谷、风谷、卖谷。不过，说客观一点，由于年轻人外出打工，大多数农户确实是没有能力来完成背谷、晒谷、风谷、卖谷的任务。这个时期是村级组织职能由强制转到服务的过渡时期，因为村民的自觉性不强，自治能力不高，加上人口流动加速，从事农业劳动的劳力大量减少，所以，村委会干部在这个时期干工作是最艰难的。不过，好在这个时期也是乡镇企业发展比较迅速的时期，村委会主要干部都承包着村庄企业，经济上多少能够获得些补偿。

除了完成"公粮水费"任务外，村委会干部最重要也是最艰难的任务是计划生育任务。"最重要"说的是上级政府部门对计划生育的指标抓得很严，"最艰难"说的是作为乡邻乡亲不能做得失掉了乡情。如何在"最重要"和"最艰难"中折中，是村委会干部必须作出的决策。在这方面，村委会干部体现出了最朴素的管理智慧。听村里当时的书记讲，周围邻村在计划生育违规方面有真的将房屋拆了的，但是，龙霓山村没有一间房屋被拆。这主要得益于村委会干部朴素的管理智慧。讲到这些事时，村里书记直摆头，并无奈地苦笑。

取消农业税之后的这段时期，伴随国家对农村、农业、农民支持的增多，村级组织职能的安排基本没有了强制性，而更多地表现为服务性。虽然每个干部都负责分管某个村小组，但是，在村庄居民看来，村支委会书记 YMX 才是村庄真正的"头"，村庄一旦有事，村民的第一反应是找村支书记。在某种意义上讲，村支书记的电话就是村庄 110，家喻户晓。这也是村支书记作为一名共产党员先锋模范带头作用的具体体现。在我们调研期间，正好碰到停电，村民马上打电话给村支书记而不是基层供电部门，可能他们也不知道基层供电部门的电话，村支书记反应很快，5 分钟内到达现场。一到达现场，立刻跟村民解释，已经给基层供电部门打电话了。8 分钟左右，基层供电部门到位，展开抢修。不到 15 分钟村庄恢复供电。村庄问题解决的效率首先来自于如基层供电部门等具体职能部门，但根本上说，来自于村支书记的态度和能力。当然，这样说，并不是否定整个村委会的效率，而是特别强调村支书记的效率。事实上，村支书记的效率也带动起了整个村委会的效率。出于调研的需要，我们曾恳请村支书记召集所有村委会的成员，不到 5 分钟，所有村委会的成员全部到齐。事后得知，村主任、妇女主任、会计住在离村委会办公地点不到

3 分钟路程的地方，青年委员虽然住得远一些，但是开着自家的私车也用不了 5 分钟。我们调研人员感叹说，“龙霓山村的村庄领导班子真是一个团结和睦的班子，是一个反应高效的班子！”

在“家园建设”的思想指导下，村干部更多的是做务虚的“上传下达”工作和务实的“有求必应”工作。组织指导完成了“村村通”的公路建设，村民不再一下雨就泥巴过膝了；组织指导完成了“U 槽”沟渠建设，村民不再一遇旱就长途跋涉抽水了；组织完成了土地流转，村民不再主要从事祖祖辈辈所做的农活了。这些环境建设和基础水利建设，都由国家出钱完成。村民普遍表示，确实是党的政策好，所以村民的日子一天比一天好。村民好日子的背后，村庄干部的付出功不可没。虽然村庄干部都可以从政府领回一些补贴，但是，相对于打工者的收入及日常开销，那简直是杯水车薪，所以，村庄干部都是“兼职干部”，他们一边打工赚钱养家，一边承担着村级无时不在、无处不在的事务。“村看村，户看户，群众看的是干部”，这话说的没错，龙霓山村的干部都发挥着先锋模范带头作用。

村庄干部将村务工作治理得有条有理、有声有色，与村民的积极配合密不可分。村民之所以积极配合村庄干部做好村务工作，与村庄企业领头人的企业成功经营和奉献精神密切相关。村庄企业不仅吸收了因种种原因还留守在乡村的中老年男女劳力，让他们集中在村庄企业定时定点打工，而且将自己的加工业务分发到村庄许多农户家中，让他们在自由时间加工手套。集中打工和分散加工，满足了村庄不同农户的劳动需求，这有效地保障了村庄农户的基本生活水平，应该说，农户的“只要你勤劳，不愁没有饭吃”自信心，根源于村庄企业灵活和成功的经营方式。试想，假如没有这些村庄企业的成功经营，村民连自己的生计都没有着落，他们还会积极配合村庄干部的各项村务工作吗？在某种意义上，周围某些村庄之所以还存在着这样或那样的问题，最根本的原因是这些村庄村民的生计没有龙霓山村保障得这么好。难能可贵的是，龙霓山村的企业领导人不仅有灵活和成功的经营头脑，而且有海量的奉献精神。

据村民介绍，1 组的 XDX 企业甘冒风险雇用了几位 80 岁左右的老人，这些老人在加工企业虽然只做了些加工手套中最简单的翻、铺、叠等工作，但是每天仍然能够挣大约20元左右的工资，加上国家养老补贴和农田流转补贴，基本上就能够过村民认为比较幸福的生活了。名义上，这些老人与企业只是简单的计件关系，但是，这些老人一旦有什么事，企业总是无条件地承担后果，帮忙付医药费等等。3 组的 YLL 企业主要雇用外地人打工，也聘用 4 组的闲置劳动力。有一个 4 组的村民叫 WLS，在工作中脚被东西砸了。伤筋动骨一百天，这个村民只能在家养伤，养伤期间，企业仍然提供基本工资待遇。没有奉献精神，这些都只能加剧村庄冲突。八组的 YQS 企业在劳保厂中做得最好，他延续着他父亲的奉献精神，深受村民的喜爱。他父亲不仅乐善好施，而且主动培养乡村未来精英。据说，他曾经非常看中一个村民，觉得他有发展潜力，就主动关心这个村民。一天，这个村民不小心骑车撞了人，他主动出来协调，还私人掏腰包给被撞人送钱送物。儿子 YQS 继承了父亲的奉献品质，涉及到村务大事，无条件地支持，涉及到周围村民的急需，无条件地慷慨解囊。在某种意义上，我们可以说，正是这些村庄企业领导人的成功经营和奉献精神，弥补了精减后村庄组织人员的不足，完善了村庄组织的治理体系，提升了村庄治理能力。

（四）村党支部的换届选举：流程科学且做法规范[1]

1. 村党组织换届选举工作流程

第一阶段：前期准备。

（1）深入细致地做好换届选举前期准备工作。根据中央要求和省、市委部署，结合本地实际，按照“先完成软弱涣散村党组织整顿转化工作任务、再进行换届选举，先开展离任审计、再进行换届选举，先组织对现任班子进行集中考察、再进行换届选举”和《关于全市村“两委”换届前开展集中考核的通知》（武组文〔2014〕40 号）要求，组织各地抓好软弱涣散党组织整顿“回头看”、经济责任审计和集中考察工作。综合经济责任审计和考察结果，对村“两委”班子运行状况进行综合分析研判，确定一批群众意见大、干群矛盾突出的重点、难点村，提出班子成员调整方案和防范处置预案。

第二阶段：部署启动。

（2）镇党委筹备部署村“两委”换届选举工作。①成立村“两委”换届选举工作领导小组和驻村工作指导组（结合镇机关干部驻村工作组，每个

[1]　相关资料由龙霓山村第 5 组的村民辜振杰提供。

村不少于3个人）；②制定镇村“两委”换届选举工作方案（明确各村“两委”成员职数、村“两委”成员候选人资格和任职条件以及换届选举时间安排、方法步骤等）；③逐村制定村党组织和村民委员会人事安排方案（注重分类指导，做到“一村一策”）；④对镇村“两委”换届选举工作进行动员部署，并进行换届选举工作业务培训（培训范围为镇村换届选举工作领导小组及工作机构人员，驻村工作指导组人员，村“两委”班子成员等，培训内容主要包括村“两委”换届选举工作步骤、宣传动员、操作程序、纪律要求、舆情监测、应急处置、组织领导等）。

（3）村党组织召开委员会议，传达村“两委”换届选举工作会议精神，讨论确定本村党组织换届选举工作的有关事项，与镇党委沟通。

（4）村党组织向镇党委呈报召开党员大会的请示，内容包括党员大会的召开时间和主要议程，新一届委员会委员名额和差额比例，委员的提名和选举办法等，镇党委及时审批，并指导做好相关筹备工作。

（5）村党组织召开委员会议，讨论研究村“两委”换届选举工作方案，细化班子成员职责，明确责任分工，讨论通过《村党组织委员会委员候选人初步人选推荐办法》，起草工作报告等。

第三阶段：宣传动员。

（6）广泛宣传。利用广播、宣传栏、横幅标语、手机短信、共产党员微信和易信等多种形式，强化舆论造势，层层宣传发动，增强宣传教育引导工作的多样性和针对性，切实保证宣传工作到位，做到党员人人皆知，村民家喻户晓，为换届选举营造良好的氛围。

（7)教育动员。对于长期在村的党员，村党组织要通过召开会议、上党课、过组织生活等形式，全面认真学习《党章》《中国共产党基层组织选举工作暂行条例》和省市区关于村“两委”换届选举的文件和领导讲话精神，使党员统一思想认识，做好本职工作，正确行使民主权利，积极参与支持选举；对外出务工经商的党员，要通过电话函件等形式，将换届选举的政策要求和有关事项通知到本人，动员其按时返乡参加选举。

（8）确定人数。村党组织根据实际情况确定参加党员大会选举的应到党员人数，上报党员大会应到会人数的请示，镇党委对村党组织上报的请示及时研究批复，同时报区委组织部备案。党员因下列五种情况不能参加选举的，在征求党员本人和家属意见的基础上，报镇党委同意，并经党员大会通过，可以不计算在应到会人数之内：患有精神病或其他疾病导致不能表达本人意愿的；自费出国半年以上的；虽未受到留党察看以上党纪处分，但正在拘留或服刑的；年老体弱、卧床不起和长期生病、生活不能自理的；工作调动，外派锻炼、蹲点，外出学习或工作半年以上，按规定应转走正式组织关系而没有转走的。

第四阶段：确定人选。

（9）村党组织向党员群众公示本村党组织委员会委员候选人初步人选推荐办法。

（10）召开全体党员和村民代表会议，推荐产生候选人提名人选（由村党组织主持，指导组参与，村民代表为现任代表）。①听取讨论村党组织工作报告（草案）；②通报党组织任期经济责任审计报告；③讨论党员大会选举办法；④通过《村党组织委员会委员候选人初步人选推荐办法》；⑤村党组织委员进行述职；⑥对现任村党组织领导班子及成员进行民主测评；⑦党员和村民代表推荐，以无记名投票方式，按职数等额民主推荐提名新一届村党组织委员会委员候选人；⑧村党组织召开委员会议研究确定候选人初步人选提名名单（在得票数超过推荐票一半以上的党员中，按照得票多少和不低于委员职数 20% 的比例确定初步人选，得票超过推荐票一半以上的人数不足的，缺额人选在其他得票数多的被推荐人中另行推荐产生）；⑨村党组织将候选人初步人选名单报镇党委审核。如有不宜作为初步人选的，按上述程序上报递补人选。

（11）镇党委召开会议，等额推荐新一届村党组织委员会委员候选人，并按照不低于委员职数 20% 的差额比例确定初步人选，将名单通报村党组织。

（12）村党组织召开委员会议，结合“两推”情况，研究确定新一届委员会委员候选人预备人选，并按照不低于委员职数 20% 的差额比例确定考察名单，报镇党委审定。

（13）镇党委确定考察人选，成立考察组，由镇领导干部带队，对考察人选进行认真考察（对照任职资格条件，采取集中征求意见和个别座谈的方式，全面、准确地了解掌握考察对象德、仁、勤、绩、廉方面的主要表现和不足之处），形成简明扼要的考察材料，同时就考察对象征求纪检、信访、公安、司法、卫生计生等部门的意见，并将考察情况反馈村党组织。

（14）村党组织召开委员会议，根据镇党委考察情况，研究确定新一届村党组织委员会委员候选人预备人选名单。

（15）张榜公示，在正式选举前 3 天在村范围内张榜公布村党组织委员会委员候选人预备人选名单。

（16）公示无异议后，村党组织向镇党委上报确定新一届村党组织委员会委员候选人预备人选的请示。

（17）镇党委与村党组织委员会委员候选人预备人选签订遵守换届纪律承诺书，明确纪律要求。候选人预备人选作出书面承诺并进行公示，接受党员群众监督。对未继续提名的上届村党组织委员，也要提出遵守换届纪律的要求。

第五阶段：大会选举。

（18）村党组织委员会在镇换届选举工作指导组的指导下，做好召开党员大会的筹备工作。

①修改完善党员大会工作报告；②召开委员（扩大）会议进行集体讨论，并通报党员大会准备工作情况，确定会议议程、召开时间和地点等事项；③提前向所有参加党员大会的应到会党员发出书面通知。

（19）镇指导组和村党组织研究制定《选举办法》。选举办法一般应包括以下内容：①制定选举办法的依据；②选举的任务；③提名确定候选人的办法；④选举的方式、程序；⑤选举的有效性和有效票的确定；⑥确定当选人的原则，候选人、当选人名单排列顺序的规定；⑦填写选票的注意事项；⑧监、计票人员的产生办法；⑨选举的纪律等。

（20）召开村党员大会选举产生新一届村党组织领导成员（由上届村党组织主持，指导组参加）。①村党组织上届委员会负责人作工作报告；②分组讨论，大会休会——党员分组审议工作报告、酝酿候选人人选、讨论大会选举办法（草案）、推选监票人；③召开村党组织委员会议，听取讨论情况汇报——审议大会选举办法（草案），审议委员候选人人选和监票人名单，指定计票人；④大会复会，通过大会选举办法和监票人、计票人名单，讨论通过新一届委员会委员候选人名单；⑤候选人发表竞职演说，候选人要全面介绍自己的成长经历、工作实绩、履职设想、竞职承诺，回答党员提出的问题；⑥组织选举，采取间接选举的办法——由党员大会选举产生新一届村党组织委员会委员，再行召开委员会第一次全体会议选举书记（副书记），委员会第一次全体会议由上届委员会推荐一名新当选的委员主持，委员进行差额选举，书记（副书记）进行等额选举；⑦计票，并当场宣布计票结果——候选人获得的赞成票超过实到会人数半数的，始得当选，获得赞成票超过半数的候选人多于应选名额时，以得票多的当选。如票数相等不能确定当选人时，应就票数相等的被选举人重新投票，得票多的当选。当选人少于应选名额时，不足的名额在未当选得票多的被选举人中另行选举。

（21）新一届村党组织委员会向镇党委书面报告选举情况，主要包括开会时间、应到会人数、实到会人数、选举结果。

（22）镇党委作出批复后，村党组织委员会发布公告。

第六阶段：后续工作。

（23）班子交接。镇党委在大会闭幕后 7 天内组织村党组织新老班子做好公章、文档、资金、办公场所等移交工作，帮助新班子熟悉情况，开展工作。

（24）思想疏导。做好落选同志的思想工作，引导他们正确对待选举结果，继续发挥自身作用，支持新班子开展工作。

（25）材料归档。认真做好换届选举总结工作，镇指导组指导村党组织收集整理换届选举工作材料，将请示、报告、批复单独立卷，选举办法、候选人名单、选票、当选名单等另外立卷，一并归档。

（26）新一届村党组织委员会要积极发挥领导核心作用，组织指导村委会换届选举工作，及时健全团支部、妇代会等村级配套组织，建立简明实用的工作制度，全面推行“四民工作法”，制定任期目标并作出履职承诺。镇党委将在换届选举完成后 3 个月内组织开展教育培训工作，着力提高村党组织领导班子思想政治素质和服务群众、做群众工作的能力。

2. 龙霓山村党支部换届选举过程简录

（1）关于召开中国共产党索河镇龙霓山村党员大会有关问题的沟通意见。

关于召开中国共产党索河镇龙霓山村党员大会有关问题的沟通意见

中国共产党索河镇委员会：

今年 9 月份，我村党支部任期届满。为做好村党支部换届选举工作，根据《中国共产党章程》和上级党组织的有关规定，结合我村实际情况，经支部委员会研究，现就召开我村党员大会的有关问题提出如下意见：

一、召开大会的时间

拟于2014年11月中旬召开党员大会进行换届选举，会期一天。

二、会议的主要议程

1. 听取和审查中国共产党索河镇龙霓山村支部上届委员会的工作报告。

2. 选举中国共产党索河镇龙霓山村支部新一届委员会。

三、支部委员会组成人员的名额、构成及产生办法

1. 支部委员会委员名额和构成。中国共产党索河镇龙霓山村新一届支部委员会拟设委员3名，拟提名4人，差额1人，差额比例为20%。

2. 支部委员会委员产生办法。根据我村实际，换届选举拟采用“两推一选”选举方式。具体办法是：由党员和村民代表推荐与镇党委推荐相结合产生候选人预备人选考察名单，上报镇党委进行考察，经镇党委批准后提交村党员大会审议并选举。在党员大会上，采取无记名投票方式，差额选举产生委员。

中国共产党索河镇龙霓山村支部委员会

2014年10月27日

（2）关于召开中国共产党索河镇龙霓山村党员大会的请示。

关于召开中国共产党索河镇龙霓山村党员大会的请示

中国共产党索河镇委员会：

我村现有党员47名，预备党员1名。本届村支部委员会到今年9月任期届满。根据《中国共产党章程》和上级党组织有关规定，拟于今年11月召开党员大会进行换届选举。现就换届选举有关事项请示如下：

一、指导思想

以邓小平理论、“三个代表”重要思想和科学发展观为指导，认真学习贯彻党的十八大精神，总结过去3年取得的工作成绩和经验做法，研究提出今后3年的工作任务，选举产生一个守信念、讲奉献、有本领、重品行，能够带领全村党员推动发展、服务群众、凝聚人心、促进和谐的新一届支部委员会。

二、时间地点

拟于2014年11月15日在村会议室召开，会期 一天。

三、主要议程

1. 听取和审查中国共产党索河镇龙霓山村上一届支部委员会的工作报告；

2. 选举中国共产党索河镇龙霓山村新一届支部委员会。

四、新一届支部委员会委员的名额、构成及产生办法

1. 新一届支部委员会拟设委员 3 名，提名委员候选人 4 人，差额比例为 20%。

2. 根据我村工作实际，拟采用“两推一选”方式选举新一届支部委员会。具体办法是：

由党员和村民代表推荐与镇党委推荐相结合产生候选人初步人选名单，上报镇党委组织考察后，经镇党委批准提交村党员大会选举产生村党组织委员会组成人员。

当否，请批示。

中国共产党索河镇龙霓山村支部委员会

2014 年 10 月 27 日

（3）索河镇村党组织委员会委员候选人初步人选推荐办法（草案）。

索河镇村党组织委员会委员候选人
初步人选推荐办法（草案）

一、根据《中国共产党章程》《中国共产党基层组织选举工作暂行条例》的有关规定和省、市、区委关于村党组织换届选举中“两推一选”工作要求，结合本村实际，制定本办法。

二、村党组织委员会委员候选人应具备的条件

组织关系在本村党支部有选举权和被选举权的党员。坚持德才兼备、以德为先的原则，把政治标准放在首位，注重选拔有理想信念和奉献精神、能带来希望，有经济头脑和致富本领、能带领发展，有良好品行和公道之心、能带出和谐的党员担任村党组织班子成员。

三、不宜推荐为候选人的八种情形：

（1）违反国家法律法规，曾受过刑事处罚或劳动教养；

（2）违反党纪和国家法律法规，正在被立案侦查（调查）的；

（3）受到留党察看及以上党内处分的；

（4）参与法轮功等邪教组织，非法组织参与集体上访，影响社会稳定的；

（5）利用宗族房头势力甚至黑恶势力等干预村务的；

（6）利用各种方式操纵、干扰、破坏选举工作的；

（7）政治素质差和道德品质差，群众意见较大，多数群众不拥护的；

（8）不符合党内其他规定和国家法律法规的。

若出现不符合本办法规定的资格条件的党员，被推荐为候选人初步人选的，推荐无效。

四、大会的推荐工作，由上届村党组织委员会主持。村党组织委员会委员候选人初步人选由党员和村民代表推荐。

五、党员和村民代表大会推荐时间2014年10月29日。

六、经镇党委研究决定，龙霓山村新一届支部委员会共由3人组成。推荐采取无记名投票，按职数等额推荐的方式，提名产生新一届村党组织委员会委员候选人初步人选。

七、候选人初步人选的确定办法。在得票数超过推荐票一半以上的党员中，按照得票多少和不低于委员职数20%的比例确定初步人选，得票超过推荐票一半以上的人数不足的，缺额人选在其他得票数多的被推荐人中另行推荐产生。

八、召开推荐会时，实到会有选举权和被选举权党员和村民代表必须分别超过应到会党员和村民代表的一半以上，方可进行推荐。收回的推荐票等于或少于发出的推荐票，推荐有效；收回的推荐票多于发出的推荐票，推荐无效，重新召开推荐大会。

九、推荐票用钢笔、签字笔或圆珠笔填写。党员和村民代表在推荐票上写被推选人姓名。每张推荐票所推选人数等于或少于规定人数的有效，多于应推人数的无效。

十、推荐大会设监票人、计票人各1名。监票人和计票人由党员和村民代表大会推荐产生，在到会党员和村民代表监督下开展工作。

十一、到会的党员和村民代表将推荐票填好后，由本人将推荐票投入票箱。推荐人因不识字或身体原因不能填写推荐票的，可现场由本人委托到会的党员或村民代表按照本人的意志代写；未到会的党员和村民代表，不能委托他人代替投票。推荐结果由监票人按得票多少向大会报告，推荐产生的候选人初步人选名单由会议主持人宣布。

十二、本推荐办法，经党员和村民代表大会通过后生效。未尽事宜，请示镇党委决定。

索河镇龙霓山村党支部

2014 年 10 月 27 日

（4）中国共产党龙霓山村支部委员会换届选举党员大会主持词。

中国共产党龙霓山村支部委员会换届选举

党员大会主持词

同志们：

（根据《中国共产党章程》和《中国共产党基层组织选举工作暂行条例》的规定，选举大会由村党支部委员会主持，镇指导组参加。）

今天召开中国共产党龙霓山村支部党员大会，选举新一届支部委员会。

我村党支部共有党员 47 名，其中正式党员 46 名，预备党员 1 名。有选举权和被选举权的党员 46 名，今天应到会党员 46 名，因事因病请假__名，实到会党员__名，超过应到会有选举权人数的五分之四，可以开会。

现在我宣布，中共龙霓山村支部党员大会现在开始。

今天会议的主要议程有五项：一、镇政府领导讲话；二、宣读通过党员大会选举办法；三、传达索河镇党委对龙霓山村支部候选人的批文；四、通过总监票人、监票人，唱票人、计票人；五、支部候选人介绍本人基本情况和竞选承诺；六、进行大会选举。

现在逐项进行。

一、请镇政府领导讲话，请大家欢迎。

二、宣读讨论通过党员大会选举办法。

现在由 辜振杰 同志宣读党员大会选举办法（草案）。

现在进行表决，同意这个选举办法的请举手，请放下；不同意的请举手，没有（或请放下）；弃权的请举手，没有（或请放下）。一致通过（或同意的超过实到会有选举权党员的半数，通过）。

三、由政府领导传达索河镇党委对龙霓山村支部候选人的批文。

附：龙霓山村支部委员会委员候选人考察报告

索河镇党委：

根据索河镇党组织委员会委员候选人考察办法，2014 年 11 月 3 日，镇指导组陈松、李社祥、朱小芳等同志深入到龙霓山村，采取集中征求意见和个别座谈的方式，对新一届支部委员候选人进行逐一考察，现将考察情况报告如下：

严明星同志：政治素质好，能坚决贯彻执行党的路线、方针、政策。工作扎实，认真负责，积极主动带领群众发家致富。能够及时调解处理群众间的矛盾纠纷，在群众中有很大的威望，在很大程度上改善了村级道路、水利、路灯等基础设施。廉洁奉公，作风民主，公道正派，身体健康，无违法乱纪情况。考察结果为优秀。

辜振杰同志：政治思想素质较好，为人端正。在村任职期间，能积极协助和支持村两委会的工作。热心群众事业，工作真抓实干，有一定的群众基础和组织协调能力。无违法乱纪情况。考察结果为良好。

肖志华同志：退伍回乡之后，虽然从事个体运输，但能帮助村民做些力所能及的事情，能积极参与组织生活和村委会的一切活动。主动带头义务献血两次。为人朴实、正直、有奉献心，能够深入群众中做工作，得到党员群众的好评。无违法乱纪情况。考察结果为良好。

肖碧华同志：政治思想素质较高，品行良好；积极协助和支持村两委工作，踏踏实实，认真负责；遵纪守法，廉洁奉公；身体健康。考察结果良好。

索河镇龙霓山村指导组

2014 年 11 月 3 日

四、通过总监票人、监票人，唱票人、计票人。

经支委会提议，由吴绪洲同志担任总监票人，王露、肖志虎同志为监票人，唱票人杨志辉，计票人吴雄立现在进行表决。

同意请举手，请放下；不同意的请举手，没有（或请放下）；弃权的请举手，没有（或请放下）。一致通过。

五、支部候选人介绍本人基本情况和竞选承诺。

附：村“两委”班子成员候选人四项承诺书

由严明星同志介绍本人基本情况和竞选承诺

各位党员（村民代表）：

本人严明星，1963年出生，于2000年6月加入中国共产党，1990年至2008年担任龙霓山村副主任，2008年至现在，担任龙霓山村党支部书记。

我作为这次村“两委”班子成员候选人参加竞争，为推动换届选举顺利进行，确保当选后有所作为，不辜负上级组织和党员群众的信任和期望，本人郑重做出以下四项承诺：

一、竞职承诺

1. 严格遵守各级党委、政府关于加强选风选纪的各项规定和要求。在选举过程中，严格遵守村“两委”换届选举办法的各项规定，自愿接受参选资格条件的审查，若不符合选举办法参选规定的，主动退出竞争，若当选，接受当选无效的决定。

2. 自觉接受党员和群众的监督，真诚表达竞职愿望和决心，平等接受党员和群众的选举。不侮辱、诽谤和攻击他人，不威胁、恫吓其他竞职人员，不做违规和不切实际的承诺；不搞分发钱物、请客送礼等任何形式的拉票贿选行为；不以其他非法或不正当手段妨碍选举人行使选举权；引导并约束配偶及其他亲属朋友的助选行为，并对他们的行为负责。

3. 自觉接受党组织的领导，依法、公开、透明、自觉按照法定程序参与竞争，无论结果如何，都能正确对待，积极配合新一届村“两委”开展工作。

二、创业承诺

按照上级党委和政府的要求，在本村党组织委员会及村委会的直接领导下，努力为广大党员和群众服务，办好富民强村的实事，不断发展壮大村级集体经济，为建设社会主义新农村贡献一份力量。

如果我顺利当选，在任职期内，作出以下创业承诺：

1. 带领村民发家致富。

2. 硬化村庄内未完成的道路。

3. 完善田间渠道及水利设施。

三、廉政承诺

1. 严格遵守党的政治纪律、组织纪律、经济纪律和群众工作纪律；自觉遵守党员领导干部廉洁自律和党风廉政建设责任制各项制度；坚持党的民主集中制原则，严格执行集体议事制度。

2. 坚持个人重大事项报告制度，及时向组织报告个人重大事项变动情况。

3. 不以公款支付个人消费、娱乐活动；不搞公款旅游或借考察、学习的名义游山玩水；不违规进入高档娱乐场所，不参与任何形式的封建迷信、赌博和色情活动；不接受企业和个人赠送的礼品、礼金和礼卡等有价证券；不利用职务便利为配偶、子女和亲属谋取不正当利益；不违规开展创收活动或私设“小金库”。

四、辞职承诺

本人如果有下列行为：

1. 不贯彻执行党的路线、方针和政策；无正当理由不执行上级党委、政府和本级村党组织的重大决策部署；无正当理由，不正确履行工作职责。

2. 严重影响村“两委”班子和村民团结的；严重违规决策、管理和严重失误、失职。

3. 长期外出或因为其他原因不能把主要精力放在村务政务工作上，严重影响工作。

在选举时，如果违规竞争；在任职期内，如果不能完成履职承诺事项或违反纪律。我承诺主动退出竞争或辞职。

由肖碧华同志介绍本人基本情况和竞选承诺

各位党员（村民代表）：

本人肖碧华，女，1969年出生，高中文化，于2002年加入中国共产党，于2000年至现在担任龙霓山村妇女主任，2008年至现在担任龙霓山村党支部副书记。

我作为这次村“两委”班子成员候选人参加竞争，为推动换届选举顺利进行，确保当选后有所作为，不辜负上级组织和党员群众的信任和期望，本人郑重做出以下四项承诺：

一、竞职承诺（同上，略）

二、创业承诺

按照上级党委和政府的要求，在本村党组织委员会及村委会的直接领导下，努力为广大党员和群众服务，办好富民强村的实事，不断发展壮大村级集体经济，为建设社会主义新农村贡献一份力量。

如果我顺利当选，在任职期内，作出以下创业承诺：

1. 搞好本村妇女工作。

2. 搞好清洁家园工作，使龙霓山村更加美化。

3. 服务好村民。

三、廉政承诺（同上，略）

四、辞职承诺（同上，略）

由辜振杰同志介绍本人基本情况和竞选承诺

各位党员（村民代表）：

本人辜振杰，1977 年出生，大专学历，于 2008 年加入中国共产党，2008 年至 2011 年担任龙霓山村委员，2011 年至现在，担任龙霓山村支委和村委会委员，2011 年至现在，担任索河镇团支部编外副书记。

我作为这次村“两委”班子成员候选人参加竞争，为推动换届选举顺利进行，确保当选后有所作为，不辜负上级组织和党员群众的信任和期望，本人郑重做出以下四项承诺：

一、竞职承诺（同上，略）

二、创业承诺

按照上级党委和政府的要求，在本村党组织委员会及村委会的直接领导下，努力为广大党员和群众服务，办好富民强村的实事，不断发展壮大村级集体经济，为建设社会主义新农村贡献一份力量。

如果我顺利当选，在任职期内，作出以下创业承诺：

1. 搞好青年入伍工作及民兵连工作。

2. 搞好本村综治信访工作。

3. 服务好村民合作医疗及农保工作。

三、廉政承诺（同上，略）

四、辞职承诺（同上，略）

由肖志华同志介绍本人基本情况和竞选承诺

各位党员（村民代表）：

本人肖志华，1976年出生，高中文化，于1993年参军入伍，1996年退伍回乡，1996年加入中国共产党。1996年至现在从事个体运输。

我作为这次村“两委”班子成员候选人参加竞争（根据具体竞争职位表述），为推动换届选举顺利进行，确保当选后有所作为，不辜负上级组织和党员群众的信任和期望，本人郑重做出以下四项承诺：

一、竞职承诺（略）

二、创业承诺

按照上级党委和政府的要求，在本村党组织委员会及村委会的直接领导下，努力为广大党员和群众服务，办好富民强村的实事，不断发展壮大村级集体经济，为建设社会主义新农村贡献一份力量。

如果我顺利当选，在任职期内，作出以下创业承诺：

1. 协助村两委会各项工作。

2. 帮助村民发家致富。

三、廉政承诺（同上，略）

四、辞职承诺（同上，略）

六、进行大会选举。

下面进行选举。请监票人清点报告人数。（清点完毕）

中共____村支部党员大会，应到会有选举权党员____名，因事因病请假的名，实到会党员___名，符合规定人数，可以进行选举。

请监票人领取选票。

请监票人发放选票。各位党员拿到选票后，先不要填写，关于填写选票方法，下面还要讲一下。

选票已发放完毕，各位党员都收到选票没有？有没有多领或未领到的？有没有看不清的？如有，请举手。没有。

请监票人报告分发选票情况。

本次选举大会，实到会有选举权党员___名，共发出选票___张，核对无误。现将剩余选票当众封存。

现在把填写选票的注意事项说明一下：

（1）党员对选票上所列的候选人，可以投赞成票、不赞成票或弃权票，也可以另选他人。如赞成，在候选人姓名左侧对应的空格内画“○”；如不赞成，在候选人姓名左侧对应的空格内画“×”；如弃权，不画任何符号；如另选他人，请在另选人姓名空格内写上另选人姓名，并在其姓名左侧对应的空格内画“○”。因特殊原因不能填写选票的可以请人按照自己的意愿填写。

（2）本次选举大会实行差额选举，村支部委员候选人__名，应选名额__名，每张选票上画“○”的人数等于或少于___名，选举有效；多于应选名额的选票作废。

各位党员听清楚没有？不清楚的，请举手。没有。现在开始填写选票。

各位党员，选票填好没有？请按要求检查一下。如有错误，请改正过来。

现在请监票人当众检查票箱。没有问题。请把票箱封好。

现在开始投票。

先请监票人、计票人投票（投票后）；

请党员按从左到右的顺序，依次逐一投票。

请监票人检查一下投票是否完毕。

请监票人当众打开票箱，清点选票，并报告收回的选票数。

根据监票人报告，今天实到会有选举权党员___名，发出选票___张，收回选票__张，收回的选票等于（或少于）发出的选票，投票有效。

下面开始计票，监票人监督计票。

（计票完毕）

请监票人报告选举计票结果。

根据监票人报告结果，按照大会选举办法的规定，下列___位同志当选为___村新一届支部委员会委员（以姓氏笔画为序）：__、__、__、__、__、__。

各位党员，今天会议的各项议程经全体党员的共同努力，已经全部完成。

现在，我宣布__村支部党员大会胜利闭幕！

（五）村民委员会的换届选举：流程公开且做法民主[1]

1. 索河镇第九届村民委员会换届选举工作实施方案

为做好索河镇第九届村民委员会换届选举工作，根据《中华人民共和国村民委员会组织法》《湖北省村民委员会选举办法》和《省委办公厅、省政府办公厅 2014 年全省村“两委”换届选举工作实施方案》和《区委办公室、区政府办公室关于认真做好 2014 年全区村“两委”换届选举工作的通知》文件精神，现结合索河实际，特制定本实施方案。

（1）指导思想。

全镇村“两委”换届选举工作要以邓小平理论和“三个代表”重要思想为指导，深入贯彻落实科学发展观，按照党的十八大、十八届三中全会精神和区委、区政府的有关要求，以加强村级组织建设和基层民主政治建设为目标，坚持党的领导，充分发扬民主，严格依法办事，把思想好、作风正、有文化、有本领、热心为群众服务的村民选进村委会领导班子，为促进农村经济发展和社会进步打下坚实的基础。

（2）总体工作安排。

索河镇今年应换届选举的村 26 个，根据区委、区政府的统一安排，索河镇第九届村民委员会换届选举工作从2014年9月开始，到12月底前基本结束，村委会换届选举的选举日初步定在 12 月 14 日—17 日。

（3）实施阶段和方法步骤。

索河镇第九届村民委员会换届选举工作分准备阶段、宣传发动、选举实施、建章健制、检查验收五个阶段进行。

①准备工作阶段（9 月中旬—10 月中旬）。

第一，调查摸底。由镇政府组织专班对村级组织基本状况进行调查研究，召开座谈会分析现状，讨论研究工作对策。

第二，成立选举工作机构。村民委员会选举工作要在镇党委的领导下进行，镇人民政府负责实施，民政部门负责业务指导，各有关部门密切配合。镇及各村都要成立选举工作机构。镇成立村“两委”换届工作领导小组，组建换届选举工作指导组。村推选产生村民选举委员会。村选举委员会是负责组

[1] 相关资料由龙霓山村第 3 组的村民辜振杰提供。

织和主持本村村委会换届选举工作的临时机构，村民选举委员会由主任、副主任、委员五至十一人组成，其成员中应当有妇女成员。村民小组较多的村，村民选举委员会成员可以适当增加，具体名额由村民代表会议确定。村民选举委员会成员由村民会议、村民代表会议或者各村民小组会议采取无记名投票方式推选产生。村民选举委员会成员的推选工作在村党组织领导下，由上一届村民委员会主持，要按照法定程序将村党组织负责人推选为村民选举委员会主任，主持村民选举委员会工作。同时，按照组织信任、群众认可、大局观念强、法纪观念强、组织协调能力强的标准配齐村民选举委员会副主任。村民选举委员会成员被提名为村民委员会成员候选人的，应当退出村民选举委员会。村民选举委员会成员在选举期间无正当理由两次不参加村民选举委员会会议的，其职务自行终止。村民选举委员会成员出现缺额的，按照原推选结果依次递补，也可以另行推选。村民选举委员会成员名单要及时张榜公布（第一号公告），并报镇换届选举工作指导组备案。成立村民选举委员会后，确定选举起始时间、选民登记日、选举日和选举大会地址并发布公告（第二号公告）。

第三，制发有关文件及工作方案。镇党委、政府制发相应的文件、工作方案和实施细则，明确村委会选举的原则和具体步骤、程序、时间、要求以及操作方法，确定选举日，对村委会人员职数、候选人条件及产生的办法、选民资格及登记办法、投票方式提出具体指导性意见。

第四，进行村级财务审计。镇组成工作专班，对现任村民委员会三年来的财务账目进行一次全面审计，并将审计结果在村民代表大会上通报，对清理和审计出的问题要按照有关规定及时作出处理，并在村务公开栏上张榜公布，接受村民监督。

第五，对村“两委”班子进行评议、考核。镇、村党组织负责组织对村民委员会三年来的工作情况进行民主评议和考核。村民委员会委员在村民代表会议上对任职期间的工作作述职报告，并进行民主测评，评议结果在村务公开栏上张榜公布。

②宣传发动阶段（10 月下旬—11 月中旬）。

第一，培训骨干。镇举办培训班对指导组成员、村干部进行培训；村委员会对村选举委员会成员、村换届选举工作人员进行培训。通过学习法律法规和文件，熟悉选举的具体程序，掌握操作的具体方法，保证选举工作依法进行。

第二，召开动员大会。镇组织召开动员大会，安排部署索河镇“两委”换届选举工作。各村也要召开动员大会，安排部署村选举工作。

第三，开展宣传教育活动。镇、村要充分利用广播、横幅、宣传标语、黑板报和村务公开栏等多种形式，广泛深入宣传《中华人民共和国村民委员会组织法》《湖北省村民委员会选举办法》及村民委员会换届选举工作重要意义、基本原则、步骤方法。进一步增强干部群众的民主法制观念，教育引导村民群众积极参加选举活动，增强依法办事的意识和主人翁责任感，消除家族、宗族、派别等不良因素的影响，使广大村民充分意识到自己的权利、义务，投好神圣的一票。

③选举实施阶段（11 月下旬—12 月中旬）。

第一，选民登记。确定选民资格——以镇为单位制定选民登记办法，选民资格依照法律、法规和政策规定确定。年满 18 周岁的村民（以选举日为准），不分民族、种族、性别、职业、家庭出身、宗教信仰、教育程度、财产状况、居住期限，都有选举权和被选举权，除依法被剥夺政治权利的人外均可登记。对外出打工人员，村民选举委员会委托其近亲属与其联系，并在打工人员较为集中的地方聘请换届选举联络员，通过电话、信函、互联网等联络方式进行登记，办理委托投票手续；对户口不在本村，但在本村居住 1 年以上，本人申请参加选举的，应在户口所在地出具选民资格证明和未在户口所在地参加选民登记证明，经村民会议或者村民代表会议同意，可在本村进行选民登记；户籍在本村，不在本村居住的村民，经选举委员会告知后，本人表达不参加或者十日内不答复的，不列入参加选举名单；精神病患者在发病期间停止行使选举权利，智力残疾人员在选举期无法正确表达自己意愿的，也不应列入选民名单。对出现的特殊情况，由镇换届选举工作指导组提出意见，交村民选举委员会或村民代表大会依法讨论决定。明确登记办法——选民登记可采取以村民小组为单位设立登记站，村民到站登记，也可采取由选民登记员上门入户登记。选民登记员由村民选举委员会确定，并做好岗前培训。选民登记员必须法律观念强、有一定文化水平、工作认真负责、熟悉本村情况。选民登记开始前，村民选举委员会应发出公告（第 3 号公告），并通知外出有选举权的村民回村参加登记、选举或明确委托投票人。张榜公布选民名单（第 4 号公告）

和颁发选举证——选民名单应当在正式选举日二十日前公布，并发给选举证。选民投票时，必须凭选举证领取选票，选举证由镇统一印制。选民对公布的选民名单有异议的，应当自名单公布之日起五日内向村民选举委员会提出申诉——村民选举委员会应当及时进行调查、核实，在自收到申诉之日起三日内依法作出处理决定，并公布处理结果，做到不漏登、不重登、不错登。无异议后，在选举日五日前，由村民选举委员会或各村民小组长负责将选举证发到选民手中。

第二，推选村民代表。参加选举的村民登记名单公布之日起十日内，依法推选村民代表。村民代表条件如下，本村年满 18 周岁，具有选举权和被选举权的村民；遵纪守法、公道正派；有一定参政议政能力；能代表群众意愿，在村民中有一定威信。召开村民选举委员会会议，根据本村实际，确定村民代表总数，将代表名额分配到各村民小组并张榜公布（第 5 号公告）。村民代表由村民按每五户至十五户推选 1 人办法产生，也可由各村民小组按分配名额推选若干人。村民代表总人数不少于 25 人，一般不超过 50 人。村民代表中妇女村民代表应当占村民代表会议组成人员的三分之一以上。村民代表与村民委员会任期相同，可以连选连任。推选村民代表以小组为单位召开会议，按分配名额采取等额推荐、秘密写票、得票多者当选的方式产生，各村民小组推选村民代表的会议由现任村民小组长主持，村选举委员会派人指导。村民代表产生后，必须明确具体联系户，颁发代表证，报镇备案并发布公告（第 6 号公告）。代表证由镇统一印制。村民代表会议由村民代表、村“两委”成员、村民小组长和居住在本村的各级人大代表组成。

第三，确定正式候选人。确定新一届村民委员会成员职数——全面推行村党组织书记、村委会主任“一肩挑”，积极推进村“两委”班子成员双向进入、交叉任职。严格控制村干部职数，一般 3 ～ 5 人。具体为：1000 人以下的村，村“两委”职数为 3 人，1000 人以上的村，村“两委”职数不超过 5 人。坚持实行设岗定位，在选票上单独设立妇女委员职位，确保村民委员会成员中至少有 1 名妇女当选。新一届村民委员会成员职数，由镇“两委”换届选举工作指导组按各村村民人数、区域大小提出建议，交村民代表会议讨论确定并发出公告（第 7 号公告）。

明确候选人条件——根据《湖北省村民委员会选举办法》，村民委员会候选人应该具备以下条件：一是具备选举资格，登记参加本村选举的村民；二是遵纪守法、廉洁奉公、品行良好、公道正派、热心公益；三是具有一定的文化水平和组织、协调、管理能力，能够发展农村经济和社会事业，带领村民共同致富。鼓励符合条件的农村致富能手、外出务工经商返乡农民、复转军人、回乡大中专毕业生、选聘的驻村大学毕业生、机关企事业单位退休返乡干部职工等积极参选村民委员会成员。鼓励在发展农村经济和社会事业，带领村民共同致富等方面取得显著成绩的村民委员会主任及其他成员连选连任。在明确候选人前，村民选举委员会将候选人条件和不宜提名为候选人条件向选民发出公告（第 8 号公告）。

提名确定候选人——村民委员会候选人由过半数登记参加选举的村民直接提名产生。可采取设立中心投票站和若干分投票站方式进行。村民选举委员会应在村民代表的监督下公开唱票、计票，按正式候选人差额数，将得票多的提名候选人直接确定为正式候选人。在提名和确定候选人时，要遵循等额提名（即选民填写提名选票时，必须按应选职数等额提名），多数确定（即计票结束后，以简单多数确定得票多者为正式候选人）和差额原则（即村选举委员会在按得票多少确定主任、副主任和委员正式候选人时，各层次职务要至少比应选人数多 1 人）。如遇提名候选人得票相等，村民选举委员会应当组织选民对得票相等的提名候选人进行再次投票确定。候选人提名结果按得票多少，于选举日十日前，分别按职位和得票多少顺序张榜公布（第 9 号公告）。被提名人不接受提名的，应当在候选人名单公布之日起两日内向村民选举委员会提出书面意见。候选人出现缺额的，按照提名得票多少的顺序依次递补。正式候选人为村民选举委员会成员的，必须退出选举委员会，缺额按当时推选得票多少依次递补。第 9 号公告发布后三日，公布正式候选人名单（第 10 号公告）。

推行“四项承诺”制度——在村民委员会选举中，全面推行候选人竞职承诺、创业承诺、廉政承诺和辞职承诺制度。推行竞职承诺，候选人就遵守换届选举纪律、依法公平参选、杜绝不正当竞争行为等方面向党员、群众作出承诺。推行创业承诺，候选人要结合本村实际，提出任期和年度主要工作目标、措施，向党员、村民作出承诺。推行廉政承诺，候选人就当选后如何做到廉洁自律，加强反腐倡廉建设作出承诺。推行辞职承诺，候选人承诺如当选后履职能力差、工作作风差、党员群众满意度低，上级组织考核出现不称职等情况，要主动辞职。承诺内容需经镇党委、选举工作指导组、村民选举委员会审核，并在党员群众中公示，不作出承诺的不得列为候选人参与竞选。

第四，有序组织竞职演讲。村民选举委员会应在正式投票选举前，以适当方式向选民介绍候选人的基本情况，并组织正式候选人与村民见面，公开向选民或村民代表大会发表治村设想，内容一般包括以下几点：一是本人基本情况；二是竞选职位及理由；三是治村方案；四是表明正确对待当选与落选的态度。要如实回答选民提问，接受群众监督。候选人在介绍自己时，应当实事求是，符合法律、法规和政策规定，其主要内容应当事先以书面形式送村民选举委员会备案。不允许有私下拉票许愿，不擅自进行选举委员会规定以外的竞选活动。

第五，正式投票选举。在投票选举之前，村民选举委员会应当做好下列准备工作——召开村民选举委员会会议，确定投票选举的方式（统一实行分职务一次性投票），在选举日前五天公布投票时间和地点。核实参选人数。通知外出选民回村参加投票选举。经通知在选举日未回家，且未办委托的，不计为选民数。办理委托投票手续。委托对象主要有：一是选举期间外出不能参加投票的，应当自登记参加选举的村民名单公布之日起的七日内通过书信、手机短信、电子邮件等形式委托本村有选举权的近亲属代为投票，在本村没有近亲属的，可以委托有选举权的其他村民代为投票，同时告知村民选举委员会；二是老弱病残的选民。村民选举委员会经核查，确认委托有效后，应当在选举日五日前公布委托人和受委托人名单，并发放委托投票证。每位村民接受的委托不能超过两人，且不得违背委托人意愿。村民的委托投票申请在委托投票名单公布后不得变更或者撤回。村民委员会成员候选人不得接受委托。禁止投票现场临时委托。制作选票和票箱。由镇统一选票式样，印制后要加盖村民选举委员会印章并密封，由三人以上共同保管。布置选举大会会场和投票站，设立选票发放处、秘密划票间、代写处和投票处。确定并培训投票选举工作人员。使其明确职责和纪律，熟悉操作程序和验票方法。召开选举工作预备会议。由村民选举委员会主持，进一步明确工作人员职责，规定工作纪律，村民小组长和村民代表分工负责落实选民到场投票，并落实选举结果报告单、当选证书、选民登记册及大会会场布置和设投票站等工作任务。

召开选举大会进行选举——索河镇正式选举投票时间为12月14—17日。选举工作由村选举委员会主持召开选举大会，选举大会程序及要求严格按照新修订的《中华人民共和国村民委员会组织法》和《湖北省村民委员会选举办法》的规定执行。因多种原因组织召开选举大会确有困难的村，可增设投票站，但必须设置中心会场。投票站的设置及投票时间、地点应在选举日五日前公告选民（第11号公告），并公告投票注意事项。每个投票站由一名村民选举委员会成员或村党组织成员负责，另配两名工作人员负责投票站的工作。投票时，登记参加选举的村民应当按规定直接参加投票，委托投票的凭委托投票证参加投票。投票结束后，所有投票箱应密封集中到选举大会主会场开封查票。由监票人、唱票人、计票人核对投票人数和票数，并当众唱票、计票、作出记录，监票人、唱票人、计票人应当场签字。村民选举委员会应当场宣布选举结果，颁发当选证书，并于选举后三日内发布公告（第12号公告），向全体村民公布当选名单，选举结果同时报镇“两委”换届选举工作指导组备案。

选举大会由全体过半数的选民投票，选举有效，否则选举无效；候选人或另选人获得参加投票的选民过半数的选票，始得当选。选举投票数等于或少于投票人数，选举有效，多于投票人数的，选举无效。每一选票，所选人数等于或少于应选名额的，选票有效，多于应选名额则选票无效。获得过半数选票的候选人，以得票多的当选。如果得票数相等不能确定当选人时，应当场就得票数相等的候选人再次投票，以得票多的当选。村民委员会成员之间实行回避制度。选出的村民委员会成员之间有夫妻或者父母子女关系的，只确定职务最高的一人当选；如果职务相同，只确定得票最多的一人当选。经投票选举，当选人数不足应选名额，但已达三人或者三人以上时，可组成新一届村委会，其不足名额可以暂缺。主任暂缺时，由当选得票多的村委会副主任暂时主持工作，直至下一次补选出主任为止。当选人数少于三人时，不足名额应当在选举日之后的十五日以内另行选举。另行选举时，按照未当选人得票的多少顺序确定正式候选人。另行选举须有全村选民的过半数投票，选举有效；以得票多的当选（简单多数），但是得票数不得少于参加投票选民数的三分之一。因各种原因造成选举无效，需要重新选举的，应当在三个月以内进行选举。选民名单须重新核实公布。重新选举适用本方案规定的选举程序和方法。

④建章健制阶段（12 月下旬—2015 年 1 月上旬）。

第一，健全村民委员会内设组织。

设立下属委员会——按照实事求是和精干高效的原则，可设立综治民调、卫生与计划生育、社会保障等委员会。村民委员会可根据本村实际需要、经济发展状况，设立下属委员会。村民委员会内设委员会的主任由村民委员会成员兼任并张榜公布（第 13 号公告）。

推选村务监督委员会——村民委员会主持召开村民代表会议，从村民中推选 3—5 人组成村务监督委员会，其中应当有妇女成员和具备财会、管理知识的成员。村民委员会成员及其近亲属不得担任村务监督委员会成员。村务监督委员会成员任期与村民委员会的任期相同，可连选连任，推选产生后张榜公布（第 14 号公告）。村务监督委员会建立后，原有村务公开监督小组、民主理财小组等村务监督机构的职能由村务监督委员会履行。全镇所有建制村要实现村务监督委员会“全覆盖”。

推选村民小组长——新一届村民委员会自产生之日起一个月内组织召开各村民小组会议推选村民小组组长。推选村民小组组长，应当有本组 18 周岁以上的村民三分之二以上或者户代表三分之二以上参加，并经到会人员的过半数同意当选并张榜公布（第 15 号公告）。村民小组长任期与村民委员会的任期相同，可连选连任。

第二，做好交接工作。

新一届村民委员会选举产生后，上一届村民委员会应当在新一届村民委员会产生之日向新一届村民委员会移交公章，并于十日内办结办公设施、财务帐目、资料档案、集体资产、未完工作的移交。移交的项目、数量、重要情况等应当详细记录并存档。移交工作由村民选举委员会主持，镇指导组全体成员负责监督。对拒绝移交或无故拖延移交的，村党组织和镇党委、政府应当给予批评教育，督促其改正。移交过程中发现有重大问题的，村党组织、村民委员会和村民要及时向镇党委、政府或纪检监察机关、人民法院、人民检察院等反映。

第三，制定和完善制度。

新一届村民委员会产生后，必须根据有关法律法规和本村实际，制定和完善有关民主决策、民主管理、民主监督的各项规章制度，经村民代表大会讨论通过后实施。其主要制度是：村民委员会成员职责及分工；村民委员会三年任期目标；村民委员会工作制度；村民会议制度；村民代表会议议事规则；村民自治章程和村规民约；村务公开制度；村财务管理制度；村干部离任审计制度；村干部报告工作及民主评议制度。

⑤检查验收阶段（2015 年 1 月中旬）。

第一，检查验收标准。所有村民委员会都要进行换届选举，其选举合法有效，组成了新一届村民委员会；村民委员会成员候选人由村民直接提名实行各层次差额，无指选、派选现象；投票选举组织严密，设立了秘密写票处，选举结果当场公布，颁发了当选证书；督促、指导工作及时有力，对群众来信来访及时认真查处，无侵犯村民民主权利的现象，无弄虚作假现象，无不良势力操纵选举现象；健全了村民委员会下属组织，完善了村民自治制度，制定了任期目标，村民对选举结果满意。

第二，检查验收方法。在镇换届选举工作指导组对各村进行逐一检查验收的基础上，同时作好迎接上级检查的准备。检查验收时主要采取听汇报、查档案资料和走访座谈等方式进行。

（4）基本工作要求。

村民委员会换届选举工作政治性、政策性、法规性强，涉及面广，情况复杂。政府要进一步加强组织领导和工作指导，形成党委统一领导，人大、政府密切配合，有关部门各负其责的工作机制。

①加强组织领导。要把村民委员会换届选举作为构建和谐社会的重要政治任务，加强领导，精心组织。镇成立换届选举工作指导小组及其办公室，具体组织、指导村委会换届选举工作。镇党委领导班子成员要明确分工，具体负责所驻村换届选举工作的指导，并选派得力干部精心组织实施。镇组织办公室要统筹协调村党组织和村民委员会换届选举工作，重点抓好村党组织换届选举工作。镇民政部门要充分履行职能，加强对村民委员会选举工作的指导和督查；镇宣传部门要加大舆论宣传力度，牢牢把握正确的舆论导向，加强对换届选举的正面宣传；镇纪委要及时查处换届选举工作中发生的违纪违规行为；镇派出所要加强治安管理工作，整治农村的黑恶势力干扰选举，营造良好的选举环境；镇司法工作要将普法与选举工作紧密结合起来，加强对选举

程序的监督和公证。

②严肃换届纪律。要加强对参与竞选人的纪律意识和法制观念教育，引导他们采取合法、正当方式参与竞选。继续推行竞职承诺制度，统一组织候选人与党员、村民见面，介绍个人经历、履职设想和遵守换届纪律等情况，杜绝私自开展竞选活动，杜绝向党员群众作不正当承诺。对参与或指使他人以暴力、威胁、欺骗、贿赂、伪造选票、撕毁选票、毁坏票箱等破坏选举或者妨碍选民依法行使选举权和被选举权的，以及对检举违法行为的人进行打击报复的，发现一起，查处一起。对涉嫌违法犯罪的，移送司法机关处理。对以威胁、伪造选票、贿赂等不正当手段当选的村“两委”成员，一经发现即取消其参选资格，已经当选的，其当选无效；违反治安管理规定的，依法给予治安管理处罚；构成犯罪的，依法追究刑事责任。

③强化宣传引导。广泛应用广播、标语、板报、橱窗等形式，加强对换届选举工作的舆论宣传。充分运用各种媒体，积极应对网络舆情，既要重视网络正面舆情的宣传和引导，也要注意负面舆情的监测和应对。及时组织新闻媒体宣传换届的成功经验和有效做法，加强典型引导，营造和谐换届的舆论氛围和风清气正的选举环境。

④认真受理群众来信来访。高度重视并正确对待换届中的群众来信来访工作，建立和落实群众信访办理回复制度、信访工作责任追究制度，切实做好信访接待处理工作。既要保障村民依法直接行使民主权利，严肃查处压制和破坏民主、侵犯村民民主权利的行为，又要防止宗族、房头、宗教和恶势力操纵选举，维护选举工作的严肃性，确保换届选举期间农村经济和社会秩序稳定。

2. 龙霓山村村民委员会换届选举工作简录

（1）第一号公告。

索河镇龙霓山村第九届村民委员会换届选举公告

（第一号）

经村民代表会议推选，成立龙霓山村第九届村民选举委员会，负责组织和主持本届村民委员会换届选举工作，现将选举委员会名单公布如下:（共9人）

主　任：严明星

副主任：吴绪洲

成 员：肖小国 肖林华 杨佑青 李怀合 樊孝和 严庆生 杨光烈

龙霓山村村民委员会

2014 年 11 月 19 日

（2）第二号公告。

索河镇龙霓山村第九届村民委员会换届选举公告

（第二号）

根据《湖北省村民委员会选举办法》的规定，经与龙霓山村第九届村委员会换届选举工作指导组协商确定，我村第九届村民委员会换届选举工作定于 11 月 18 日开始，登记参加选举的村民日期为 11 月 20 日至 23 日，直接提名候选人日期为 12 月 1 日，正式选举日为 12 月 14 日，选举大会主会场为村会议室，望村民相互转告，届时进行登记和参加选举。

龙霓山村村民选举委员会

2014 年 11 月 19 日

（3）第三号公告。

索河镇龙霓山村第九届村民委员会换届选举公告

（第三号）

经村民选举委员会决定，我村第九届村民委员会参加选举的村民登记工作从 11 月 20 日至 23 日为止。全村以村民小组为单位设立 4 个登记站，由村民携带身份证或户口薄主动到本单位登记站登记，逾期不登记者，视为放弃选举权。

凡 2014 年 12 月 14 日零时止，年满 18 周岁，户口在本村的村民登记确认资格后，即可参加投票选举，请各村民小组通知外出村民回村参加投票或明确委托选票人。望村民互相转告。

第一选区登记员：肖志华

第二选区登记员：肖碧华

第三选区登记员：辜振杰

第四选区登记员：严明星

龙霓山村村民选举委员会

2014 年 11 月 19 日

（4）第四号公告。

索河镇龙霓山村第九届村民委员会换届选举公告

（第四号）

现将经登记确认的本村应参加 2014 年第九届村民委员会换届选举的村民名单公布如下，如有错漏，请于 12 月 14 日前向村民选举委员会提出。

第一村民小组：略

第二村民小组：略

第三村民小组：略

第四村民小组：略

第五村民小组：略

第六村民小组：略

第七村民小组：略

第八村民小组：略

以上村民在选举期间外出不能参加投票的，可以书面委托本村有选举权的近亲属（即配偶、父母、子女、兄弟姐妹、祖父母、外祖父母、孙子女、外孙子女）代为投票，但每一人接受委托投票不得超过两人。需要委托投票的村民，委托人或者被委托人请于 2014 年 11 月 30 日前到村民选举委员会办理书面委托手续。

龙霓山村村民选举委员会

2014 年 11 月 24 日

（5）第五号公告。

索河镇龙霓山村第九届村民选举委员会公告

（第五号）

经村民选举委员会召开会议，讨论通过第九届村民代表名额、条件及产生办法，并发布公告如下：

一、为了规范村民代表推选工作，保障村民依法行使民主权利，根据新修订的《中华人民共和国村民委员会组织法》《湖北省村民委员会选举办法》规定，依照上级有关文件精神，结合本村实际，制定本办法。

二、村民代表的推选工作在村党支部的领导下由村民选举委员会负责组织实施，接受镇换届选举工作指导组的指导。

三、村民代表的推选日定于 2014 年 11 月 25 日。

四、根据上级要求和本村实际情况，确定村民代表 45 名。为认真执行新修订的《中华人民共和国村民委员会组织法》中关于“妇女村民代表应当占村民代表会议组成人员的三分之一以上”的规定，妇女村民代表可采用专职专选等方式进行推选。村民代表的任期与村民委员会相同，可连选连任。提倡党员通过推荐依法当选为村民代表。

五、村民代表应具备以下基本条件。

1. 年满 18 周岁、享有选举权和被选举权的本村村民；

2. 拥护党的路线、方针、政策，遵纪守法，廉洁奉公，作风正派；

3. 关心集体，办事公道，联系群众，热心为村民服务，在村民中有一定威信；

4. 身体健康，能正确地行使自己的权利和积极履行应尽义务。

六、以组为单位召开户代表会议（本组三分之二以上户代表参加）采取无记名投票的方式推选产生村民代表。

七、本推选办法由上届村民代表会议通过后生效，并向全体村民公告。

龙霓山村村民选举委员会

2014 年 11 月 25 日

（6）第六号公告。

索河镇龙霓山村第九届村民选举委员会公告

（第六号）

根据村民代表推选办法，按照分配的名额、条件及产生办法，经召开各村民小组户代表会议，推选产生了新一届村民代表。现将名单公布如下：

1组：肖小国　肖国金　肖香廷　肖献一　李秀方　徐新明

2组：肖林华　肖四华　肖红华　肖球廷　朱艳荣　袁向红

3组：杨佑青　肖碧华　杨江河　李友先　杨国相

4组：李怀合　李秋腊　袁宏华　杨光烈　樊小林　肖琼芳

5组：吴雄立　胡俊霞　陈大桥　王枝香　陈海波　柳国祥

6组：樊孝和　张银碧　樊小华　杨敢方　孙廷柱

7组：严水生　郭艳兰　严谓刚　严新臣　严军训　王文雄

王元桥　孙良义

八组：严庆生　张五荣　李又荣

龙霓山村村民选举委员会

2014年11月26日

（7）第七号公告。

索河镇龙霓山村第九届村民选举委员会公告

（第七号）

根据《中华人民共和国村民委员会组织法》《湖北省村民委员会选举办法》规定，经龙霓山 村村民代表会议讨论决定，

龙霓山村第九届村民委员会职数设置为3人，其中设村民委员会主任1人，委员1人，妇女委员1人。

龙霓山村村民选举委员会

2014年11月27日

（8）第八号公告。

索河镇龙霓山村第九届村民选举委员会公告

（第八号）

经村民代表会议讨论确定，新一届村民委员会成员必须具备以下基本条件：（1）本村村民；（2）遵守宪法、法律、法规和政策，具有一定的组织能力；（3）身体健康，廉洁奉公，作风民主；（4）热心公共事务，热心为村民服务。

有下列情形之一的，不宜提名为村民委员会候选人：①丧失行为能力的；②被判处刑罚的；③违反计划生育法律、法规超计划生育的；④连续两次民主评议不称职的村干部。

龙霓山村村民选举委员会

2014 年 11 月 27 日

（9）第九号公告。

索河镇龙霓山村第九届村民选举委员会公告

（第九号）

经各村民小组会议提名，共产生村民委员会主任提名候选人 4 名，委员提名候选人 8 名，妇女委员提名候选人 3 名。现将提名名单和得票情况按得票多少顺序公布如下：

主任提名候选人：严明星 810 票、辜振杰 13 票、肖志华 3 票。

委员提名候选人：肖志华 415 票、辜振杰 403 票、杨元武 6 票、肖志雄 3 票、肖四华 3 票、肖碧华 2 票、肖明华 1 票、吴雄立 1 票。

妇女委员提名候选人：肖碧华 746 票、樊小林 38 票、李永芝 5 票。

龙霓山村村民选举委员会

2014 年 12 月 1 日

（10）第十号公告。

索河镇龙霓山村第九届村民选举委员会公告

（第十号）

经村民选举委员会组织审查，确定本届村民委员会成员正式候选人名单如下：

主任正式候选人（等额选举）：严明星

委员正式候选人：肖志华、辜振杰

妇女委员正式候选人：肖碧华、樊小林

龙霓山村村民选举委员会

2014 年 12 月 1 日

（11）第十一号公告。

索河镇龙霓山村第九届村民选举委员会公告

（第十一号）

根据《湖北省村民委员会选举办法》规定，经村民选举委员会研究决定，龙霓山村第九届村民委员会选举大会将于 2014 年 12 月 14 日上午 8 时至 12 时在村委会举行，请村民相互转告，安排好时间，届时持选举证和委托证准时参加选举大会。

龙霓山村村民选举委员会

2014 年 12 月 9 日

（12）第十二号公告。

索河镇龙霓山村第九届村民选举委员会公告

（第十二号）

依照法律规定，经本村选民投票选举，下列人员当选为本村第九届村民委员会成员。

主　　任：严明星

委　　员：肖志华

妇女委员：肖碧华

特此公告

龙霓山村村民选举委员会

2014 年 12 月 14 日

第八章　村庄风俗及其变迁[1]

时代变迁，风俗移易，这是历史发展的必然。村庄风俗，既有传统的继承，又有时代的变异，更有现代的创新。村庄风俗是村庄所在的特定社会文化区域内历代村民们共同遵守的行为模式或规范。人们往往将由自然条件的不同而造成的行为模式差异，称之为“风”，而将由社会文化的差异所造成的行为规范之不同，称之为“俗”。所谓“百里不同风，千里不同俗”正恰当地反映了风俗因地而异、因时而异的特点。在一百里的范围之内，可能风是一样的，出了一百里，这个风就不同了，如果出了一千里，俗也不同了。什么叫风呢？风就是流行，流行的东西传播的范围是有限的，条件不具备的地方它就流行不起来。但是俗就不同，俗是习惯，是某种风流行一段时间以后慢慢形成的习惯。所以，风俗不仅强调流行，而且强调习惯，只有一批人形成了习惯，风才能转化为俗。

风俗不是一个人的习惯，而是一个地域比如说村庄绝大多数甚至是所有人的习惯。风俗往往伴随着仪式，村庄风俗虽然是以单个人为办事主体的，但是通过仪式就能将办事的效应扩展到整个村庄，甚至是村庄生活之外。村庄风俗是村庄文化生活的重要组成部分，它是实现村庄社会团结和社会整合的重要仪式性习惯。村庄风俗一般都是以人生中的大事为切入点的，比如婚嫁、生孩子、丧葬等。

[1]　本节部分原始资料来源于严宏俊著《老汉阳民俗录》，武汉出版社 2010 年版。

一、婚嫁礼仪及其变迁

（一）传统婚嫁的基本过程

传统婚嫁的基本过程包括婚嫁决策过程和婚嫁执行过程两个阶段。从婚嫁的基本过程来看，黄河中下游地区汉民族，千百年来一直以周代遗制“六礼”为基本过程。不同地域或地区虽然在多年的沿用中对“六礼”之制有所取舍，形成了“百里不同风，千里不同俗”的现象，但是，这种现象主要是指婚嫁执行过程的差异，而就婚嫁决策过程来说，其基本礼制是一致的。

1. 婚嫁决策过程是一个较长周期的过程

“六礼”是中国传统婚嫁决策过程的六个程序，自商周至先秦而完备。所谓“六礼”，即是指纳采、问名、纳吉、纳征、请期、亲迎。值得说明的是，亲迎实质上是承上启下的婚嫁环节，它标志着婚嫁决策过程的结束，具有婚嫁决策过程的属性；它喻示着婚嫁执行过程的开始，具有婚嫁执行过程的特征。

（1）纳采。纳采是婚嫁过程，尤其是婚嫁决策过程的开始。婚嫁决策过程起始于男方家请媒人向女方家说明缔婚的请求，相当于人们常说的“提亲”或“说媒”。如女家原则上同意议婚，则男家以活雁（雁是一种随气候变化而南北迁徙的候鸟，雌雁永远追随雄雁飞行，而且专一，象征夫唱妇随，终身不贰之意，用之也是一种祝福之礼；贫家如果用不起雁，那么通常以鹅、鸡、雉等代替。按古时“六礼”要求，每必用雁，对雁的捕捉过多，加之气候自然环境等变迁，久之则雁成为珍禽，已经难以觅得，后来连官绅之家婚嫁也不得不以鹅代雁了，但仍名为“奠雁”）为礼物，同媒人相携去女家正式求婚。女方受之称“纳”，纳后方可进入实质议程。

（2）问名。纳采既准，也就是说，女方家收下了男方家的礼物。接下来就是婚嫁决策过程的第二步——问名。男女双方之家长同意议婚时，男方家请媒人再携雁为礼，到女方家询问女子的名字，包括出生年、月、日、时（农历），故称问名，也称取庚帖；同时，媒人也把男子的相应庚帖交给女方家，双方各找星相士占卜推算，相当于后世的“请八字”。如得吉兆，则可订婚；如双方生辰八字相克，则分别退还庚帖。随着时代变迁，后来把问名扩充到问官品、家业、人口、职业、才貌等诸多方面。

（3）纳吉。纳吉与否是比较重要的标志，相当于后世的“订婚”，或者今天的领取结婚证。一旦纳吉，男女双方都会受到社会伦理的约束，婚嫁的终止再不是随便的事情，而要经过双方的协商或外人的调解。尽管不同时期不同地方传统婚嫁的决策过程多有变迁，但是，纳吉始终是一项重要程序。男方家问名后占卜得吉，托媒人把可以合婚的消息通知女方家，称为纳吉。

（4）纳征。也就是后世所说的送嫁妆，下彩礼，或者过礼。纳征是纳吉以后，男方家根据双方协商的结果，请媒人给女方家送去聘礼钱币的仪式。“纳吉”与“纳征”这两项礼仪往往并在一起使用，构成定婚的主要手续。只有此项仪式完成后，男方才可娶过女方来。

（5）请期。男方家占卜择定合婚吉日良辰，让媒人告知女方家，征求女方家的同意。相当于后世的“下日子”“送日子”。

（6）亲迎。请期既定，就意味着婚嫁决策过程的结束。亲迎是婚嫁执行过程的开始。相当于后世的婚礼大典。

2. 婚嫁执行过程是一个较为集中的过程

清末至民国，龙霓山村所在的武汉地区的婚嫁习俗从周期来看共分 5 天完成，每天都有规定的内容和方式。

第一天杀喜猪、开脸，亲朋好友送贺礼。

第二天上头、告组、丢压箱钱，开上头酒、陪十友，陪十姊妹。

第三天拦门、送嫁、进亲、开进亲酒、谢亲酒。

第四天吃茶丢茶钱，送三朝茶。

第五天新婚夫妇双双回头门。

新婚满月时，新娘回娘家小住一月。

婚嫁执行过程详述如下：

（1）杀喜猪。拟完婚的家庭都喂养了喜猪，喜猪背上涂有桃红染料作喜庆标志。

（2）开脸。女子出嫁的前两天，必须由十姐妹中的年长者用索线扯尽其脸上的汗毛，剪去额前短发以作为即婚的标志。通俗来说，就是今天所说的婚前美容。

（3）受情。为庆祝婚嫁，亲戚朋友必来祝贺，祝贺一般随身携带着礼金，亦称贺礼。贺礼多为红纸包的钱币，俗称“情钱”。对于婚嫁方来说，接受礼金的活动，就称为受情。

（4）上头。男方将所杀喜猪分出一半或少部分（带猪腿），连同喜酒两坛，盛入礼盒内，由新郎率领数人送到女方家，谓之上头。通俗来说，就是今天所说的给女方彩礼。上头是婚礼的序曲，是婚礼的头一天所进行的仪式。有些女方，嫌上头礼轻，百般挑剔，直到男方折用钱补足方休。

（5）告祖。告祖由男方在傍晚时分进行，十分隆重，是祭祖的一种礼仪。在传统上，婚礼不仅是两个家庭间的事，而且更是两个家族间的事。婚礼不仅意味着亲属关系的扩张，更承担着家族香火延续、传宗接代的要务，所以，婚礼这等大事必须向祖上请示，以求得他们的认可和保佑。祖堂正中，竖排两张方桌，方桌下端围有龙凤呈祥绣图的锦缎桌布，燃烛焚香，鼓乐笙箫、鞭炮齐鸣。礼司先生分两宾站立，左为大赞，呼礼（司仪），右为小赞，诵告祖文。新郎头戴加冠礼帽，身穿马褂长袍，就位围桌前。告祖仪式大致是：祖堂肃静；执事者各执其事；某门第几代新婚某某某就位；跪；歇（起立）；叩首、叩首、叩首、四叩首；歇；奏乐鸣炮；礼毕。有些诵文的先生喜欢戏耍新郎，诵文时有意将字眼拖得很长很长，让新郎久跪不起。

（6）丢压箱钱。同告祖那天晚上，女方也没有闲着。女方把待嫁女的陪嫁箱打开，让亲戚朋友齐聚箱前，一个接一个地往里面丢喜钱，数额不等。一般来说，舅舅、姑姑的数额较其他亲属要大，此谓“丢压箱钱”。

（7）陪十友。在男方家里，告祖完毕后，接着是陪十友礼仪。新郎请来十位与自己年龄不相上下的未婚男青年，就坐筵席，说说笑笑，和睦一团。动箸饮酒时，每人都得夹起一箸菜，照菜说段彩语，彩语的意思莫过是家庭和睦、夫妻和谐、早生贵子之类。如一个丸子圆又圆，两小喜登满帆船；穿云破雾浴喜雨，养的儿子中状元。

（8）陪十姐妹。在女方家里，丢压箱钱完毕后，接着是陪十姐妹礼仪。待嫁女请来十位与自己年龄不相上下的未婚女青年，就坐筵席，谈婚论嫁，喜气洋洋，话离道别、流连不舍。与陪十友一样，动箸饮酒时，每人都得夹起一箸菜，照菜说段彩语，其意莫过是不忘姐妹情、劳苦创新家之类。如一碗清汤甜又香，勤俭家风刻心房；自古甜从苦中来，芝麻开花节节长。

（9）娶亲。男方由一台两人抬的媒人轿、四人抬的彩轿或花轿，一面族旗、数面彩旗，两柱贴有红色双喜字的纸糊高柄灯，一对大锣一对喇叭的吹鼓手，肩背照轿牌的照轿人，十友等等组成的娶亲队伍，浩浩荡荡开赴女家。值得指出的是，新郎却不在其列，而是在家等亲。

当娶亲队伍开进女方村口时，早已守候在此的顽童一呼而上，趁其不备，一把抢过高柄灯，用脚乱踩乱踢，扔入粪坑，以示抬头嫁姑娘低头接媳妇。当媒人轿在女方大门口落地时，一群姑娘、媳妇一拥而上围拢来，朝媒人一把乱撕乱扯，索要拦门利事（小红包）。媒人打发过这群人后，迈步走向大门，而大门却是紧闭的。两名守候在大门口的妇人（女方至亲）便讨价还价索要开门利事（大红包）。媒人如数给予后方才开门。开门利事都是吉数，或四十四，或六十六，或八十八，意为四四（事事）如意、六六大顺，要得发不离八。开门利事给予新娘返回男家。

娶亲队伍吃酒时会受到十姐妹的戏耍，演出一些闹剧，或在十友的饭里放些盐，或往其新衣上弄些污迹，等等，让你哭笑不得，当你不慎上当时，她们就哈哈一阵大笑。

酒宴后，新娘开始化妆打扮。化妆时，吹鼓手紧锣密鼓催妆，其母数数呐呐，痛哭育女流年，千叮万嘱，嘱女守德抱本做人，直哭到女儿上轿还不休止。起轿时，亲叔亲伯手扶轿杠出送到村口之外，望着远去的娶亲队伍，难舍难分，不禁发出阵阵叹息。

娶亲队伍走到中途，抬轿人会故意将花轿大摇大摆起来，几乎戏得新娘支撑不住，只得将事先准备好的利事（红包）或者毛巾、手帕之类的东西递出打发抬轿人，这才平稳走过一程。快要临门时，花轿又大摇大晃起来，直到临门落平。这时已是日落西山，俗称“牛马归栏”。

（10）辕车马、辞白虎。花轿临门，奏炮鸣乐，站在大门左边的大赞（司仪）先生高呼“彩轿落平”！接着由站在大门右边的小赞先生诵《辕车马文》和《辞白虎文》。文毕，照轿人手执轿牌，口中念念有词，在轿前舞弄驱煞神。《辕车马文》以示车马平安到站，《辞白虎文》以示煞神已驱走。紧接着，花轿抬进下堂屋开轿门，牵金婆牵新娘下轿，步入中堂，拟与新郎双双举行“周堂”礼。

（11）周堂。周堂亦称拜堂，是婚礼中最重要的礼仪。周堂前一般由司仪人唱拜堂喜歌，如一拜苍天降福祥，二拜大地粮满仓，三拜祖宗恩泽广，四拜双亲寿无疆，五拜亲友走鸿运，六拜乡邻乐而康，七拜阖门腾紫气，八拜新人凤求凰，四面八方都拜到，迎来瑞霭喜满堂。

周堂一俗，依主家境况量力而行。其仪式大致是：一拜天地，跪；叩首、叩首、叩首、四叩首；歇（起立）。二拜高堂，跪；叩首、叩首、叩首、四叩首；歇（起立）。夫妇对拜，跪；叩首、叩首、叩首、四叩首；歇（起立）。鸣炮奏乐。新郎新娘入洞房。牵金婆牵引新郎新娘，妻前夫后进入洞房喝交杯茶、得金元宝（四个带红的荷包鸡蛋，各吃两个），新娘坐账，新郎揭头盖，进入下一环节“撒账”。

（12）撒帐。当亲友们簇拥着新郎新娘来到洞房的时候，总有一阵如雨的果实撒向新娘怀中、合欢床上，撒向洞房的每一个角落。

撒帐的主要果实主要包括红枣、栗子、桂圆、花生、棉子。

红枣——谐“早”音，取“早生”之意，此外，枣树多实，象征多子。栗子——谐“立子”“利子”，取“立子”“利子”之意。桂圆——桂谐“桂”音，取“尊贵”意。与枣子栗子一起，蕴含“早生贵子”的寓意。花生——谐音取义，表示男女插花生，男女双全的意思。棉子——谐音取义，表示子孙绵延的意思。这5种果实拼在一起，祝吉“五子登科”。

（13）闹房。闹房是旧时几乎任何婚礼都少不了的礼俗，是婚礼的高潮，是最热闹有趣的节目，小孩子找新人要烟要糖，大人们则让新娘点烟剥糖，年轻人竭尽所能以逗乐取笑。闹房实质上是一种间接的性教育方式，让新人在亲友的众目睽睽之下做出亲昵、指向性很明确的动作，目的就是消除双方的陌生感和羞涩感。

（14）听房。听房是闹房的延续，闹房完毕，亲友散去。新郎与新娘共度良宵，一些淘气小伙会扒着窗户听悄悄话。

（15）丢茶钱。进亲的第二天早上，新人敬完双亲的茶汤后，摆好一至数桌的茶点，请己亲长者入席受用。每桌茶点上均放着一个贴有双喜的大瓷盘。亲友们边用茶点边向瓷盘内丢数额不等的茶钱并说祝福语。茶钱归新人所有。

丢茶钱后接着开谢亲酒，婚礼才算完毕。

（16）送三朝茶。进亲第二天，新娘的小弟小妹受父母之命，手提一箱装有鞋袜、洗漱用品的小箱子及茶点三样物品到婚娶人家，此谓送三朝茶。主人除款之以酒宴外，还要给来者一定数额的打发钱（即红包）。

（17）回头门。进亲第三天，新婚夫妇双双妻前夫后手提茶点来到女家，探视堂上双亲，百般宽慰，免得老人担心。主人款之以酒宴。饮宴后，母亲把女儿叫到一旁，问些小俩口私生活方面的事，并告之以密。还对女婿女儿千叮万嘱，要互敬互爱、勤俭扒家、孝敬双亲，特别要亲密婆媳关系。习俗规定，新婚不满一月，夫妻均不得在外留宿，禁忌空房。如新夫万一有要事在外留宿，也要姑嫂陪旁。因此，岳父总是催婿携女速归。

（18）归宁。新妇出嫁满一月后回娘家省亲小住一月的礼俗。这天，新妇提着盛有针线活用品的花样篮，由提着茶点的新夫陪送，一路有说有笑，满面春风回娘家。在娘家小住的一月内，新妇还要串走父母族的至亲，探视亲人。满一月，新夫便接新妇归家。此后，新妇才正式料理家务，投入农活。

（二）婚嫁过程的变迁

婚嫁习俗作为社会文化的缩影，集中反映了特定时代、特定地域的人们在对待家庭、家族以及亲属关系的道德和标准方面的价值取向。经过近 30 年的社会主义改造，传统婚嫁决策和执行中带有迷信的内容逐渐被淘汰，过程也缩减，时间周期跟着也缩减。据村民介绍，直到 20 世纪 60 年代初期，传统的婚嫁决策过程与执行过程都比较完整与盛行，只是到后来，诸如“测八字”“择黄道吉日”等先前被人们广泛遵守的传统习惯都被认定为“四旧”（旧思想、旧文化、旧风俗、旧习惯）而遭到否定，传统的婚嫁决策过程与执行过程慢慢地在许多环节与内容上发生了变迁。

1. 婚嫁决策过程的变迁

时至改革开放初期，龙霓山村正处于大集体的尾期，以决策过程为例，传统的“五礼”（因为亲迎事实上是婚嫁执行过程，所以传统“六礼”中只有前“五礼”是婚嫁决策过程）基本缩减为“三礼”——纳采（“说媒”）、纳吉（“订亲”）、纳征（“下彩礼”）。传统婚嫁决策过程中带有迷信色彩的环节，如问名，基本上被废除。传统婚嫁决策过程中带有迷信色彩但又不能不缺少的环节，如请期（定婚期），逐渐政治化，改革开放初期，请期（婚期）一般选在“三八”、“五一”、国庆、元旦等节日举行。20 世纪 90 年代请期（婚期）则比较丰富，近期随着打工经济的到来和国家节假日规定的法定化，请期（婚期）又有所回归。

即使是缩减后的“三礼”中的纳征（“下彩礼”）也只是形式化存在，往往与纳吉（“订亲”）融为一体，送点冰糖、饼子或衣服等礼物。据村民介绍，纳吉（“订亲”）是必须的，因为订亲就意味着婚嫁的决定；纳采（“说媒”）是必要的，因为一个村或村组的青年男女虽然熟识，但是因为同属一个宗族或相邻宗族而不能通婚或不宜通婚，所以，绝大多数还是依靠媒人（事实上也不是专业性的婚介人，大多是来自外村或外公社的已婚妇女）来介绍。

分田到户以后，作为必须地位的纳吉（“订亲”）得以保留，作为必要地位的纳采（“说媒”）也得以存留，作为辅助地位的纳征（“下彩礼”）慢慢得以抬头，彩礼的数量越来越大，甚至成为许多男方家庭的重要负担。村民关于“彩礼”地位的上升主要有三种说法：一种是有利于女方父母的说法，即高彩礼作为抚育和培养女儿的补偿，是自己养老的保障；或者作为自己儿子成婚的一笔资金来源。一种是有利于女儿女婿的说法，即高彩礼是一种合情合理的从男方父母转移给女儿女婿的途径。一种是乡村男女性别失衡的说法，即相当一部分女性通过考学或打工成为城里人或与城里人成婚，剩下的乡村女性相对而言处于“供不应求”的状况，而男性则处于“供过于求”的状况，男性为了获得失衡的女性资源就不得不付出“彩礼”的代价。

随着社会主义市场经济的建立和城市化进程的加快，青年男女在打工过程中自己熟识交往，逐渐建立感情，遵循传统规矩形式，请一个熟悉的人作媒人，再加上男女双方家长的配合，完成“说媒”和“订亲”的决策过程。或者经人介绍，征得父母双方同意，即互送信物，经过一段时间恋爱，再完成“订亲”的决策过程。订亲仪式减免或简单从事。环节或形式上的简单、草率可能是导致现代青年男女离婚率上升的一个原因，当然，更主要的原因是男女价值观的冲突、家庭事务的矛盾、家庭责任感的降低等。

2. 婚嫁执行过程的变迁

改革开放初期的婚嫁执行过程，仍然保留杀喜猪等习俗。原因很简单，因为当时购买猪肉等都要凭票证，如果家庭不自己养猪，不仅自己家的酒席很难办齐，而且送给女方的办酒礼物也无从谈起。大约是20世纪90年代左右，随着各种票证的取消，猪肉等能自由买卖了，杀喜猪的习俗才慢慢淡化了；时至今日，乡村农户已经基本不养猪（因为农户小规模养猪的成本上升，不如打工的收益划算），更谈不上杀喜猪了，各种酒席原料直接从市场购买，与之相关，“上头”时送给女方的酒肉等食材也折算成现金。这个变化也直接导致婚嫁周期缩短，相当于以杀喜猪、开脸（转变为出嫁当天去美容店美容）、亲戚朋友送贺礼（原来的第二天转变为第一天，亲戚朋友一般在这天送礼和吃酒）为内容的第一天被取消了。

酒席是婚嫁执行过程的重要载体，酒席的置办变化反映了婚嫁执行过程的变迁。改革开放初期，村民获得了相当大的自由，当自己家族，尤其是本房头（本族分支）有婚嫁时，房主人自己请厨师、自己置办酒席食材，堂叔伯或婶婶、堂兄弟或妯娌会主动帮忙置办酒席相关事务，包括借桌子、借板凳、借盘子、烧火、洗碗、端菜、以及配合厨师的其他工作等；随着打工经济的兴起，村民的行为很大程度上受制于打工的周期或制度限制，无法拿出更多的时间或精力来帮助自己家族或房头的待婚人，与之相应，2000 年左右乡村出现了"一条龙"服务的"婚庆公司（村民更愿意叫他们乐队）"，即从乐器的提供到人员的配备，从食材的购买到酒席的操办，从桌椅的预置到流水席的收捡等，都由"专业人员"提供。近来，农村青年多在家中办酒席，经济条件好的家庭，婚事办得极为铺张，用汽车数辆迎娶，受礼请客，办酒席达数十桌。婚嫁请乐队助兴，摄影摄像，酒席操办流程化，已经常态化。主人及朋友不用操任何的心，极大地方便了婚嫁的执行过程。当然，这种市场化的服务也带来了不同价位或服务的攀比，给婚嫁当事人带来了一定的经济负担。

传统的"上头"在现在仍然保留，只不过更多地折算成了现金；传统的"告祖"在现在也仍然保留，只不过由婚嫁当事人的父母自己操持，仪式也简单许多；丢压箱钱是有的，只不过增加了专人登记和用喇叭"唱钱数"的环节（对亲朋好友可能造成攀比的压力）；"陪十友"或"陪十姊妹"是有的，只是形式上简单了许多（可能凑不齐那么多的人）。

娶亲环节变化显著。20 世纪 70 年代末期，村里团组织和妇联组织集体结婚，反对结婚讲排场、比阔气。20 世纪 80 年代中期以后，随着"家庭联产承包责任制"的实施，原先集体所有的田地被分配到户，这极大程度上调动了村民的生产积极性，经济发展了，生活水平提高了，村民对婚嫁重新开始投入了大量的精力、物力与财力。直到 20 世纪 90 年代，新郎率迎亲队伍亲迎新娘，早期步行，迎新队伍用箩筐挑一些包括箱子、被子等的嫁妆；后期乘车（从手扶拖拉机到小汽车），迎新队伍用车队拉一些最必要的东西，传统婚嫁仪式慢慢得到复兴。20 世纪 90 年代末期以来，随着乡镇企业的兴起和城镇化进程的加速，乡村更开放了，村民的眼界也更开阔了，乡村受城市文化的影响也更明显了，传统乡村婚礼仪式出现了各种变化，比如新婚仪式更简单了，男女双方行鞠躬礼，向来宾介绍恋爱经过（早期盛行，后期也省了），主婚人、证婚人致词祝贺，勉励新婚夫妇，宣传计划生育。仪式完毕，新郎新娘不进洞房，直接开酒敬酒。这种变化可以理解为由正统化走向现代化，由神圣化走向世俗化，由家族化走向个人化（传统婚嫁更多的是男女双方家庭乃至家族的事，现代婚嫁更多的是男女双方个人的事）。

新婚仪式后的其他环节基本简化，只有丢茶钱仍然保留。关于丢茶钱，村民讲了一个极其感人的故事。据说村里有一个村民结婚时，他一个有钱的舅舅只送了大家都能送的贺礼，为此，这个村民及其家庭很看不起这个有钱的舅舅。但是，第二天，他们改变了看法，当这个村民及其新娘给舅舅敬茶后，其舅舅在瓷盘内放置了一大笔钱。后来，有人问这个舅舅，为什么在送贺礼时不多送点，舅舅回答，"贺礼是要还情的，所丢的茶钱是不用还的。"舅舅的一番话，令所有知情人肃然起敬。

3. 择偶方式、标准的变迁

婚嫁不仅是一种个人行为，而且是一种社会行为。也就是说，婚嫁并非个人的私事，不完全取决于当事人的喜好和意志，而更多地受父母、家庭、家族，乃至风俗习惯、经济方式、社会制度的制约。特定条件下所形成的择偶方式、标准，往往反映了特定条件下的父母地位、家庭规模、家族影响力、以及风俗习惯、经济方式和社会制度的状况。在传统社会，未婚青年男女的择偶方式就是"父母之命，媒妁之言"，未婚青年男女的择偶标准就是"门当户对"。

新中国成立后，封建的婚姻家庭制度得以废除，婚姻自由、男女平等的婚姻观念得以倡导，家庭父母做主为子女择偶的状况有了根本性的改变，择偶方式和择偶标准也随着时代的发展与进步发生了与社会相适应的变化。20 世纪 70 年代中期，受当时社会经济政治状况的影响，择偶双方把对方的本人成份、家庭出身及社会关系等政治条件看得非常重要。20 世纪 80 年代以后，随着改革开放政策的逐步实施，乡村经济建设持续、快速发展，村民的物质文化生活不断改善，农业以外的工作在家庭收入结构所占比例不断加大，作为农业以外工作的主力军——青年男女的家庭地位显著提升。一方面，青年男女家庭地位的提升奠定了自主择偶的物质基础，另一方面，受村民交往范围的影响，亲朋好友或媒人的介绍作用也不可小觑。所以，直到20世纪80年代末期和90年代初期，亲朋好友或媒人的介绍，加上未婚青年男女的自主选择，构成了乡村婚嫁择偶方式的主要特点；勤劳和致富技能，构成了乡村婚嫁择偶标准的重要内容。进入21世纪后，随着打工经济的兴起，不同乡村、不同乡镇、不同城市的青年男女因打工而增多了接触和交往，在共同劳动过程中建立了恋爱关系，直至最后结婚，这种模式逐渐成为主流。这种模式的特点是自主选择（择偶方式）和标准多样化（择偶标准）。

4. 婚嫁仪式象征意义的变迁

在传统社会，人生的关键时刻如出生、成年、婚嫁、死亡等都需要举行隆重的仪式，这些仪式因为内含着许多的象征意义，所以不仅有利于传承传统文化，而且有助于帮助仪式参与者完成角色的转变。婚嫁仪式是在人生特定阶段举行的仪式，它既关系到生育繁衍，又关系到家族间亲属关系的扩展，其神圣性不言而喻。为了求得祖上的保佑与祝福，婚前人们要祭祖禀告婚事；为了新人今后的幸福生活，人们特别注重“请期”；为了获取言语的灵验，“百年好合、早生贵子”等吉祥的话语常挂在嘴边……人们的一言一行都具有超越其本身的象征意义。改革开放初期，受革命文化的影响，村庄婚嫁仪式的象征意义部分地被消解，村民以革命的方式表达着传统的象征意义；改革开放近期，受现代城市娱乐文化的影响，村庄婚嫁仪式的象征意义大部分被搁置，取而代之的是娱乐性的表演。这样的转变是村庄社会环境与村民的思想观念、价值取向共同作用的结果。以龙霓山村的“周堂”（今拜堂）仪式为例，传统的“一拜天地、二拜高堂、夫妻对拜”象征意义深刻，它预示着对祖灵祖上的敬畏，对父母的尊敬以及夫妻间的互相许诺，整个仪式神圣而又庄重。但如今，文质彬彬的“司仪人”被油嘴滑舌的婚庆司仪取代；原来的“三拜”也被互换定情信物以及在观众起哄要求下的节目表演所替代，他们借助娱乐性表演方式来完成传统的神圣环节，使得仪式的传统象征意义不断被消解，甚至消失；传统习俗认为，怀有身孕的新娘是不能拜堂的，“四眼拜堂，家破人亡”，这样，原来最具神圣意义的“周堂”如今也无法进行，因为越来越多的村民趋向于奉子成婚。

婚嫁仪式象征意义的传承、传播主体是人，当村庄社会的人口数量、质量、生产生活方式发生改变时，伴随而来的是村民的思想信仰、价值观念、情感状态的转变。由此，无论是村民对婚嫁仪式象征意义的信奉，还是对婚嫁程序、内容和形式的选择，都将发生变化。传统社会，婚嫁礼仪被当作是“人与神”“人与家族”的一种互动，因而仪式的象征性、神圣性不言而喻。改革开放以后，随着村民思想信仰和情感状态的转变，婚嫁仪式更多地被看成为“人与人”的交流互动，所以，婚嫁仪式的娱乐性逐渐增加。随着村民生活水平的提高，对于物欲的追求与满足消解了文化信仰追求。于是，婚嫁仪式被赋予了更多物质竞争的性质、更多娱乐文化的元素。婚嫁仪式早已不是村民对于家族、亲属关系的价值取向，它只不过是身份、地位、财富攀比的附属品。

二、诞生礼仪及其变迁

旧时，“多子多福”的传统观念影响着一代又一代人。人们认为，家声振不振，在很大程度上取决于人丁旺不旺，人多则势众。有很多人即使穷得衣不中身，食不上口，也要拼命多生多养，哪管他“儿多母苦”。因而，一对对新婚夫妇，在婚礼上的祝吉求子仪式揭开了“上以事宗届，下以继后世”的序幕后，步着同样的主旋律，一曲曲象征性的求子进行曲奏响了。

（一）求子及其变迁

到神佛那里去求是村民最常见的求子方式。为了求子，人们创造了一尊专门送子的女神——送子观音或送子娘娘。清嘉庆年间，汉阳府龙霓山顶的寺庙右侧建有一座娘娘殿，殿内供有观音菩萨和送子娘娘两尊佛像。送子娘娘怀抱一孩童，身态微微前倾，左腿跃跃前迈，作出送子状。娘娘身旁还站着一个专受主神差遣的“送子哥哥”。娘娘神龛上的一幅楹联极尽其妙地道出了人神关系、求子原理：“我本一片婆心送这个孩儿给你；尔必百般善事要留些阴德与他。”下面有两个娘娘赐子的图景：一个图景的故事是，一对久婚不孕的夫妇，虔诚地跪在娘娘神座之下，烧香叩头献功德钱并搭红许愿。住持僧焚香口念观音心咒，用香箸朝一张黄表（纸）上下左右虚画一番，让妇人将此黄表揣进怀里，名曰：“赐符”。然后，夫妇俩三拜九叩退出殿门转身下山。回到家，夫妇俩毕立于家神前，丈夫取出“赐符”焚烬，投入一盛有清水的碗内让妻子一饮而尽，饮毕，夫妇双双入寝房，丈夫朝妻子肚皮上轻轻拍三下，欣喜道，“心到神知，娘娘送子来了”。另一个图景的故事是，这对夫妇干脆去偷娘娘的绣花鞋，虚拟娘娘出行现身送子。炊灯戌时，夫妇俩摸黑上娘娘殿，偷偷地把娘娘的绣花鞋脱掉，揣入怀里，急忙下山，先将鞋子放在踏板上摆放一会儿，再移至被子里蒙上一宿；不过，待到次日清晨定要将鞋子还去，虔诚地磕着响头百倍感恩娘娘现身送子。

龙霓山村一带还有其他许多带有地域性的求子习俗，如瓜圃摸秋、跑荷灯、溪涧捞子等。

瓜圃摸秋：摸秋，即妇女中秋之夜到人家瓜圃，偷摸秋实，以祈求生子。所偷摸来的多为冬瓜，冬瓜上粉又白又胖，模拟所怀孩儿像冬瓜一样白白胖胖。妇女将偷摸来的冬瓜，委托一福寿双全的老人用红布裹严送往其妇床上，口念些“冬瓜瓜，白又胖，是你生来是你养，摸秋摸得子孙发，一代一个状元郎”、“种豆得豆，种瓜得瓜，春种秋实，有花有果”之类的祝词。然后，其妇将冬瓜切下一片煮熟吃掉。

跑荷灯：旧时，一些诸如“放焰口”“冬福会”等佛事，都有一曲放荷灯的尾声。荷灯是用彩纸做成的荷花灯座，是佛的照明灯，也是佛的座台。佛事之后，执法僧将大盏荷灯上油置稳点燃，一碗一盏，由族中族长分派五男五女各捧一盏小跑放入湾间池塘，随其漂游，意为送佛驾返。生子不仅是一个家庭，还是一个家族的大事，族长对族中只婚不孕的夫妇早有蓄心，趁此盛会，安排他们各捧一盏荷灯，围着湾子跑一圈速回寝房，将荷灯放在床下或床头点三日三夜再焚掉。这一礼仪行为表明，趁此诸佛赴会之机，留送子娘娘驾抵求子之家小住三日，以求赐子。

溪涧捞子：龙霓山面水靠山，山势延绵，山间多溪涧，清泉长流，大旱不涸。因此，这里求子的人们得天独厚，又在溪涧做文章了。暑日，夫妇一同上山，找一条长而宽的溪涧，男的手拿松枝，在溪涧里由下往上捞动，随即，女的坐松枝由上往下滑动两步，投入男怀。然后，女的伏身饮两口溪水。到此，礼仪完毕。据说，有几对已婚不孕的夫妇就是这样得子的。又说，如果在进行这种礼仪时能听到喜鹊的叫声，那就更灵验了。其实，这是一种生殖崇拜。显然，溪涧和松枝分别是女性和男性生殖器象征。松枝在溪涧里上下捞动是性行为的模拟，喝水象征受精。这种习俗意在通过性行为模拟，交互感应，以求妇女怀孕生子。

随着医学的发达，村民既迷信习俗，也相信科学。一边在老人的指点下遵照传统的习俗做一些力所能及的事情，一边在乡邻的帮助下遵照医生的指点展开治疗。因为涉及到家庭隐私，调查得到的信息极为有限。

（二）产俗及其变迁

孕妇分娩是人生的一件大事，因而与之相应的习俗也很多。首先是安排产房。产房大多安排在孕妇妊娠期间的住所，不另设产房。孕妇一般是不能在娘家生孩子的。倘若临产期住在娘家，分娩前也必须立即回婆家。村民们认为，孕妇在娘家分娩会冲撞神灵，招致娘家破落、子女不吉等灾异。甚至认为，女儿在娘家分娩，是异姓血液淋堂，会遭到丧宗灭族之灾。这个习俗是强烈的血缘观念的体现，也折射了宗法观念的深刻影响。

龙霓山村一带在孕妇临产期甚至整个孕期有一种特殊的习俗信念，那就是不能挪动家里长期未挪动的笨重物件，如柜、床、水缸等等，否则会犯煞神致使婴儿残脚或者跛腿；不能破损大门槛，不然，婴儿将会残缺嘴唇成豁子；不能翻动屋内的土，要不，便会“犯土”，瞎婴儿眼睛。

分娩时也有许多习俗。临产期之前，家人要在大门、产房门上挂弓箭，以求抵御、射杀各种邪祟，去除阻碍，使婴儿顺利降生。待到降产时，家人把屋里的所有房门、箱柜、盘盒全都打开，以此来模拟孕妇骨缝之“开”，希望她骨缝大开、快生快养，无痛无楚。这些习俗大多是希望依靠巫术手段减少孕妇痛苦，保障孕妇安全，顺利降产。婴儿出生以后，其身体状况还未能适应新环境，产妇的身心也需要细加调理，因此，在坐月子期间，婴儿与产妇都有许多禁忌约束，未满月，产妇千万不可进别人家的门，以恐血气秽了人家的地气，招来不顺。

时至今日，这些产俗大部分得以保留，但是，去医院分娩的习惯慢慢在养成。

（三）报喜及其变迁

生儿育女是家庭、家族的一桩大喜事，因此，当婴儿刚一降生，主人就要到媳妇的娘家、亲戚、朋友、邻里家去报告喜讯，报喜也就成为婴儿初生时的一项礼仪活动。这项活动看似在于报告生子这一事实，其实，它蕴含更多更广的信息。首先，生子并不仅仅是家庭的事情，也是家族、亲族、乃至整个宗族的事情。对于姻亲来说，所嫁之女是否生子是极其重要的，倘若有生子喜讯报来，姻亲之间的关系就更加密切、稳固。

龙霓山村一带常见的报喜礼仪是，女婿先携“红蛋”（染红蛋壳的鸡蛋，或生或熟）去岳父母家报喜，再去其他亲戚家报喜，口诉其生男或是生女。有的报喜不仅携红蛋，还要备上两瓶酒，一只鸡。岳父母家只要看报喜所带来的是公鸡还是母鸡，就知道女儿生下的是男孩还是女孩。公鸡表示生男孩，母鸡表示生女孩。双鸡表示生双胞胎。

时至今日，电话报喜已经取代了这些习俗。

（四）做生及其变迁

对婴幼儿和青少年来说，不能叫“做寿”，而俗称“做生”。习俗认为，青少年称“做寿”是不妥的，要折寿。只有到了一定年龄才能举行寿礼。比如说，五十、六十、七十、八十岁，以六十大寿为多。

婴儿出生，携长鞭一挂，亲戚邻里上门道贺，主人用糖茶、红蛋招待。出生三天，洗澡穿衣，叫做“洗三”。出生九日，须做“九朝”，必办酒席请客。亲友送鸡、鸡蛋、红糖、糯米、面条、猪蹄膀及衣料（叫“送毛衫子”，即“毛三尺”，三尺布料）。

外婆家备礼更加丰富，除了上述礼品外，还要送婴儿所需的摇窝、车椅、衣被、鞋帽等物，俗话叫“送粥米（祝米）”。产妇在满月前不能进别人家的门，不能在阳光下踩别人的影子，只能在家中精心调养，俗称“做月母子”。婴儿满月要做“弥月”，剃胎头。婴儿周岁，在桌上放笔墨、算盘、脂粉、钱币和状元糕等物，置小儿于其中，让他（她）任意抓取，以试情志，预卜未来，叫“抓周”。

小儿长到 10 岁（一般是虚岁），由母亲引到庙里烧香祝祷；亲友也需送礼，主人招待面、酒。

新中国成立后，仍沿袭旧俗，生儿、满月、周岁、10 岁都鸣鞭庆祝，请客送礼，只有祀神一项绝迹，祭祖的习惯仍然保留。

改革开放以后，独生子女增多，更视为娇贵，亲友送礼较前更为丰厚，有小儿铁床、手推车、童车、衣被和各类玩具。

三、丧葬礼仪及其变迁

（一）丧葬的基本功能[1]

在农村，红白事是大事，意味着这个村庄从此要添人或者减人，村民都很重视。尤其是丧事，主家大都贴钱来办。一次葬礼是一场乡村面貌生动的展现，诠释着个人价值、邻里关系、村庄魅力和乡村文化，发挥着重要的社会功能。

1. 彰显逝者价值

农村条件有限，村民主要靠养儿防老，在劳动能力尚存时大都自力更生，自己勉力养活自己；在劳动能力丧失时，不得不靠儿孙供养。即使"吃闲饭"，老年人也都尽力自理自己的日常生活，尽量避免给儿孙添麻烦。在某种意义上，老年人对自己的儿孙真正做到了无私奉献。他们辛苦地付出了一辈子，如果逝去后草草了事，对活着的老人们的伤害和打击是巨大的，对村庄的和谐和安宁的破坏也是巨大的。

老人辛苦一生，养老育幼，精力耗尽，一生的积蓄及有限的资源留给后人，这是他传承人类血脉的必然选择。让他风风光光地"离开"是后人的责任。所以，老人死亡后，村组所有的人（如果一个宗族涉及到两个村组，则往往涉及到两个村小组的村民，就龙霓山村来说，主姓肖的 1 队和 2 队，主姓杨的 3 队和 4 队，主姓严的 7 队和 8 队往往合力办丧事）出力，主家出钱（关系好或比较亲近的村民一般也都送点钱），将老人安葬。帮助主家办好老人的丧事，保证每个老人能够有尊严地离去，是每个村民应尽的义务。村里有人去世，即使是村庄孤寡人和平时人品不好的人去世时，村干部和村中德高望重的老人也会想尽办法，安排好他们的后事，让他们体面地离去，旨在让活着的人感受到生命的价值。

2. 教化村民积德行善

在今天的中国农村社会，家族的力量日渐衰微，宗族制度不复存在。但是，农村社区的传统人伦关系仍然得到很好的维持，而丧葬仪式在进行伦理教化、

---

[1] 何秀琴：《浅谈农村丧葬仪式的社会功能——以湖北农村传统丧葬仪式为例》，《周口师范学院学报》2012 年第 3 期。

维持农村社区的人伦秩序上发挥了很大的作用。

和城市相比，丧葬风俗在农村保存相对较好，并随着社会发展逐渐加入些新的元素。村中老人去世后，守灵（守夜）仪式由原来单调的部分亲人或村民熬夜发展到歌舞表演兼部分亲人或村民熬夜，仪式上增加了吹拉弹唱，热热闹闹，一般持续到零点左右，村民不觉得扰民。歌舞形式也逐渐增多，有的请乐队飙歌，图的就是热闹，真正体现了“白喜事”。当然，对于因意外事故死亡、中年之丧或小孩夭折，人们感到的是震惊、痛苦和无助，不会有这些热闹的仪式。

路祭仪式和安葬仪式更是丧葬仪式的高潮。安葬当天，逝者在亲朋好友及村民陪伴下，到达最后的安息地。路祭时，除念祭文外，主持人及亲朋好友会要求子女做出一些无伤大雅的孝敬逝者的活动。对不孝顺的子女，会提一些非分要求。这些活动一方面让子女表达了自己对亲人的感激之情，让生者了无遗憾；另一方面也教育其他人要孝顺父母，否则在父母安葬时会被村民羞辱，这是传承孝道文化的好途径。

丧葬仪式的场面大小本身教育教化着村民。除了市场上邀请的一条龙餐饮服务人员、一条龙乐队服务人员外，农村丧葬仪式中多数村民是自愿而且免费服务。村民的选择性服务和参与，必然会影响到丧事效果。如果逝者人品好的话，村民们都乐于帮忙，丧事办得热闹、气派，不仅如此，子女为人处世的好坏对丧事效果也有重大影响。如果逝者及子女人品都不好，就只能靠其亲属和村干部帮助他们办丧事，丧事自然办得就差一些。这些不同的丧事效果，会引发人们的思考。老年人渴望死后风风光光，会积德行善，不让子孙后代为难。中年人是办丧事的主力军，他们会认识到自己在社会上的价值。要村里年轻人出力抬棺时，是年轻人感到自己开始承担社会责任、走向成熟的时候了。村民也会在这时教育自己的孩子，要立志做好人。最受教育的是逝者直系亲属，长辈人品好，他们沾光，丧事就会办得顺顺利利、风风光光，他们自然希望把祖上的好品德传下去。长辈品行差，他们艰难地办完丧事，这种痛苦经历会使他们思考自己为人处世的方法，教育子女向品行好的人学习；同时，他们自己也会竭力完善自己，为自己的人生画上圆满的句号，为子孙积德。

3. 增强村民沟通与交流

丧葬仪式提供了村民互助合作与沟通、交流的机会。村民们在平时交往中，难免有些“恩恩怨怨”，有磕磕碰碰的事或需要感激不尽的人。村民平时不善表达感情，有人去世办丧事时，以往村民之间“恩恩怨怨”都会在这时反映出来。办丧事时间紧、来宾多，又不能出纰漏。每家十几年甚至几十年才办一次，所以主家特别需要大家帮助。有些小隔阂的，在这时也会大事化小、小事化了，来帮忙办丧事。如果因为一些隔阂不来帮忙，就会被村民认为是“小肚鸡肠”，被人笑话，村民们会议论，村干部也会在这时及时做思想工作。很多村民之间长久的“恩怨”都会在办丧事的过程中化解。村干部一般也会抓住办丧事这一时机，做兄弟不合、邻里不和等人的工作。农村丧葬仪式还可以提高村组的凝聚力。人的去世在村组是一件大事，需要村组的全体村民齐心协力送葬。随着农村劳动力向城市转移，村庄人口逐渐减少，必须集全村组之力才能办妥丧事。办丧事时可能是全村组人最团结的时候，一个村组的人要是不能齐心协力安葬自己村组里的人，会被周围村组或村庄人耻笑。极端一点的，人们可能会选择搬离这个村庄，居住的人会越来越少，村庄就会逐渐失去存在的魅力。

4. 整合村庄资源，促进村庄长远发展

在农村，一旦有村民去世，往往需要很多人帮忙。所以，即便是农忙，人们也会停止手头的农活，帮忙办丧事。在办丧事时，往往是整个村组里的人帮忙，有人出人、有力出力、有物质出物质。谁要是在这时还斤斤计较，会被认为不得体。丧家也会记住这些人的付出，在以后的日子里以各种形式回报，以表达自己的感激之情。村民之间的感情在丧事中汇集、交流，这既是村民们之间表达感情的一种形式，也是村庄稳定、健康发展的有力支撑。丧葬仪式中生者通过礼物、参与等来表达自己和丧家的关系好坏、联系紧密程度。村落成员在丧葬仪式场合中，既作为个体也作为公众参与仪式，使得村落共意的基础更加稳固，使得村落的公共舆论和公共行动更为合理合法。

农村丧葬仪式能有效整合社会资源，发现人才，对农村的发展和稳定起到重要作用。一场丧事仪式中帮忙的人很多，每个人的组织能力、观察能力、动手能力和是否热心助人都会在这几天有所体现。村民们和村干部在丧事中可以发现人才，培养接班人。同时，办丧事时，即便是平时最飞扬跋扈的人也会有所顾忌，收敛自己。村民们和村干部会在办丧事的特殊时刻，对一些表现不佳的人进行教育，促使他们改正缺点，提升整个村庄人的素质，使村庄得以长治久安。

（二）传统丧葬的基本过程

丧葬是基于灵魂不灭观念和原始道德观念而产生的一种社会习俗。所谓“灵魂”是一种非物质的东西，是人们幻想的寓于人身而又主宰人体的观念。在原始社会，由于观念的产生，人们认为，死者虽然离开人世，但是其灵魂还能回到人间降临祸福。因此，人们对死去的亲人，除了有感情上的怀念以外，还盼望他们能够在另一个世界过上美好生活，并对本族本家的后人加以保佑和庇护，所以就形成了一套隆重复杂的祭祀崇拜礼仪过程。

1. 初终

民间习俗认为，凡能享年 60 岁以上的老人过世，为寿终正寝（不过，随着社会日益发展，人民生活水平的提高，国家合作医疗制度的实施和养老社会保障政策的实行，这种年限的观念已经发生改变）。中国的传统丧葬文化是非常讲究寿终正寝的。这种正常死亡的老人称“老喜丧”。传统丧葬的主色调为白色，故亦有白事之称，与红事（喜事）相对。对于这种寿终正寝的老人，家人早有准备。寿衣、寿帽、寿鞋、寿材（火葬政策实施以后，寿材已经取消）是早已准备好了的，孝子在死者临终前日夜守候，直到断气，名曰“送终”。送终的过程中，垂危之人往往要对亲人嘱咐、安顿或者委托别人照料幼小，或希望女嫁谁家、子娶谁人，历史演义中的“托孤”就是由此而来的。民间迷信认为，若有什么心愿未了，死者会含泪不瞑，就是“死不瞑目”。死者一落气，趁着关节未僵时亲属要迅速给死者合眼、沐浴、更衣，穿戴好内外衣裳。在民间，人们认为，没来得及穿好衣服就咽气，是“光着身子”走了，亲属会感到内疚的。另外，初终时，龙霓山村一带的习俗是及时将尸体抬到堂屋左边搁起的门板上，头朝下方。

2. 坐夜

老人死后至出殡三日内，乡间父老、亲族人都要到丧户坐夜吊丧，主人则款之以便宴。吊丧者或当门鸣放鞭炮，或送挽幛、挽联、花圈，再瞻仰遗容，向死者亲属致以“恭贺 ×× 登仙”之词，给与宽慰。接着，由知宾先生（丧葬的组织管事者）依老幼、辈分安排吊丧者各就各位，入席便开宴。宴后，得留部分人在摊尸处，通宵达旦，此谓“坐夜守尸”。亲属中必有一两人轮班守在尸体旁，此谓“守灵”。

3. 报丧

人死后，停柩一段时间之后，诸事准备就绪，亲属和子孙就要报丧。报丧可以说是人死后的第一种仪式了。报丧仪式早在周代的时候就已经形成了。它用发信号的方式把有人逝世的消息告诉亲友和村人，即使已经知道消息的亲友家，也要照例过去报丧。传递信息的方式有口头的，也有书面的。书面的文体也叫讣告，是由死者亲属通告死者过世消息的一种文体。讣告第一行正中大字写“讣告”，第二行开始写出讣告内容：（1）死者的姓名、死因、死期、地点及终年岁数，死者生前有职务头衔的，可冠于名字前。（2）瞻仰遗容与追悼的日期、地点。（3）发讣告者名称、发讣告的日期。（4）讣告用黄色或白色纸张，写黑字。全文可用粗黑线圈框。以示哀悼之意。

4. 装殓

古礼中，人死后次日小殓，三日大殓。后世一般家庭停丧时日较短，依天气寒暑，气温高低，长到 5 ～ 11 天，短则三两天。因此，装殓就比较及时，临终时穿好寿衣，次日晚间就装殓入棺。死者的衣服穿戴，下铺上盖都比较讲究，首先要新，其次要全。龙霓山村所在地区还有如此习俗，在盖棺之前，孝子孝孙孝媳各分得一团棉絮，揣于胸间，待装殓完毕后，再纷纷扔入棺材内，以示福禄来之先人，还之先人。棺葬改火葬后，这一仪式基本淡化。

5. 奔丧

外出的子女及亲友接到讣告后，要及时奔丧赶回家中吊丧。接到讣闻的子女首先要哭悼，然后问明死因，不顾一切地上路奔丧。到家后先到灵前跪拜、哭悼，直到有人劝慰才止。亲友接到讣闻后要携礼来吊丧。

6. 祭杠

祭杠是孝子孝孙对抬捧自己亲人下葬的一种特别尊重的礼仪活动。“杠”是抬棺材所用的木棍和抬起棺材时下面固定和支撑用的一套木制工具，抬棺俗称抬杠。装殓的那一天，由族中长者左肘搭一红绸缎挽幛，领着全身孝批孝服的孝子孝孙，伴以乐队逐一登门拜访，三请三催抬杠者赴丧户饮“祭杠酒”。抬杠者到来之时，孝子孝孙当大门分两宾匐伏，喇叭吹奏迎宾曲，迎接抬杠者进入中堂入座饮宴。饮宴时，孝子必逐一给抬棺者跪拜，酌酒三巡。

直到散席，“祭杠”礼仪方告结束。日常生活中，杠子的存放在不同的村庄略有差异，有的直接将杠子存放在村小组的公共场合，有的则将杠子交由最近有人过世用过了杠子的那个人家保存。

7. 出殡

出殡俗称“出葬”，也叫“送葬”，是送死者入土的仪式。出殡之日清晨，抬杠人一起上山，按照道士先生测定的方位或座势“打井”（挖墓穴）。“井”为长方形，比棺材略大一圈，深度以出棺面一尺八寸为宜。座向以靠山面水、座东朝西为吉。井打好后，抬杠人下山准备出殡事宜。先由道士先生做“明路”法事，接着抬杠人捧起棺材随着手舞足蹈的道士先生出门。道士手执引路幡走在最前，由两人穿着孝服端灵俯首紧跟，丢买路纸钱的长者接踵，棺材在送葬众亲的簇拥下走在最后。不管葬地路程远近，中途都得有几次歇棺，以接受孝子孝孙对抬杠人的一一跪拜。棺材上山落平，清理墓穴，这才徐徐升棺下葬。

8. 叫饭

据说人死后三十五天（“五七”）或者三年内，灵魂还不完全，生活不能自理，必须安排他的膳食，因此才有了给新亡人叫饭的习俗。叫饭时，家人先要摆两副碗筷，筷子搁在碗上，口喊“烟火四姐陪 ××× 吃饭”。稍顷，叫饭人向饭碗吹一口气，表示餐毕。据说，烟火四姐是冥府专事给新亡人带路、陪饭的女差役，不叫她来，新亡人是不知来路、归途的。叫饭的期限不一，有的叫五七三十五天，有的叫到三年“除灵”。

9. 五七

人死后三十五天叫做五七。每隔七天烧纸祭奠，五七三十五这天烧掉血灵牌，由孝子或孝女孝婿重设灵堂，重安灵位。按照传统，人死了之后的纪念仪式是很有讲究的。刚死的时候是做七——就是从刚死的那天算起，每隔七天做一次祭奠，头七、二七、三七、四七、五七、六七、断七。之后就是百日，周年，三年，十年……渐渐的拉长距离，再大的哀伤也该渐渐的淡了。这些之中，“五七”是一个很重要的日子，说死了的人会在这一天回家，最后看看他的家人，然后去投胎，或是去阴间居住。为什么选死了后的第三十五天呢，乡下有这样的说法：一开始魂灵浑浑噩噩的，没有离开身体，也没有意识到自己已经死了，等过了一个月，他想起来却发现身体里的骨头都松开了，再也起不来的时候，终于真正意识到自己是真的死了，于是那个魂灵长叹一声，爬出坟墓，来和家人做最后的告别。

10. 吊馨香

人死后当年的大年三十夜，村庄小组内每户一人齐聚，同去丧家当门鸣鞭放爆竹，在灵堂前烧钱化纸焚香。行跪拜或作揖之礼，表示吊唁。孝子则一身孝服一一陪拜、陪揖。此之谓“吊馨香”。吊香毕，主人款之以宴。而亲友则在大年初一到十五来吊。第二年第三年同期也有来吊的，那就是“吊陈香”，不那么隆重。孝子在当年大年期间，起码要守服三天，足不出户接待来吊者。

11. 除灵

人死后的第三年七月初一至十五逢单日，丧户要将灵堂拆掉，与前来做客的亲朋好友一道，把灵堂之物全部焚化，此谓之除灵，表明亡人可以在阴间独立生活了。

（三）丧葬具体做法的变迁

传统丧葬的基本过程在新中国成立后得以简化，政府大力推行殡葬改革，提倡开追悼会，老人去世只穿平常随身衣服，或仅制一套寿衣穿在外面。追悼会一般由单位负责人主持（农村多由小队长主持），追述死者一生事迹与品德，寄托哀思。亲友来宾以祭轴、挽联、花圈、钱物相赠。子孙袖戴黑纱，中间缀白、红、绿三色布头区别三代。1969 年，汉阳县（今蔡甸区）民政局于蔡甸镇郊公明山建火葬场一座，并辟公明山为公墓地，棺葬逐渐改为火葬。1978 年，全县火化率达 90%。1980 年左右，随着分田到户制度的实施，政府对乡间丧葬的管理有所放松，传统丧葬的基本过程慢慢得以恢复，县内偏远地方棺葬率有所增加。改革开放近三十多年来，整体来看，传统丧葬的基本过程得以恢复或保留，丧葬的具体做法有些变化。

1. 丧葬形式：棺葬改火葬

棺葬是用棺木盛尸，挖葬穴，将棺木深埋于土中，并以丘为标记。棺葬只是村民的一种通俗叫法，实质上村民所说的棺葬就是世界上几大主要丧葬形式之一的土葬。棺葬与农业生产有关，亲土、恋土、入土为安的意识支撑并推动了棺葬的发展，成为汉民族的代表葬法。中国古代有女娲持黄土造人的神话传说，人们普遍认为人既由土而成，死后还应回到土中去。改革开放初期，一般年岁较大的老人，子孙都要提前为其准备好寿棺，很多时候，老人自己为自己筹划好寿棺。棺料以柏木为上，松、桐、杨木次之。棺木多漆成黑色且雕花刻字。寿棺做成后，要宴请亲朋好友，收受贺礼。晚辈要给老人磕头，给木匠磕头、送花红，俗称“扫木”或“贺材”。虽然政府早在20世纪70年代就倡导火葬，但农村地区多没有执行。就龙霓山村来说，直到20世纪80年代末，才在村庄干部的细致工作下普遍推行火葬。20世纪90年代是一个过渡时期，根据老人遗愿，尸体可以火化，但是骨灰盒必须放在寿棺中下葬。这种特殊的丧葬形式是在棺葬的传统文化与火葬的现代要求融合中产生的，一方面，老年村民按照传统做法提前做好了寿棺，另一方面政府又在大力推行火葬，所以，老年村民无奈之中作出了折中的选择。

进入21世纪后，真正的火葬才推行开来。在这一过程中，龙霓山村的YCF是坚持火葬树新风的代表。1981年春，龙霓山村第八村民小组的共产党员YCF的祖父去世了。因他早年丧父，叔父又远在广州工作，不能回家安排葬事，一切得由他这个做长孙的操持了。祖父有六弟兄，排行第六，终年九十岁，曾祖父系前清秀才，一脉相承，为世代书香之家。叔父曾多次写信叮咛：祖父起码要用12圆花的棺木厚葬，用多少钱，他摊多少钱。祖父临终时也曾再三嘱咐：礼仪可从简，棺木不可马虎。在乡下的亲叔亲伯们也都坚持他叔父的观点，均要协助他把祖父厚葬。出乎意料，他却反其道而行之，决定火葬。当祖父的遗体将要出车火葬场的时刻来临，亲人们拉的拉司机，抢的抢尸体，YCF一时也难说服大家，于是便力排众议，正色道：“各位亲友，这是我YCF的家事，任何人干涉不了！”众人眼见执拗不过，只得让其处置，遗体终于被火化了。待骨灰盒上山的时候，有的至亲血戚便愤然离去，弄得他众叛亲离。广州的叔父得知YCF把祖父的遗体火化后，竟写了一封长信骂他，并要与他断绝叔侄关系。但YCF却处之泰然，坚持火葬，树了新风，也就心安理得了。

2. 丧服方式：简改繁

在所有的丧葬习俗中，丧家必须穿戴丧服，晚辈为长辈穿丧服主要是为了表示孝意和哀悼。这本来是出自周礼，是儒家的礼制，后来，被人们引申成为亡人“免罪”。每个家族成员根据自己与死者的血缘关系，和当时社会所公认的形式来穿孝、戴孝，称为“遵礼成服”。新中国成立以后，人民政府号召移风易俗，在推行火葬的同时，提倡文明、简朴、节约办丧事，以黑纱、白花代替孝服。改革开放初期，这种新的以黑纱、白花代替孝服的丧服形式得以保留。这既取决于政府的大力倡导，又受制于当时落后的农村经济。村民介绍，早期办丧事，连办丧事的酒宴都难以凑齐，更别说准备丧服了。分田到户以后，农村经济开始复苏，村民收入整体有了提升，少数村民发家致富。这些发家致富的村民在自家办丧事时率先恢复了传统的丧服，紧跟着，受攀比心理的影响，其他村民主动或被动效仿。在丧服由简改繁的过程中，少数发家致富的村民起了"带头"作用，他们的行为诱导了攀比；敏锐捕捉商机的商人起了推波助澜的作用，他们生产并提供了大量的传统丧服。早先的丧服是一次性的，这显然比较浪费，后来这种不合理得到了改进，丧家租用丧服，用完后还给丧服提供者。村民反映，丧服由简改繁，当然与讲排场的攀比心理密不可分，但更重要的是村民轻视生前的生活质量而看重死后葬礼隆重性的传统文化心理。调查中反映，70 岁以上的村民都有这种心理，希望自己死后葬礼能够办得风风光光。当参加完别的村民风光的葬礼后，回家后第一件事就是告诉自己的子女，将来自己的葬礼要办得跟别人一样，"就像这样办"。70 岁以上的村民不仅有这个愿望，而且日常生活中省吃俭用，目的就是自己节省出足够的葬礼花费。村民反映，许多已经老去的村民在自己老去前都辛苦地积攒了足够子女们办葬礼的资金。在传统文化、攀比心理、重死轻生的共同作用下，丧服作为一种场景的烘托，作为一种排场的展示，当然会由简改繁。

3. 坐夜方式：言语互动改乐队演奏

坐夜，就是村里老人故去后，村小组的村民当天夜晚不约而同地围坐在故去老人遗体旁，细数其从生到死的人生经历，追溯此人一生中可歌可泣的闪光点。大家你一言我一语，情真意切，饱含无尽的哀思和安慰。这时，亡者的子弟会很热情地泡上香茶，递上香烟，分发瓜子糖果给来坐夜的人。到深夜或转钟（超过 12 点）时，主人会下些面条，备上酒菜让坐夜的人小酌一番。此时，坐夜的气氛到了高潮，大家坐到通宵达旦也不足为奇。当然，坐夜时一定是要有人通宵达旦的。

据村里上了年纪的老人讲，坐夜是为让亡者不会感到孤独，即使其进入另外一个世界，仍有人陪在左右。而更具有意义的是，亡者的家人能从当中感受到质朴的邻里之情，大家坐在一起，通过交流沟通冰释前嫌、凝心聚力。

坐夜还有这样一个不成文的规矩，那就是故去的人在家停放几天，大家就会坐上几夜，直至亡者入土为安。如今的坐夜与以前有所不同。由于生活条件好了，亡者的子女为营造一种气氛，通常会请来乐队吹吹打打，大家可现场演唱，或哭丧，“互动”场面的感染力更强了。当然，这种场面只在上了年纪走“顺途路”的亡故老人家出现，为英年早逝或意外故去的人坐夜时，大家绝对是神情怅然，悲恸氛围不言自明。坐夜，能沿袭到今天，或许皆为一个“情”字。

4. 报丧方式：人力改电话

报丧是人死后的一种重要仪式。报丧仪式早在周代的时候就已经形成了。它用发信号的方式把有人逝世的消息告诉亲友和村民，即使已经知道消息的亲友家，也要照例过去报丧。在村民的观念里，报丧不仅是一种形式上的礼仪，更是一种和亲属家人一起分担悲痛的做法。

20 世纪 70 年代末期 80 年代初期，乡村的通讯方式非常原始，近一些的只有通过人力步行或骑自行车来通讯，稍远一些的可以通过人力坐公汽或轮船来通讯，再远一些的可以通过人力去邮电局发电报（当然，前提是对方有明确的单位或固定的住址）。村民家里如果有老人即将过世或已经过世，村民会在第一时间通知自己特别亲的宗族亲人（一般是向上的五代宗亲）或近邻，向他们分配任务，哪个人通知哪些亲戚，哪个人通知哪些朋友……由于当时通讯方式非常落后，这些报丧的宗亲或近邻绝大多数是通过人力步行或骑自行车去报丧。20 世纪 90 年代中期以后，摩托车代替了人力，近十年则是电话代替了摩托车，实在有电话不通的时候，也会派宗亲或近邻骑摩托车或电瓶车（近十年来兴起的交通工具）去报丧。

5. 吊馨香方式：便宴改盒烟

吊馨香是一种纪念亡者的方式，是一种体现宗族成员集体进场的方式。它与宗族成员集体退场方式是相反的。所谓集体退场，是指宗族成员因某些原因得罪了宗族整个集体而导致宗族集体应该出席而没有出席的场景。集体退场方式是宗族集体抗议或惩罚某些成员的极端方式，不到人神共愤的地步，村民轻易不使用。集体进场是与集体退场相反的方式，是宗族成员或邻近村民表达友善的方式，是宗族成员或邻近村民愿意分担丧家痛苦的方式。所有的村民自打有记忆时就知晓这一风俗，并在成长过程中不断参与。吊馨香一般是每家每户的成年人，尤其是户主来参与，因为这样才能最充分地体现和表达友善和分担意识。不过，时过境迁，也许是年轻人在家里的地位上升，也许是某家的成年人确实走不开，现在年轻人参与吊馨香愈益增多。另外，改革开放初期，邻近村民吊馨香时，合起来买些鞭炮燃放后，主家一般安排便宴，虽然不丰富，但足以体现诚意。大约进入 20 世纪 90 年代以后，这种习俗慢慢演变了。村民可能是为了省事，既省村民的事，也省自家的事，不办便宴了，只给每一个前来吊馨香的村民一包烟，无论老幼。这种习俗的演变有市场冲击的原因，大家都忙各自的事，也有乡邻情感淡化的原因，大家都关心他人少了。

结　论

改革开放以来，在国家系列政策的引导下，在社会多重转型的推动下，在村民积极主动的参与下，湖北的一个近郊村——武汉市蔡甸区索河镇龙霓山村发生了巨大的变迁。

从人的线索的视角来看，村民的家庭规模、结构、功能和关系发生了显著的变迁，如家庭规模显著变小，家庭结构核心化趋势明显，家庭功能逐渐多元化，家庭关系趋于平等；村民的乡邻互助与纠纷发生了显著的变迁，如乡邻互助空间显著扩大，乡邻纠纷类型显著转换；村民的宗族关系发生了显著的变迁，如宗族凝聚力消弱，宗族裁判力降低，宗族复兴力丧失；村庄的人口、计生、养老发生了显著的变迁，如村庄常住人口规模显著减少，村庄人口流动不断加速，村庄计划生育表现出强烈的底线生育特征，村庄养老由家庭养老转变为多元主体养老。

从条件的线索的视角来看，村庄教育发生了巨大的变迁，如村庄小学由无到有，再由盛及衰，教育教学效果由家庭学校社区一体化到学校单兵作战，伙伴关系由丰富到单一；村庄医疗卫生事业发生了巨大的变迁，如村庄医疗卫生事业由传统的合作医疗发展到新型的合作医疗，村庄医疗卫生事业的主体由经验型的赤脚医生转变为专业型的乡村医生；村庄水电路等设施条件发生巨大的变迁，如村庄用水由井水变自来水，用电由短缺变充足，公路由泥泞小路变水泥大道，邮政网点由增长变下降，电话由管制变普及，民宅由土房变楼房。

从方式的线索的视角来看，村庄生产方式发生了根本性的变迁，如劳动主体由男女分组变为家庭中的老人、极少数留守的中青年妇女，劳动工具由精耕细作的传统工具变为农用机械和半自动化缝纫机，劳动内容由农田种植、兴修水利、放牛和打猪草变为农田种植和手套加工，劳动时间由定时定点变为自主安排和定时打工；村庄生活方式发生了根本性变迁，如娱乐由露天电影、村广播变为露天电视、闭路电视，休闲由集体乘凉变为大妈广场舞。村庄工业经营方式发生了根本性变迁，队办企业从无到有，个人承包企业与村办企业一度兴盛，个人企业绿叶常青。村级组织方式发生了根本性变迁，如村级组织成员的构成由多到少，村级组织结构的设置由繁到简，村级组织职能的安排由强制到服务，村党支部的换届选举由经验到科学，村民委员会的换届选举由封闭到公开。

从风俗的线索的视角来看，村庄婚嫁礼仪发生了形式上的变迁，如婚嫁决策过程——纳采、问名、纳吉、纳征、请期，环节上略有增减，婚嫁执行过程——亲迎，周期上略有缩短，择偶方式自主化和择偶标准多样化趋势明显；村庄诞生礼仪发生了形式上的变迁，求子科学诊治优先兼及习俗迷信，产俗医院分娩与传统习俗并重，报喜形式简化，庆生祭祖的习惯仍然保留；村庄丧葬礼仪发生了形式上的变迁，如丧葬形式由棺葬改火葬，丧服方式由简改繁，坐夜方式由言语互动改乐队演奏，报丧方式由人力改电话，吊馨香方式由便宴改盒烟。

在所有这些变迁中，村庄生产方式、生活方式、经营方式、组织方式等方式的变迁是根本的，是最大的，也是其他变迁的原因之一。村庄婚嫁礼仪、诞生礼仪、丧葬礼仪等礼仪的变迁是形式的，是最小的。在最小的礼仪的变迁与最大的方式的变迁中，家庭的变迁和条件的变迁居于其中，其中家庭的变迁是显著的，条件的变迁是巨大的。

附录1

龙霓山村杨氏宗祠落成庆典[1]

主持人：时钟已经指向了上午十点三十八分，现在有请杨建桥先生上台主持庆典！

杨建桥：尊敬的各位领导，各位来宾，各位族亲族宗，大家好！我受组委会的委托很荣幸担任本次活动的主持人（见图1），谢谢大家！杨氏宗祠在各位杨氏门人的大力支持下，今天正式落成了！我代表杨氏宗祠组委会向大家的到来表示热烈的欢迎和衷心的感谢！

图1　组委会委托的主持人

现在我宣布，杨氏宗祠落成庆典正式开始！

第一项，揭牌！现在有请杨学堂、杨昌国老先生为杨氏祠堂揭牌（见图2），鸣鞭炮、乐队奏乐，腰鼓队起舞（见图3）！

[1]　龙霓山村杨氏宗祠落成庆典的资料由龙霓山村第3组的村民杨佑青提供。

图2　为杨氏祠堂揭牌

图3　乐队奏乐

敬祖！全体起立（见图 4）！面向祠堂，请三大房代表，杨正之先生、杨天凯先生、杨义忠先生、杨光正先生、杨光良先生，从左至右递香（见图 5）！

图4　全体起立

图5　递香敬祖

现在有请杨慎之先生上台宣读敬祖文（见图 6）！

杨慎之：敬祖文（内容略）。

杨建桥：第四项，有请杨正之先生恭读《仲健公传》（见图 7）。

杨正之：《仲健公传》（见图 8）。

图6 宣读敬祖文

图7 恭读《仲健公传》

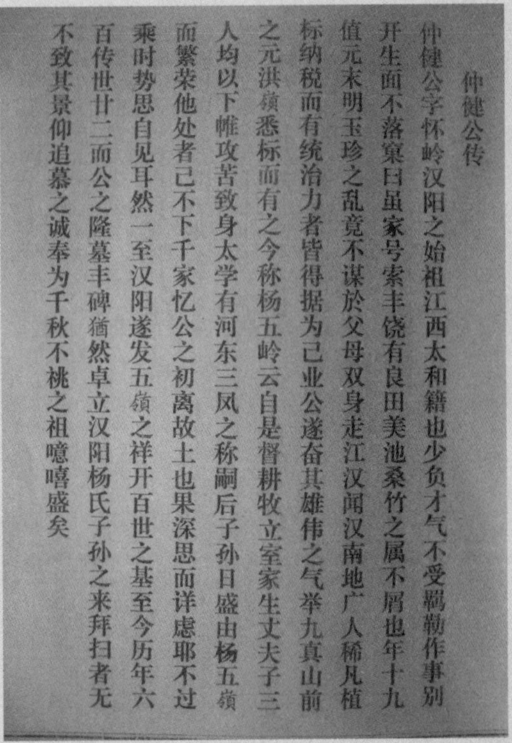

仲健公传

仲健公字怀岭汉阳之始祖江西太和籍也少负才气不受羁勒作事别开生面不落窠臼虽家号索丰饶有良田美池桑竹之属不屑也年十九值元末明玉珍之乱竟不谋於父母双身走江汉闻汉南地广人稀凡植标纳税而有统治力者皆得据为己业公遂奋其雄伟之气举九真山前之元洪嶺悉标而有之今称杨五岭云自是督耕牧立室家生丈夫子三人均以下帷攻苦致身太学有河东三凤之称嗣后子孙日盛由杨五嶺而繁荣他处者已不下千家忆公之初离故土也果深思而详虑耶不过乘时势思自见耳然一至汉阳遂发五嶺之祥开百世之基至今历年六百传世廿二而公之隆墓丰碑犹然卓立汉阳杨氏子孙之来拜扫者无不致其景仰追慕之诚奉为千秋不祧之祖噫嘻盛矣

图8 《仲健公传》

杨建桥：第五项，有请杨慎之先生宣读杨氏宗族族规族约（见图9）！

杨慎之：《杨氏宗约》（见图10、图11、图12、图13）

图9 读杨氏宗族族规族约

图14 汇报筹建工作

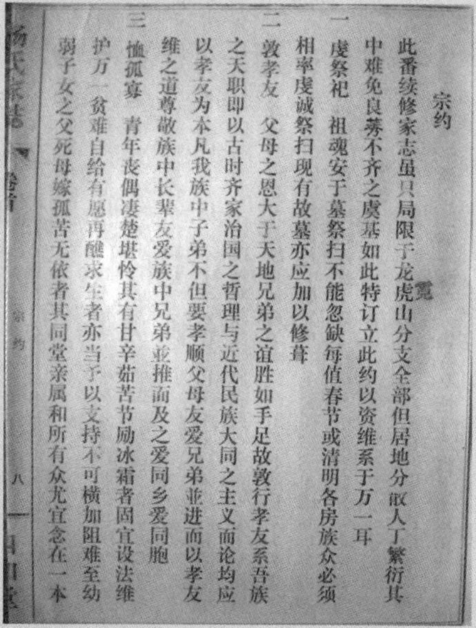

宗约

此番续修家志虽只局限于龙虎山分支全部但居地分散人丁繁衍其中难免良莠不齐之虞基如此特订立此约以资维系于万一耳

一 虔祭祀 祖魂安于墓祭扫不能忽缺每值春节或清明各房族众必须相率虔诚祭扫现有故墓亦应加以修葺

二 敦孝友 父母之恩大于天地兄弟之谊胜如手足故敦行孝友系吾族之天职即以古时齐家治国之哲理与近代民族大同之主义而论均应以孝友为本凡我族中子弟不但要孝顺父母友爱兄弟并进而以孝友维之道尊敬族中长辈友爱族中兄弟并推而及之爱同乡爱同胞

三 恤孤寡 青年丧偶凄楚堪怜其有甘辛茹苦节励冰霜者固宜设法维护万一贫难自给有愿再醮求生者亦当予以支持不可横加阻难至幼弱子女之父死母嫁孤苦无依者其同堂亲属和所有众尤宜念在一本

图10　杨氏宗约

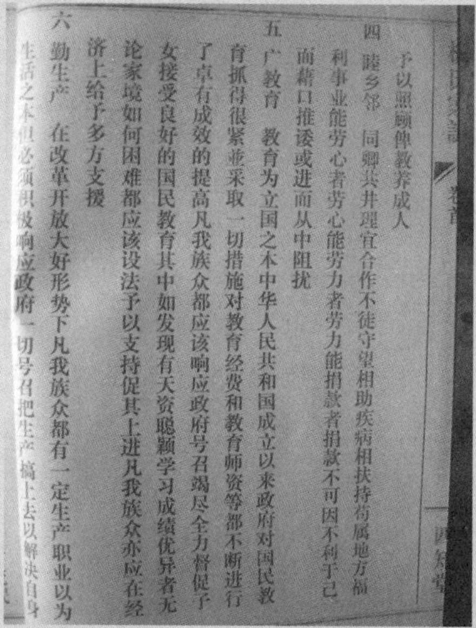

予以照顾俾教养成人

四 睦乡邻 同乡共井理宜合作不徒守望相助疾病相扶持苟属地方福利事业能劳心者劳心能劳力者劳力能捐款者捐款不可因不利于己而藉口推诿或进而从中阻扰

五 广教育 教育为立国之本中华人民共和国成立以来政府对国民教育抓得很紧并采取一切措施对教育经费和教育师资等都不断进行了卓有成效的提高凡我族众都应该响应政府号召竭尽全力督促子女接受良好的国民教育其中如发现有天资聪颖学习成绩优异者无论家境如何困难都应该设法予以支持促其上进凡我族众亦应在经济上给予多方支援

六 勤生产 在改革开放大好形势下凡我族众都有一定生产职业以为生活之本但必须积极响应政府一切号召把生产搞上去以解决自身

图11　杨氏宗约

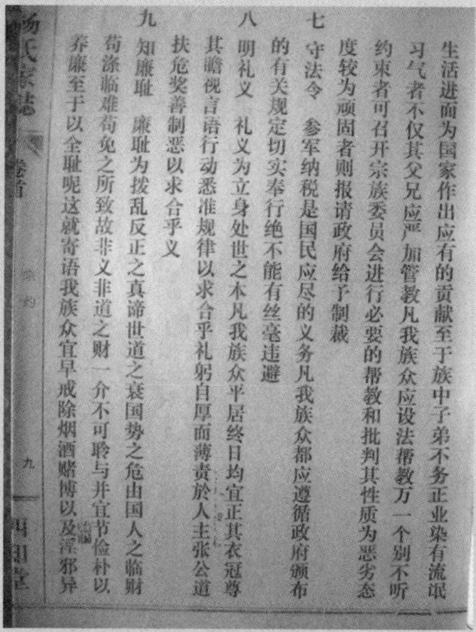

生活进而为国家作出应有的贡献至于族中子弟不务正业染有流氓习气者不仅其父兄应严加管教凡我族众应设法帮教万一个别不听约束者可召开宗族委员会进行必要的帮教和批判其性质为恶劣态度较为顽固者则报请政府给予制裁

七 守法令 参军纳税是国民应尽的义务凡我族众都应遵循政府颁布的有关规定切实奉行绝不能有丝毫违避

八 明礼义 礼义为立身处世之本凡我族众平居终日均宜正其衣冠尊其瞻视言语行动悉准规律以求合乎礼躬自厚而薄责於人主张公道扶危奖善制恶以求合乎义

九 知廉耻 廉耻为拨乱反正之真谛世道之衰国势之危由国人之临财苟涤临难苟免之所致故非义非道之财一介不可聆与并宜节俭朴以养廉至于以全耻呢这就寄语我族众宜早戒除烟酒赌博以及淫邪异

图12　杨氏宗约

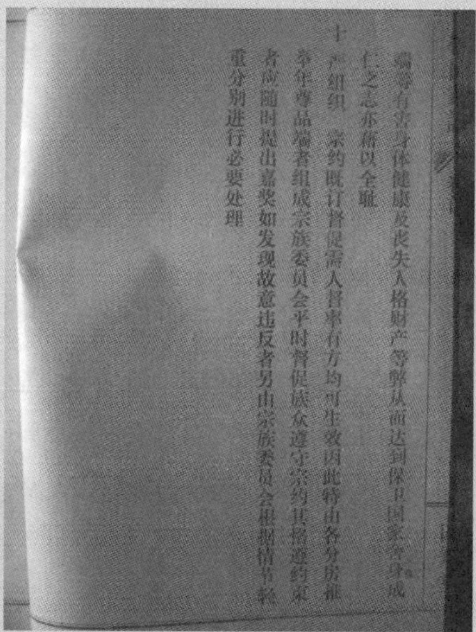

端等有害身体健康及丧失人格财产等弊从而达到保卫国家舍身成仁之志亦藉以全耻

十 严组织 宗约既订督促需人督率有方均可生效因此特由各分房推举年尊品端者组成宗族委员会平时督促族众遵守宗约其恪遵约束者应随时提出嘉奖如发现故意违反者另由宗族委员会根据情节轻重分别进行必要处理

图13　杨氏宗约

杨建桥：请杨光新代表杨氏宗祠组委会向大家汇报筹建工作（见图14）！

杨光新：尊敬的各位杨氏宗族门人，尊敬的各位来宾，大家好！在庆祝我们伟大的祖国诞生 64 周年的喜庆日子里，我们杨氏宗祠正式竣工落成了，这是我们杨氏宗族的一件大事，喜事，盛事！我代表杨氏宗祠重建筹备委员会向前来参加杨氏宗祠落成典礼的各位杨氏宗族门人和各位来宾表示最热烈的欢迎！向为杨氏宗祠重建作出贡献的龙霓山村委会、建设杨氏宗祠施工的工作人员、杨氏宗祠有识之士和社会各界关心、支持宗祠的各位朋友表示最衷心的感谢！值此，我代表杨氏宗祠重建筹备委员会将重建工作汇报如下。

第一，重建杨氏宗祠的意义。我们杨氏宗祠有着悠久的历史和文化，杨氏已成为全国第六大姓氏，为了纪念我们祖先的功德，为了传承杨氏宗族优秀的传统美德，为了弘扬杨氏宗族的先进文化，为了方便杨氏宗族门人寻根祭祖，为了团结杨氏宗族门人互敬、互爱、共同富裕，我们有必要有义务重建杨氏宗祠。

第二，杨氏宗祠重建的基本情况。为了使杨氏宗祠早日建成，于 2012 年 7 月 7 日，成立了以杨学堂、杨正之、杨国强、杨光良、杨光正、杨友平等为发起人的重建工作领导小组，由杨学堂、杨正之、杨国强和我（杨光新）具体负责重建工作，积极筹措经费。杨氏宗祠重建的经费全部是杨氏宗族门人自觉自愿捐赠的，大家有钱出钱，有力出力，齐心协力，重建杨氏宗祠宏大工程。特别是东西湖杨家台湖北战友集团董事长杨建桥先生，怀着对祖先的感恩之心，慷慨解囊，大力支持，共捐赠 21 万元；龙霓山杨友平先生捐赠 10 万元；侏儒杨顺文、杨建文、杨大兵三兄弟各捐赠 10 万元。只要是杨氏宗族门人都能力所能及地踊跃捐款。最为令人感动的是，杨氏宗族中 93 岁老人杨光普个人捐款 1000 元。我们共筹资 106.89 万元，全部用于杨氏宗祠重建。账目可查。

第三，祝各位杨氏宗族门人、各位来宾，身体健康，事业有成，老少平安，万事如意！谢谢大家！

杨建桥：请龙霓山村肖主任讲话（见图 15）！

肖主任：尊敬的杨氏宗族重建委员会，恭喜你们杨氏宗

图15 龙霓山村肖主任讲话

族重建宗祠工程顺利竣工，我谨代表龙霓山村村民委员会，向你们杨氏全体族人致以真诚的祝贺！并对前来参加竣工庆典的杨氏家族以及各兄弟家族的代表们表示热烈的欢迎！

大树的繁荣归功于土地的养育，我们今天的成功归功于历代祖先的辛劳，知恩报恩，敬老爱幼，是我们中华民族的优良传统，杨氏家族的族人们以感恩之心恢复重建了杨氏宗祠，这是对中华民族优良传统的发扬光大。杨氏家族在历朝历代曾经涌现过许多英雄人物，流传着许多感人的故事。今天，杨氏家族在我们龙霓山村，在团结、敬老、爱幼方面做出了榜样，值得我们学习、效仿。这姓那姓，都是中华民族的老百姓，你族我族，都是炎黄子孙的大民族，我们真心希望杨氏家族的族人们以博大的胸怀与其他兄弟家族团结友爱，互相尊重，互相关心，互相帮助，共同为振兴中华民族，为实现美丽的中国梦作出新的更大贡献！

借此，我有幸告诉各位，我们索河镇是湖北省重点旅游名镇，有许多已经建成或正在建设的旅游景点，另外，原轻轨直达蔡甸的柏林，经索河镇和知名人士努力，武汉市政府已决定，轻轨直通索河。这是个好消息！在这里，山山水水藏埋了历史的典故，世世代代流传着美丽的传说；在这里，满山滴翠，沿水流芳，荷香鱼肥，山石玉华，我们热情地欢迎杨氏家族的族人们常回老家看看，在祭奠祖先的同时，欣赏湖光山色给我们带来的美好享受！谢谢各位！

杨建桥：请欧阳云国讲话（见图16）！

图16　欧阳云国讲话

欧阳云国：尊敬的杨氏家族筹委会的领导，各位杨氏宗族的父老乡亲，正值国庆佳节之际，杨氏宗祠迎来了落成庆典的大喜之日。今天我作为来宾代表，参加贵族宗祠庆典，深感荣幸和骄傲。杨氏宗族自古以来是望门之族，历来涌现出许许多多优秀的人物和事迹，今日宗祠的落成庆典，就是遵循先祖之遗训，传承先祖之精神，在这里，我衷心地祝贺杨氏大家族人丁兴旺、人才辈出，同时也祝贺今天的杨氏宗祠落成典礼圆满成功，谢谢大家！

杨建桥：现在有请丁有青同志代表湖北战友集团领导祝贺词（见图17）！

图17　丁有青同志代表湖北战友集团领导祝贺词

丁有青：尊敬的湖北战友集团董事长杨建桥先生，尊敬的各位杨氏父老乡亲，各位宗亲代表，各位领导，大家中午好！金秋十月，美丽十月，丰收十月，汉阳杨氏家族人人意气风发，共同庆贺杨氏宗祠落成。我十分荣幸地代表湖北战友集团表示衷心的祝贺，向各位杨氏家族的族亲族众表示崇高的敬意！今天，我看到各位杨氏的长辈，长者鹤发童颜，青少年朝气蓬勃，精神焕发，看到重建的杨氏宗祠高雅富丽、气势恢宏，我作为战友集团的代表，同时作为杨氏的嫡亲，心潮澎湃，心绪难平。众所周知，杨姓是一个大姓，是一个卓尔不群的望族，全国人口有五千万人，高居全国第六位，在历史的长河中，翻开五千年文明史，杨氏的伟人、名人犹如奔腾不息的长江水，后浪推前浪，一浪更比一浪强！在此衷心祝贺杨氏宗祠落成，最后祝福各位杨氏的长辈、长者像晴空中的晚霞，生活得更加灿烂！祝各位天天都有好心情，迎接明天冉冉升起的朝阳！永远幸福！谢谢大家！

杨建桥：第九项，有请杨氏后裔代表发言。第一个发言的是21世杨建军（见图18）！

图18　杨建军发言

杨建军：杨氏家族的各位长辈，各位先生、女士们，各位嘉宾，大家中午好！今天我怀着激动的心情，参加杨氏宗祠落成典礼，为了继承和发扬杨氏祖先的光荣传统，缅怀祖先的丰功伟绩，教育后代，我们多方面筹集资金，修建杨氏宗祠，在此，我代表杨氏家族对捐资聚资的杨氏家族成员表示衷心的感谢！修建祠堂工程之大，工作之艰苦，困难之多，负责修建的同志们辛苦耐劳，不分日夜地工作，按期完成，我再一次对大家表示衷心的感谢！杨氏宗祠寓意杨氏宗族兴旺发达，后继有人，光辉永照！谢谢大家！

杨建桥：请杨氏后裔代表，21世杨飞发言（见图19）！

杨飞：尊敬的湖北战友集团董事长杨建桥先生，尊敬的各位长辈长者，尊敬的各位门人，尊敬的各位来宾，女士们先生们，大家中午好！

图19 杨飞发言

金秋十月，稻黄蟹肥，丹桂飘香，在这个美好的日子里，我汉阳杨氏子孙千余人齐聚我杨氏的发祥地——索河，隆重庆祝杨氏宗祠落成庆典大会，这是我杨氏历史上的一次空前盛事、大事、喜事，身为杨氏的后代，我由衷地感到高兴和自豪！见到一张张熟悉的灿烂笑脸，浑身热血沸腾。作为青年人，我对宗族的历史，氏族的文化，完全是一张白纸，没有见过宗谱，没有见过宗祠，遇到同宗的人也分不清尊卑长幼，这次机会，也是我们青年人了解杨氏历史的一次难得机会。斗转星移，沧海桑田，由于历史的原因，古老的杨氏宗祠早已不复存在，给我们祭拜先祖带来诸多不便。改革开放三十年间，中国综合国力日益强盛，中国人勤劳和智慧创造的财富让世界刮目相看，国家政治清明，国泰民安，正逢盛世，各地兴建宗祠，如雨后春笋，破土而出。杨学堂先生、杨正之先生、杨光新先生将重建宗祠作为义不容辞的历史责任，为重建宗祠呕心沥血，他们踏破铁鞋，四处奔波，筹措资金，组织人力，精心设计，精心施工，本着对祖先负责，对子孙后代负责的精神，倾注了满腔的热情，付出了艰辛的劳动，我代表晚辈向他们表示诚挚的谢意！最让我们感恩和敬重的是，杨建桥先生、杨友平先生、杨社文先生、杨建文先生和杨大兵先生，他们五位是汉阳的佼佼者，人中骄子，他们辛苦赚钱，慷慨解囊，人志高远，造福乡里，无私奉献，每人捐款在十万以上，其中一位捐款达二十几万元，他们的举动，他们的善行，其高风亮节，德耀汉阳，波被杨氏，使新宗祠顺利竣工，他们是我们杨氏的自豪和骄傲。在此，我代表杨氏的晚辈，向他们以及所有为宗祠捐款者致以崇高的敬意！

展现在我们面前的杨氏宗祠继承了我国古代传统建筑风格，棱角分明，雄伟壮观，雕龙画凤，金碧辉煌，古色古香，突兀挺拔。杨光国先生、杨慎之先生、杨光仁和杨光正先生的四副对联别具匠心，豪迈奔放，将我杨氏的传承、美德、门风和希望全部浓缩在字里行间，拜读之余，回味悠长，对我杨氏祖先的感情油然而生。宗祠是全氏族共同的物质和精神财富，是用于供奉各位祖先、列位祖宗牌位和珍藏宗谱的所在，是氏族精神的象征，也是我们祭拜先祖的场所。人类自上而下，一代一代往下传承，父母之恩大于天，百善孝为先，对于我们后人来说，不但要孝敬健在的祖辈、父辈，每年的春秋必须到宗祠祭拜先祖，到墓地染香、献花，缅怀先祖的恩泽，祈福先祖的保佑，并以此影响教育我们的后代。宗谱是氏族的一部史诗，宗祠是氏族的一杆旗帜，传承着我们的过去，寄托着我们的未来，让我们的血脉代代相传，源远流长，弘扬氏族文化，方便杨氏门人寻根祭祖。以宗谱、宗祠为平台搭建一座看得见的桥梁，最大限度地、最广泛地团结杨氏互敬互爱、和谐相处、遵纪守法、清白传家、扶危济困、互相提携、共同富裕，让我们杨氏众志成城，齐心协力，共同奔向小康社会！用我们的聪明智慧、勤劳的双手创造出多姿多彩，美好幸福的明天！

江山代有人才出，世上新人赶旧人，作为青年人，作为杨氏的晚辈，我们应该熟悉、了解氏族的历史和文化，从中汲取营养，为己所用，通过宗谱、宗祠可以结识更多的杨氏门人，在社会交往中一定能获得事半功倍的效果，甚至可以创造出意想不到的经济效益。我衷心祝福各位长辈长者，寿比南山，福如东海，像一朵朵绚丽的晚霞染红白云蓝天，健康长寿！祝小朋友们茁壮成长，扬起理想的风帆，在知识的海洋泛舟，将来成为社会有用之才！祝福企业家们追求卓越，事业兴旺发达，再铸辉煌，祝福每一位心想事成，平安幸福！谢谢大家！

图20　杨友讯发言

杨建桥：最后请杨氏后裔代表杨友讯发言（见图

20)!

杨友讯：尊敬的各位族亲，各位父老，各位朋友，我很高兴代表杨氏后人对我们杨氏祠堂的落成表示祝贺，我衷心希望我们杨氏后人，继承杨氏传统，弘扬鸿儒家风，为国家强大、民族富强、人民安康和我们杨氏后人的兴旺发达创造更加美好的明天！谢谢大家！

杨建桥：女士们，先生们，金秋的十月，秋景醉人，今天又是一个艳阳天，万里晴空，给我们带来了无比的好心情。今天我们汉阳杨氏的老老少少、红男绿女一千多人，从祖国的四面八方兴致勃勃地齐聚一堂，欢声笑语，共同庆祝杨氏祠堂的落成，我们的宗亲仙桃、洪湖、汉川的代表远道而来，他们的到来为今天的大会增添了光彩，我代表杨氏宗祠筹委会向他们的到来表示衷心的感谢！今天的大会开得活泼而热烈，前面各位的发言讲话热情洋溢，表明我们杨氏是一个团结、和谐、充满朝气、充满希望的宗族。我汉阳杨氏自元朝初年始祖杨忠建从江西泰和到湖北汉阳，经历了六百多个寒暑春秋，在汉阳这块富土上生生息息，繁衍了二十多代人，子孙遍布荆楚。过去我们共有的杨氏四座祠堂，风雨沧桑，由于人为的原因，已经全部被毁，片瓦不存。如今国家富强了，人民富裕了，千家万户祭拜先祖的愿望日益强烈，国家顺民心，顺民意，将有几千年历史的清明节定为法定节日。清明节在中国人心目中的重要性不言而喻，每年清明节的前后几天，陵园前的公路上的车水马龙，川流不息，扫墓的人群扶老携幼，由此重建祠堂就显得特别重要。杨氏祠堂的庆典仪式即将礼成完毕，此时此刻，我作为杨氏的一员，心情难以平静，借此机会，我简单地讲几点畅想（见图21）。

图21　杨建桥先生谈畅想

畅想之一，我们要以宗祠为纽带，广泛团结杨氏门人，今后我们每年的清明节，应争先恐后到祠堂敬拜祖先，以此纪念我们对列祖列宗的感恩和怀念之情。同时利用这个机会，不分贵贱，不分贫富，互相祝福，交流感情，使淡化的汉阳杨氏达到空前的团结，手足情谊得到升华，发挥宗祠的牵带作用。

畅想之二，宗谱不同于普通的书籍，宗祠不同于一般的房屋，宗谱、宗祠有着丰富的内涵和外延，是一座宝矿，是一个丰富的社会资源，杨氏人口众多，人才层出不穷，利用这个平台像走亲戚一样你来我往，互相祝福，让更多的杨氏门人从中受益。

畅想之三，雨是故乡的云，水是家乡的甜，我诚恳地邀请聚居在各地的他乡异地的杨氏门人，方便的时候常回家看看，欣赏故乡的美景，呼吸故土的空气，闻闻家乡泥土的芬芳，喝一碗香喷喷的蔡甸莲藕排骨汤。

畅想之四，扶危济困，修宗谱、建祠堂，不能仅仅束之高阁，东西湖杨氏已经建立杨氏宗亲慈善联谊会，每年筹措善款，本着不攀比、不摊派、不强求的自愿原则，对我杨氏中有特殊困难、有诸多不测的人群进行帮扶，我倡议杨氏更多的仁人志士，发扬中华民族乐于奉献、关爱他人的美好传统，积极参加宗亲的慈善事业，千金万金不为多，一分一毫不为少。最后，祝各位长辈长者越活越年轻，祝各位家庭和睦、幸福吉祥！谢谢大家！

今天的庆典活动到此结束，谢谢大家！请大家入席就坐！

附录2

龙霓山村一个婚嫁案例[1]

龙霓山村1组的男村民于2008年结婚，下面是过程简录。

1. 婚嫁主人公双方

2. 婚礼前一天，男方准备的婚宴现场

3. 前来参加婚礼的亲友来宾

4. 前来祝贺婚礼的族人

[1] 龙霓山村此婚嫁案例的资料由龙霓山村第1组的村民肖小国提供。

5. 村干部前来祝贺

6. 为婚礼助兴而邀请的乐队

7. 乐队表演节目

8. 观看乐队表演的亲友来宾、族人

9. 乐队邀请嘉宾表演节目

10. 主家宴请亲友来宾、族人

11. 婚礼当天，新郎正在做迎娶的准备

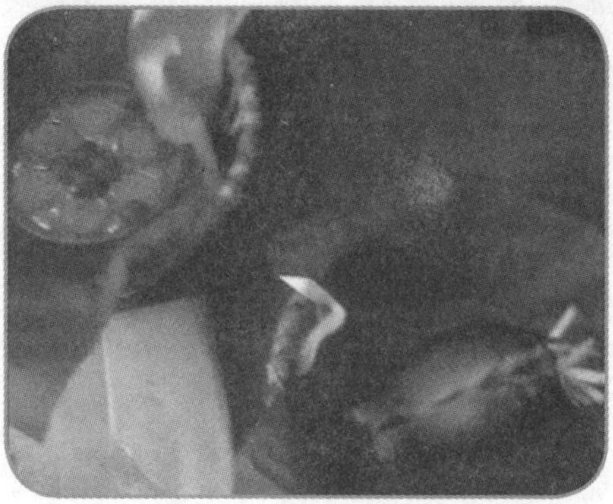

12. 男方正在准备具有象征意义的迎娶礼物

13. 族中长者交待迎娶过程中的礼节

14. 准备出发的娶亲队伍

15. 新郎与十友团

16. 娶亲车队

17. 新郎启程

18. 娶亲车队出发

19. 新郎、十友团、亲友、乐队到达女方家庭附近

20. 娶亲队伍带着象征性礼物行进在去女方家的途中

21. 在女方门前，迎娶的十友团与新郎被堵在门外

22. 分发红包后，新郎与十友团被允许进入大门

23. 新郎与守在小房门前的十姐妹讨价还价

24. 满足十姐妹的要求后，新郎与新娘见面

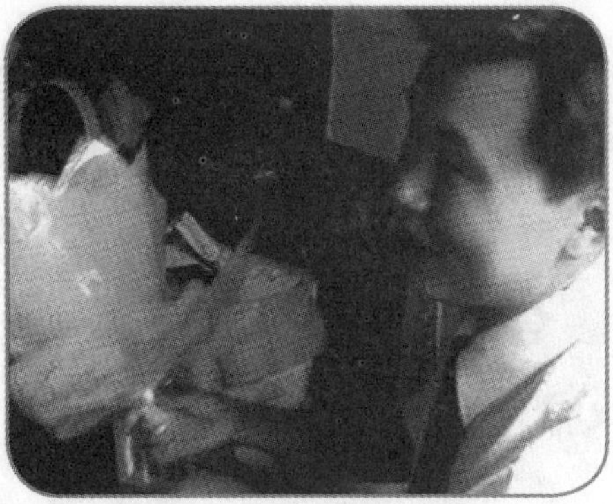

25. 十姐妹对新郎进一步提出刁难

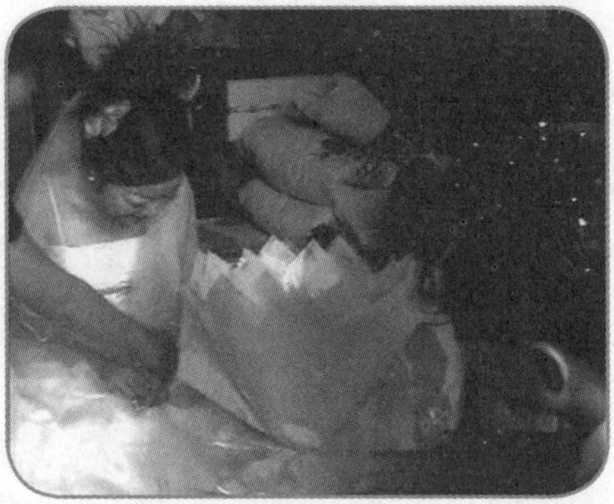

26. 十姐妹为难新郎，不让新娘接新郎递过来的鲜花

27. 新郎经历种种“磨难”，终于如愿将戒指戴在了新娘手上

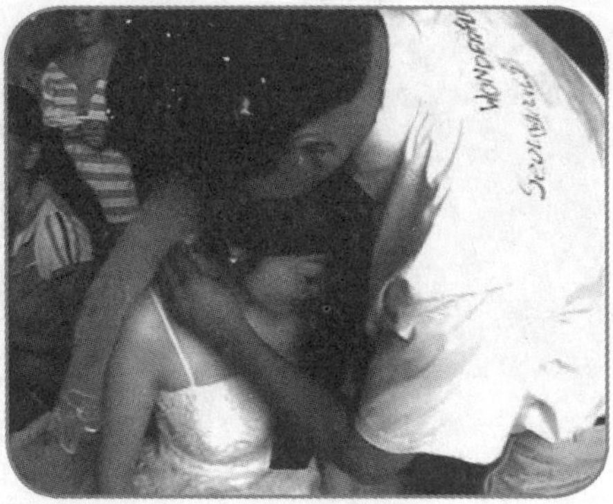

28. 新郎在给新娘戴上戒指后，再戴上项链

29. 在新郎的精心打扮下，新娘心花怒放

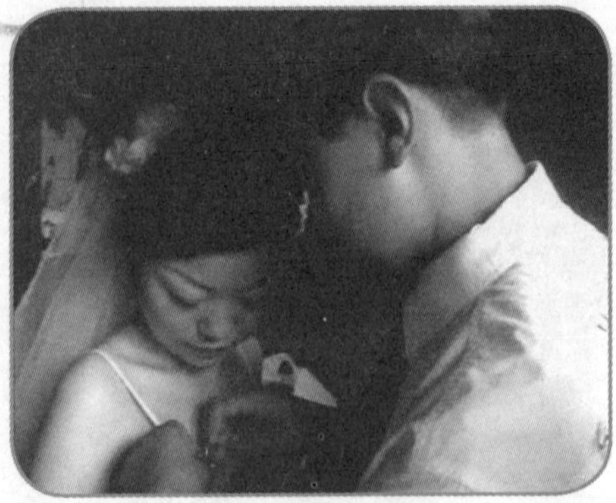

30. 新郎给新娘佩戴胸花

31. 新娘给新郎佩戴胸花

32. 一切准备就绪的新郎与新娘

33. 在十友团与十姐妹的要求下，新郎与新娘不得不做出亲昵的举动

34. 出门前，新郎与新娘、岳父、岳母合影

35. 新娘依次与亲人合影留念

36. 象征性的陪嫁先行出门

37. 娶亲队伍依次将陪嫁物拿上车

38. 新郎新娘向女方的祖宗拜别

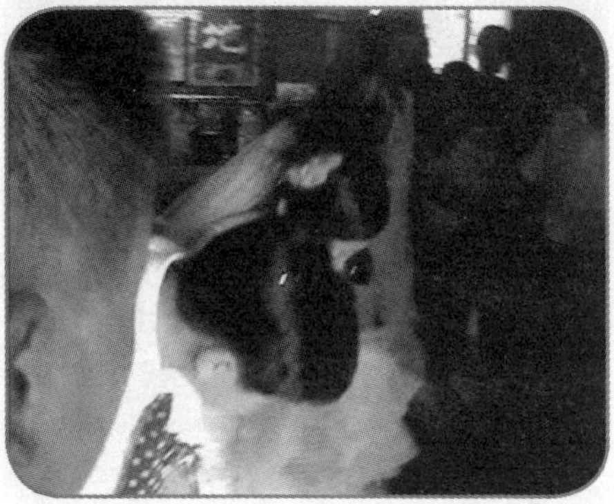

39. 新郎新娘向女方父母拜别

40. 新娘在小亲友的陪伴下出门

41. 新娘在伴娘的簇拥下走向迎娶的婚车

42. 新郎新娘及娶亲的亲友回程

43. 新娘到达新郎家附近

44. 由大伯将新娘接回新郎家

45. 在族人的坚持下，大伯背起了侄媳妇

46. 在族人的坚持下，新郎的父亲背起了儿媳妇

47. 新娘在娶亲方的簇拥下，在伴娘的陪伴下走向新房

48. 到达新房附近，男方扔糖果，族人在地上捡起

49. 新郎新娘直接进入洞房

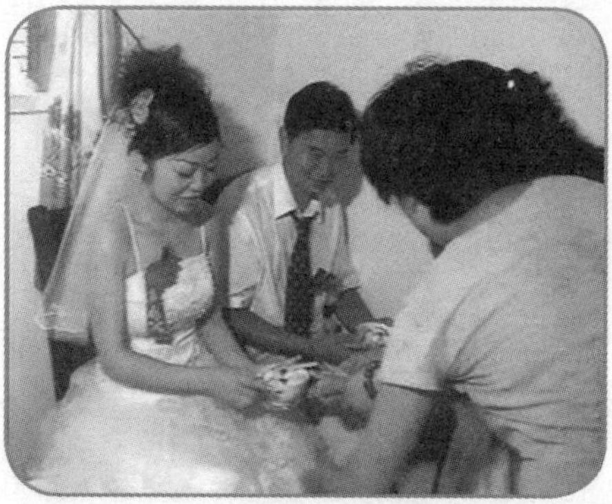

50. 侄子侄女向新郎新娘敬茶

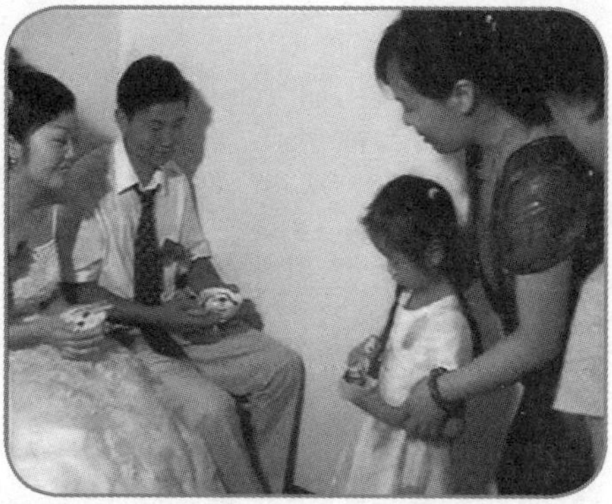

51. 新娘接茶后，回送事先准备好的礼物

52. 在众人的要求下，新郎新娘互喂茶点

53. 新郎新娘喝交杯酒

54. 新郎新娘换另一只手喝交杯酒

55. 新郎新娘轮流给客人敬酒

56. 新郎新娘与新郎父母合影

附录3

龙霓山村两个丧葬案例[1]

第一个案例：棺葬改火葬过程中的丧葬案例

2000 年，龙霓山村 3 组（亦即杨湾）90 岁的魏婆婆的丧葬。

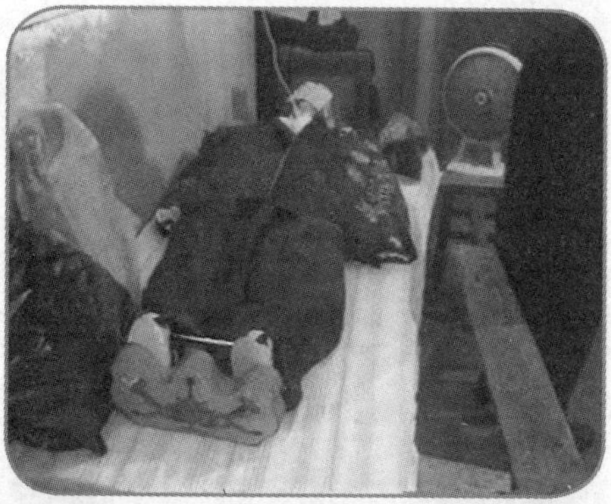

1. 仙逝的老人放置在搁起的床板上

2. 乡邻坐夜吊丧

3. 屋里坐夜便宴

4. 屋外乐队表演

[1] 龙霓山村两个丧葬案例的资料均由龙霓山村第 7 组的村民胡翠云提供。

5. 火化前孝子孝孙瞻仰遗容

6. 上公路拟火化

7. 火化前准备上公路

8. 上灵车去火化

9. 送去火化前送别的乡邻、亲友来宾

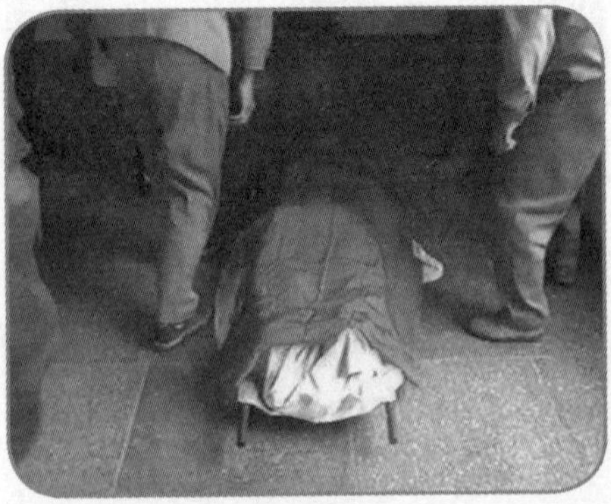

10. 火化前用红布盖上

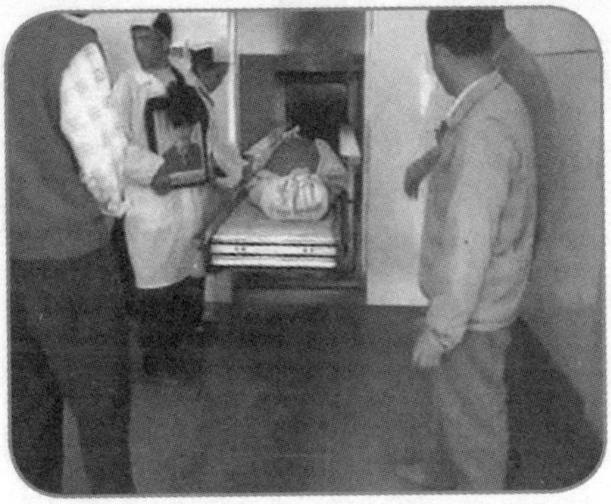

11. 准备火化

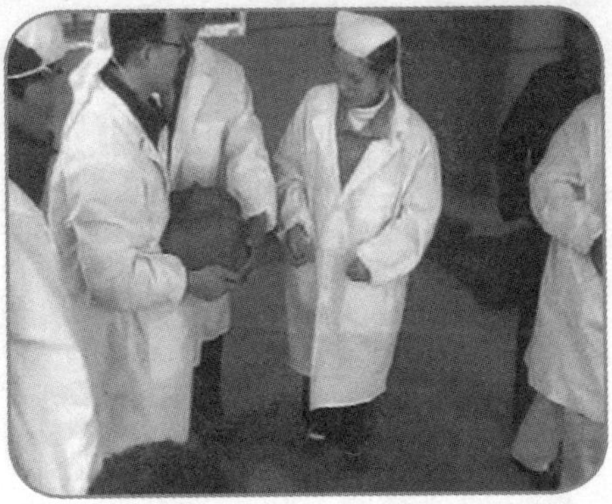

12. 火化刚刚完成

13. 火化完成后回程

14. 火化完成后回到乡村

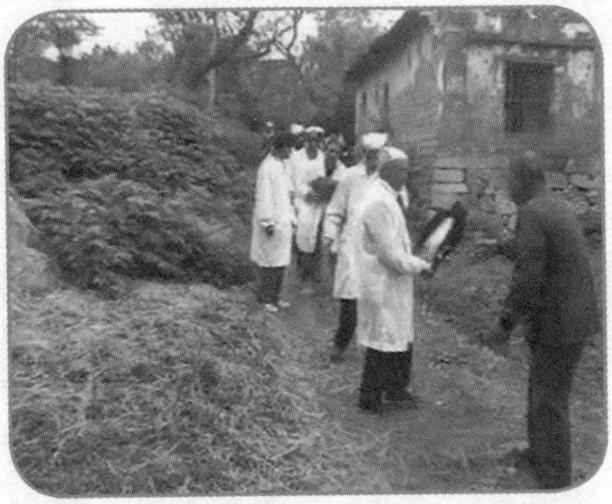

15. 遗像与骨灰由孝孙转到孝子手上

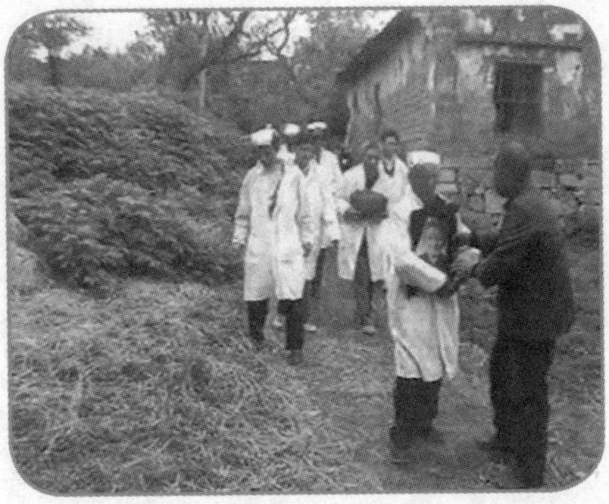

16. 大儿子接遗像，小儿子接骨灰

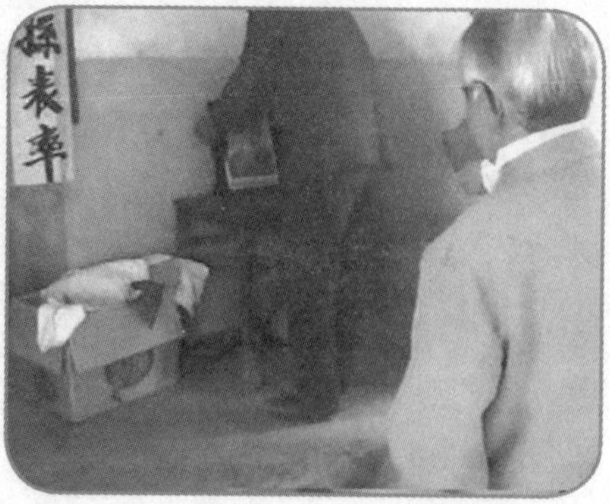

17. 遗像与骨灰放置在门外“大手”边（背向门的左手边）

18. 孝子孝孙准备上香

19. 孝子孝孙等在路边向打井的祭杠人跪拜

20. 打井的人从山上下来回到村边的公路

21. 孝子孝孙跪拜打井人

22. 乐队与主人共迎打井人回村

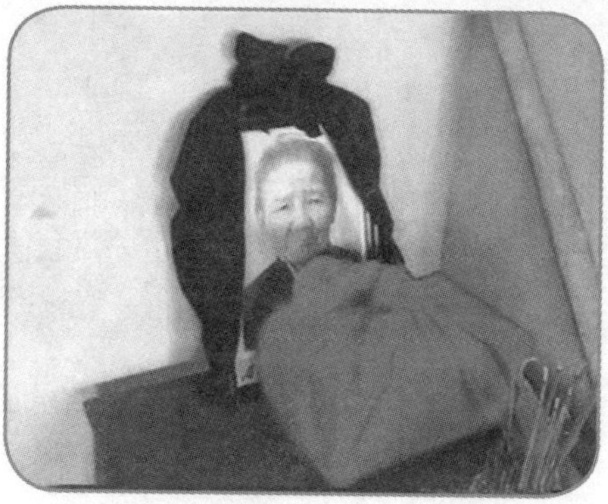

23. 放置在大门大手边的老人的遗像与骨灰

24. 放置在大门口的寿材

25. 祭杠人正在准备抬寿材的杠架

26. 正在表演的乐队

27. 追悼会前的酒宴

28. 孙女守在婆婆的灵位前

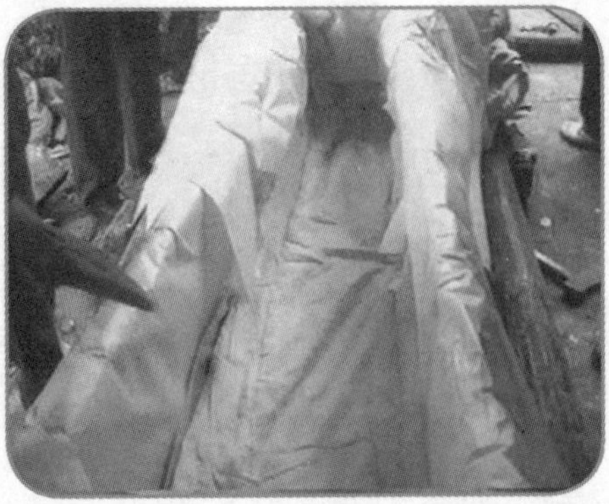

29. 追悼会前布置寿材

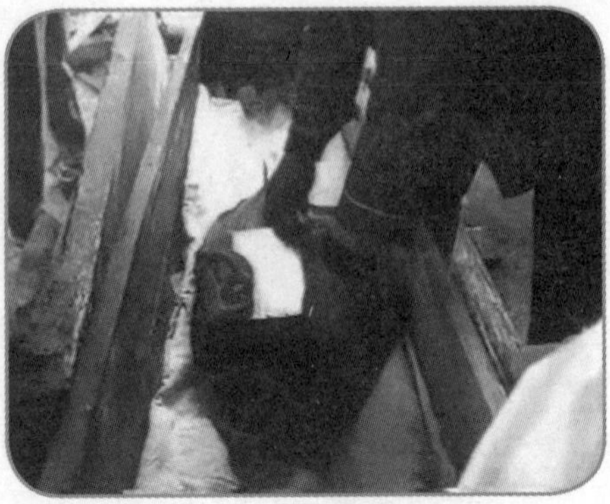

30. 骨灰放入布置好的寿材

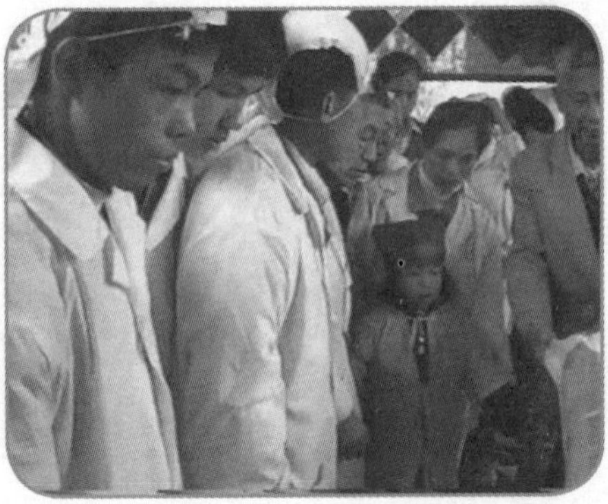

31. 盖棺前孝子孝孙瞻仰老人“遗容”（骨灰盒）

32. 盖棺

33. 孝子孝孙跪在棺材前等待追悼会

34. 叔伯兄弟在追悼会上致悼词

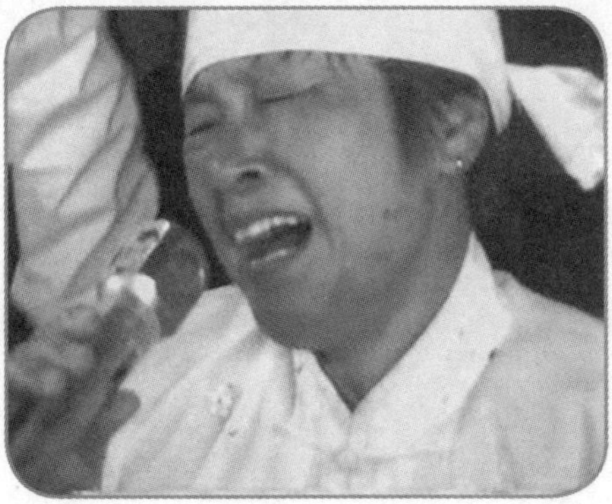

35. 哭灵

36．来宾讲话

37. 老人的叔伯兄弟致谢

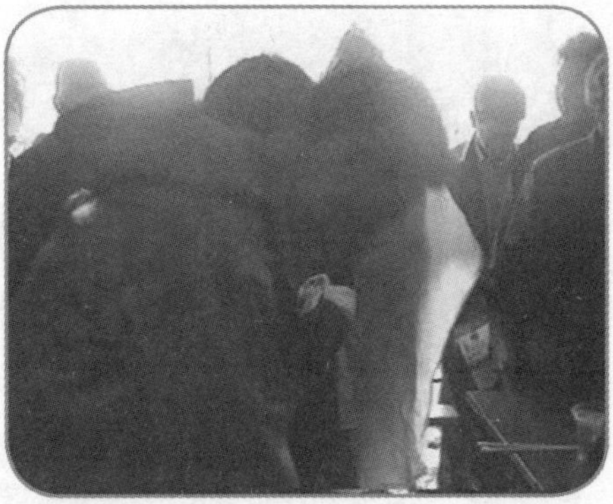

38. 出殡前所有人向老人致敬

39. 风雨中老人出殡

40. 孝孙端着遗像走在棺材的前面

41. 孝子孝孙走在队伍的最前列，孝孙端着遗像走在其次，棺材紧随遗像之后，乐队及亲朋好友追随

42. 出殡队伍正走向墓地龙霓山

43. 祭杠人抬着棺木上山

44. 棺木到达井（墓穴）边

45. 祭杠人一边清理墓穴，一边解开抬棺材的杠架绳

46. 祭杠人清理完墓穴，拟下井

47. 棺材下葬

48. 大孝子铲下第一铲土

49. 祭杠人正在填埋墓穴

50. 祭杠人风雨中完成坟墓

第二个案例：纯粹火葬的丧葬案例

2007 年，龙霓山村 7 组（亦即严湾）73 岁的凌婆婆的丧葬。

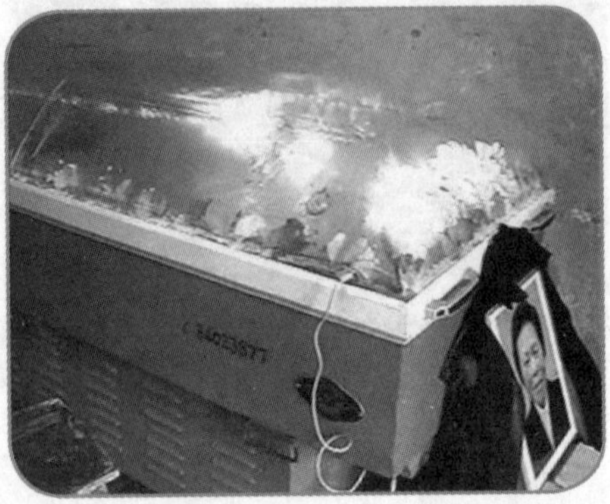

1. 仙逝的老人放置在租来的冰棺中

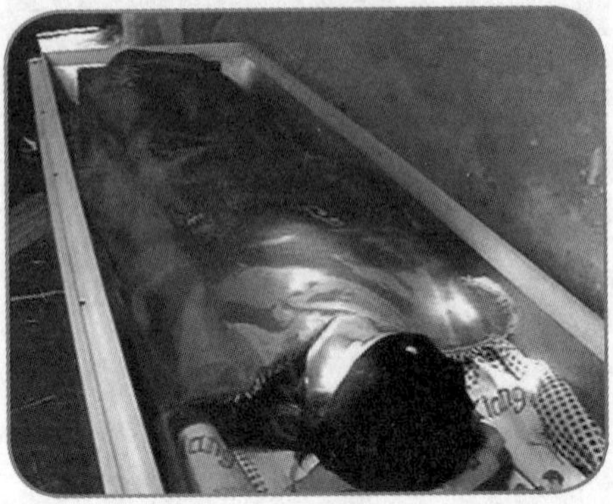

2. 仙逝的老人放置在租来的冰棺中

3. 孝子孝孙正在穿戴孝衣孝帽

4. 乐队伴着族中长者、孝子孝孙准备去请祭杠人

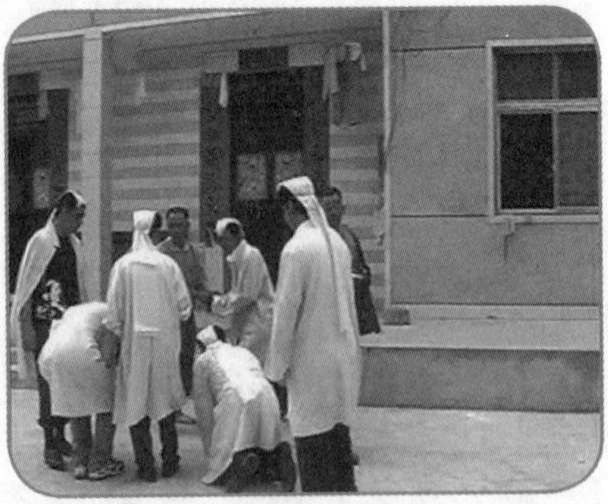

5. 孝子孝孙依次跪请祭杠人

6. 孝子孝孙跪迎所有的祭杠人

7. 乐队主持人介绍老人的情况及所有的孝子孝孙

8. 前来祭拜老人的祭杠人、亲朋好友和同宗族的人

9. 孝子孝孙设酒宴招待前来祭拜老人的祭杠人、亲朋好友和同宗族的人

10. 孝子孝媳迎接前来祭拜的亲友

11. 乐队在酒宴的过程中表演节目

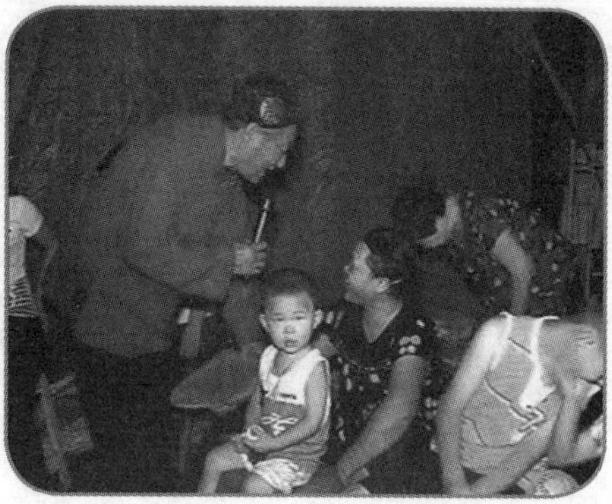

12. 晚间，乐队表演人与前来祭拜的坐夜吊丧的人互动

13. 坐夜吊丧的人在观看乐队表演

14. 乐队表演人与前来坐夜吊丧的人台上互动

15. 坐夜吊丧的人在观看乐队表演

16. 孝子孝孙穿戴孝衣，准备与拟火化的老人告别

17. 亲友来宾聚在门外准备与拟火化的老人告别

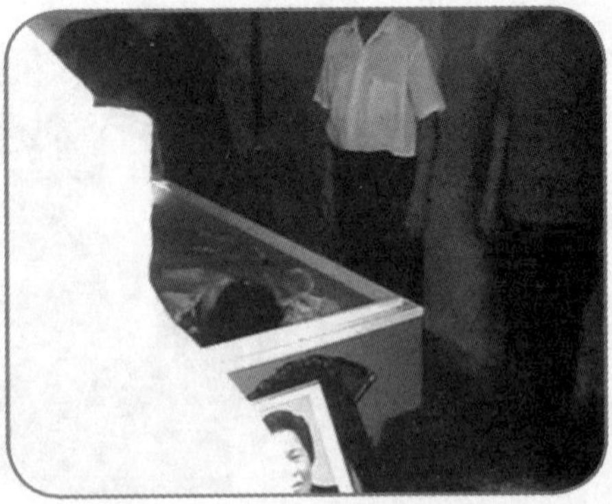

18. 祭杠人揭开冰棺门盖，以备孝子孝孙及亲友来宾瞻仰老人遗容

19. 孝子孝孙依次与拟火化的老人遗体告别

20. 亲友来宾依次与拟火化的老人遗体告别

21. 孝孙端着遗像先走出大门，祭杠人抬起冰棺紧随其后

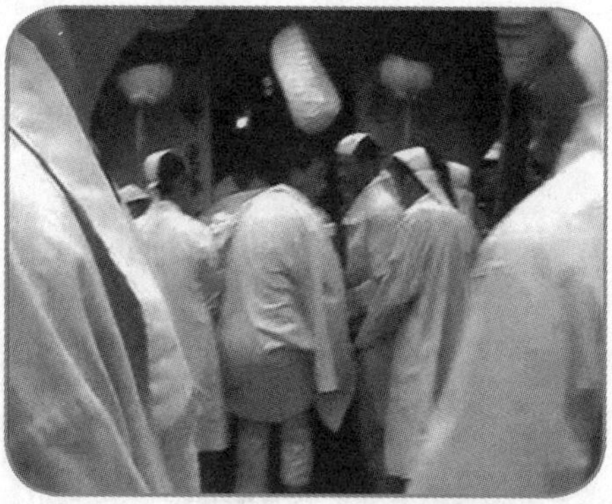

22. 孝子孝孙在大门外帮祭杠人抬冰棺

23. 众人合力将冰棺抬进灵车

24. 灵车装着冰棺和祭杠人、孝子孝孙、亲友来宾去火葬厂

25. 孝子孝孙、亲友来宾乘扎着白花的车前往火葬厂

26. 灵车边走边有专人向窗外扔钱纸

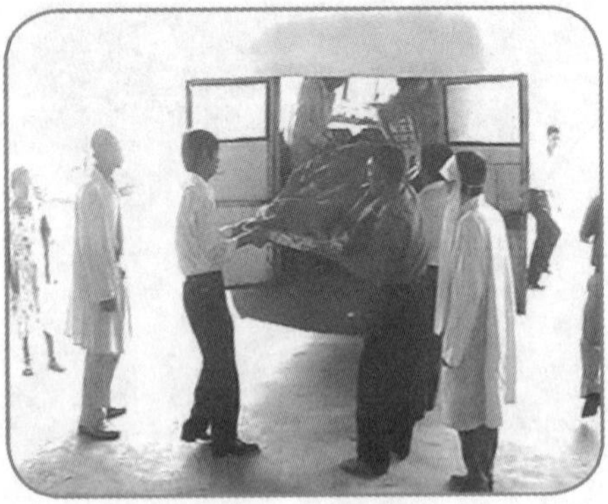

27. 灵车到达火葬厂后，祭杠人将老人的遗体从冰棺中抬出

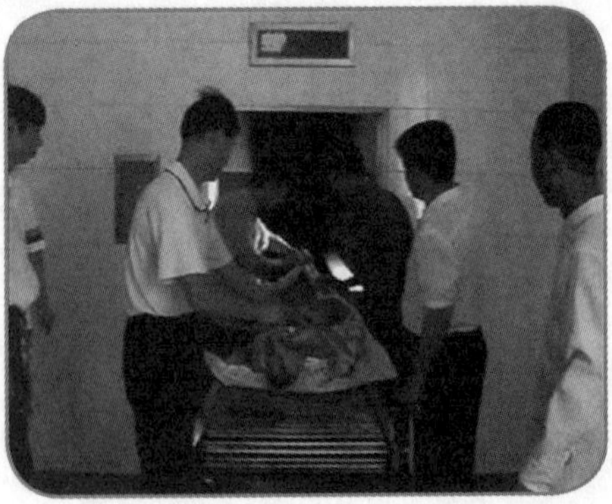

28. 祭杠人整理老人的遗体、衣物，准备火化

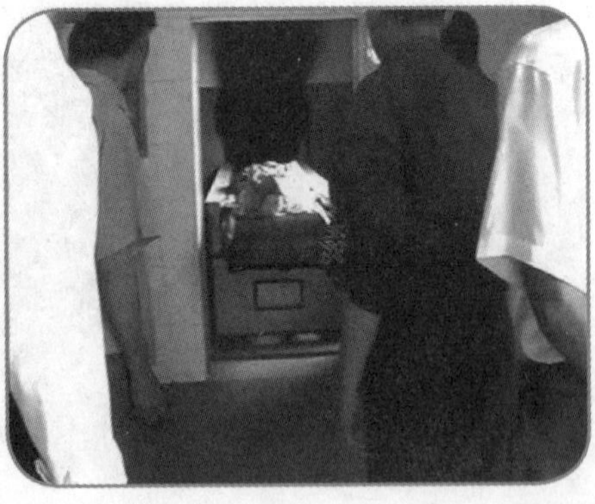

29. 祭杠人、孝子孝孙、亲友来宾依依不舍地看着老人的遗体滑进焚化炉

30. 孝孙端着老人的遗像等待老人的骨灰

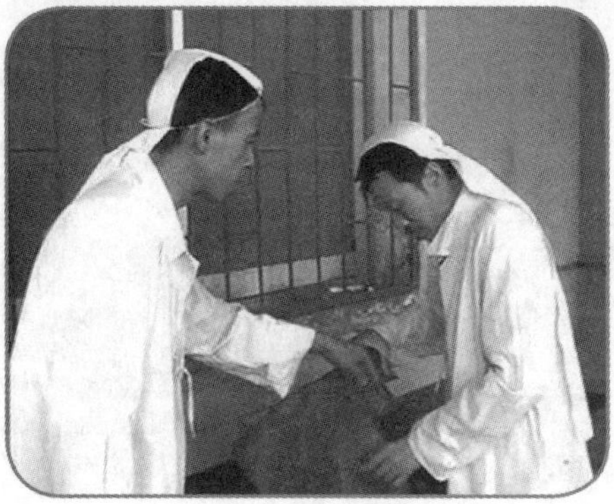

31. 孝子整理老人的骨灰盒

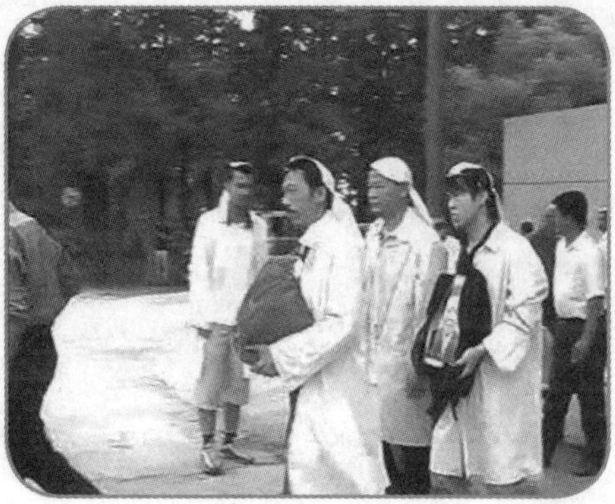

32. 孝子捧着老人的骨灰盒，孝孙端着老人的遗像准备返程

33. 孝子捧着老人的骨灰盒，孝孙端着老人的遗像上车返程

34. 孝子孝孙捧着老人的骨灰盒、端着老人的遗像回到村里的老家中

35. 乐队、鞭炮迎接老人的骨灰、遗像回家

36. 门外的“大手”边放置一桌子，骨灰盒放在桌子上，遗像靠着骨灰盒

37. 孝子孝孙、亲友来宾上香祭拜

38. 出殡前孝子孝孙设酒宴招待前来祭拜的亲友来宾

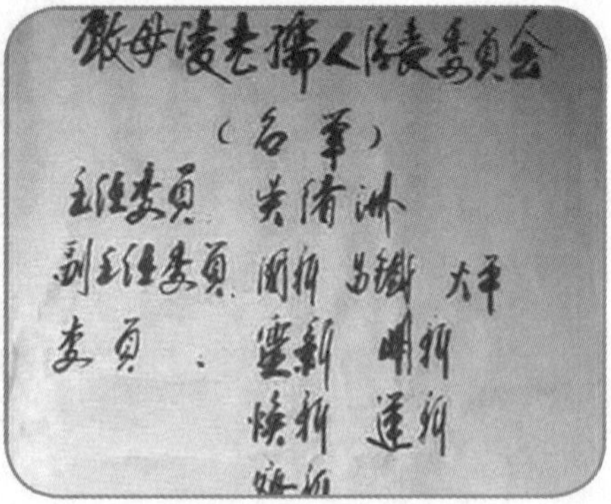

39. 由村支部书记、孝子、宗族名人构成治丧委员会

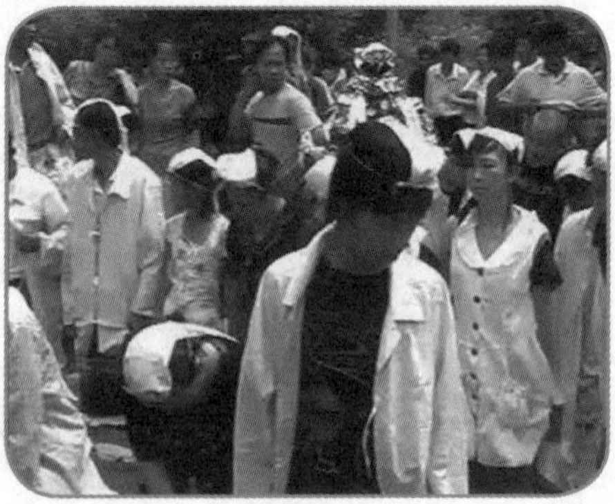

40. 拟开追悼会，孝子孝孙跪在老人的灵位前

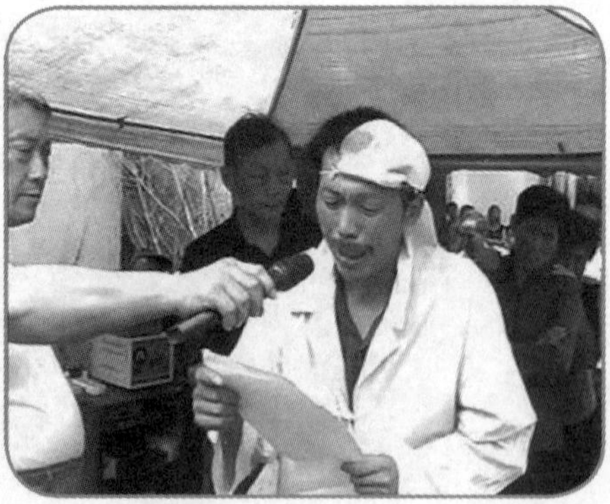

41. 追悼会开始第一项，孝子痛不欲生地念悼词，回顾老人的一生

42. 部分孝子孝孙跪拿着花圈

43. 追悼会第二项，村主任代表村级组织致辞，肯定老人一生的贡献

44. 追悼会第三项，老人娘家人致辞，感谢婆家及乡邻

45. 追悼会第四项，孝子含着悲痛感谢所有前来祭拜的乡邻、亲友、来宾

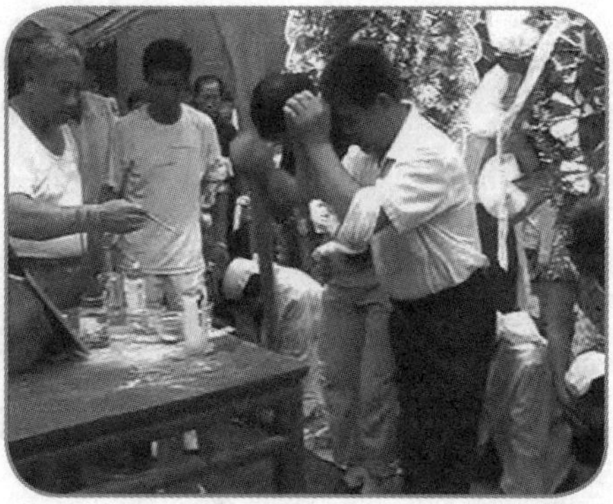

46. 追悼会结束前，祭杠人向放置老人骨灰、遗像的灵位敬拜

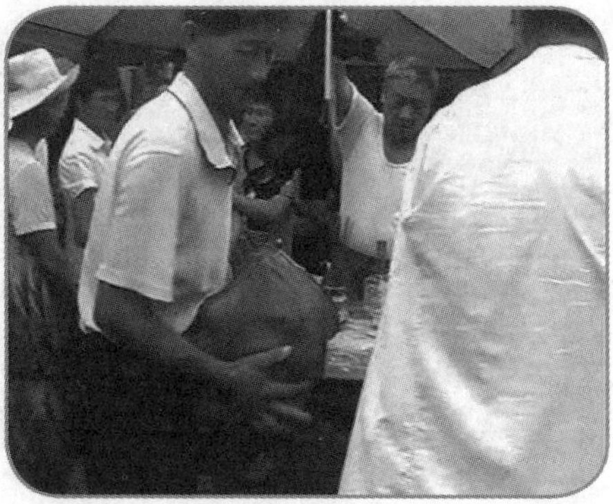

47. 祭杠人等拿走老人的骨灰与遗像，拟放置在所抬杠架上

48. 开始出殡，最前一人拿着钱纸沿途抛撒

49. 后面紧跟着端着老人遗像的孝孙，再后面是拿着花圈的孝子孝孙

50. 祭杠人抬着老人的骨灰走在送殡队伍中间，老人的大儿子在前面带路

51. 祭杠人抬着老人的骨灰，老人的骨灰外面罩着花圈

52. 祭杠人抬着老人的骨灰，老人的骨灰和花圈绑在杠架上

53. 送殡队伍行进在山上，一路鞭炮齐鸣

54. 祭杠人抬着老人的骨灰到达墓地附近

55. 一名祭杠人代表在所打井中点燃钱纸，并做着下葬前的仪式

56. 井中法事完成后，一名祭杠人代表将老人的骨灰放进墓穴

57. 老人的大儿子放下第一捧土

58. 老人的小儿子放下第二捧土

59. 老人下葬后，孝孙带着老人的遗像与送葬队伍一道下山

后　记

从2014年4月到2015年5月，历时一年有余的“中国调查”项目之“龙霓山村调查”子项目结束，项目组成员围绕人、条件、方式和风俗的线索对龙霓山村改革开放以来的变迁进行了全面、深入的调查。

回顾这一年多来的村庄调研历程，我们首先要感谢那些支持和配合调研的村民，尤其是已经故去的文化名人严宏俊先生。湖北省社会科学界联合会的领导及邀请的专家团给予了开题指引，华中师范大学公共管理学院的刘筱红教授、徐增阳教授、冷向明副教授给予了全程指导和支持，研究生范田超、黄胜胜和本科生刘欢、林彦博、华若蒙以及湖北医药学院的本科生杨鑫参与了调研活动及资料整理。在此，我们要感谢此次调研的领导者、指导者和参与者的辛苦付出。

调研成果由华中师范大学公共管理学院的杨炎轩教授和湖北省社会科学界联合会的刘宏兰主席共同撰写和统稿。龙霓山村的袁希达同志、肖小国同志、陈老师、孙老师、肖老师、严书记、吴书记、杨主任、肖主任、肖会计等对调研成果提出了提高资料准确性的修改意见和建议，在此，对他们表示衷心的感谢！湖北省社会科学界联合会邀请的审稿专家对全书进行了认真且严谨的审读，提出了许多建设性和创新性的意见和建议，在此，对他们表示最诚挚的感谢！

杨炎轩

2015年5月28日于武汉桂子山

编后记

“中国调查”丛书由湖北社会科学界联合会组织编写。为了编纂这套丛书，省社科联成立了“中国调查”丛书编委会。编委会编委由省社科联领导成员担任。编委会在丛书的组织策划、选题确定、编纂体例、内容大纲、编辑风格、封面设计、专家聘请等方面进行了多次专题研究。曾婕、刘宏兰、杜绍祥、杨增能、周庆章、谢洪辉、刘胜瑜、温健同志对相关分卷进行了初审；黄正谋、刘洁同志负责复审工作；曾婕、周庆章同志负责终审工作。“中国调查”丛书的组稿、协调、编辑、审稿等工作由省社科联学术部承担，陈芳、肖利、陈弘、杨幸同志做了大量工作。湖北人民出版社编辑同志对本丛书的编辑工作给予了很大帮助，在此致谢。

由于本丛书涉及的内容较多、原始资料量大，虽然经过反复校验和更正，难免有所疏漏，恳请专家读者批评指正。

编　者

2015 年 10 月